ジェンダー視点の
実践活動

未来につなげる男女共同参画

池田政子 &
やまなしの仲間たち 編著

生活思想社

> 未来につなげる 男女共同参画
> ～ジェンダー視点の実践活動～
>
> ＊目　　次＊

【はじめに】
学ぶ・気づく・つながろう！
　　――いま、だからこそ男女共同参画社会の実現を……池 田 政 子　6

第1章　市町村合併を乗り越えて
　　　～山梨県笛吹市の実践～

　　★山梨県笛吹市とは……13

行政と市民の育ち合いの心……………………………内 藤 文 子　15
　　～合併新市・元推進課長からの応援歌
学びの保障と地域への眼………………………………吉 原 五鈴子　32
　　～学校・女性センター、そして生活の場へ
すべての政策に通じる扉………………………………志 村 直 毅　48
　　～旧石和町での取り組みと現在(いま)

　　　＊用語解説＊ガラスの天井、ロールモデル……31

第2章　学びとネットワークづくりが推進の力

★男女共同参画アドバイザー養成講座とは……65

男女共同参画アドバイザー養成講座から
　　地域ネットワークづくり・市議会議員へ
　　　　　　　　　　　　　………………清水絹代　67

昔ながらの風習が残る忍野村
　　男女共同参画推進活動の道のり
　　　　　　　　　　　　　……………桜井(上名)をさみ　87

生涯を通じた女性の健康支援　………………伏見正江　110
　　～女性専門外来新設活動記

奥深い男女共同参画ワールド　………………今津佑介　122
　　～私を変えた数々の出会い

第3章　教育現場でのかろやかな取り組み

子どものときから
　　一人ひとりが大切にされるように　…………天野明美　132
　　　　～男女混合名簿と「さん」呼び

自立と共生を伝える「一人一実践」　…………朝夷孝一郎　144

女子学生がジェンダーを学ぶ意味　……………池田政子　155
　　　～「山梨県立女子短期大学」が果たしたこと

【保育園の現場から】
子どもの成長には「待った」はない……………乙黒いく子　178
　　～ジェンダーを考え続ける保育園で

　　＊コラム＊ピンクのスリッパ……154

第4章　研究者と大学がつくる男女共同参画推進の舞台

共学開始で新たな「男女共同参画」の教育・実践へ
　　………………………………池田政子　186

大学教育と地域で性と生殖の
　　ヘルスエンパワメントを拓く………伏見正江　200

女性たちとの出会いが憲法研究を
　　男女共同参画に近づけた……………山内幸雄　214

第5章　ワークシートで推進条例づくり……223
　　　　　山内幸雄

参考文献……248
条例を効果的に使おう～あとがきにかえて……山内幸雄　250
執筆者紹介……252

＊装幀＊渡辺美知子

❦❦❦❦❦❦❦❦❦❦ はじめに ❦❦❦❦❦❦❦❦❦❦

学ぶ・気づく・つながろう！
いま、だからこそ男女共同参画社会の実現を

池田 政子

❦❦❦❦❦❦❦❦❦❦❦❦❦❦❦

　これは、1990年代後半から今日まで15年あまり、山梨を舞台に「男女共同参画」と「ジェンダー」をめぐって、それぞれの人々が紡いできた実践の「物語」です。

◆「人」こそすべて──平成の大合併下での男女共同参画推進実践
　2003年には、文部科学省委託「0歳からのジェンダー教育推進事業」の記録も収めた『0歳からのジェンダー・フリー』（生活思想社）を刊行しました。それから10年。山梨県が果樹栽培の盛んなブドウや桃の収穫量日本一、ワインの産地、富士山を擁する観光県であることは変わりません。しかし、当時の人口88万8千人は、いま振り返ればピークで、2013年3月には84万人台になりました。全国の状況と同様に、山梨でも高齢化率の上昇や雇用環境の悪化に伴う若い人々の県外流出が課題となっていますが、その中でも地域の再生に向けてさまざまな取り組みが続けられています。
　「平成の大合併」で、山梨県では64あった市町村が27（13市8町6村）となり、県内各市町村で人々が積み上げてきた男女共同参画の取り組みも改変を迫られました。現在では、男女共同参画プラン・推進条例もほぼ全市町村が策定済みですが、そこにいたるまで並大抵の苦労でなかったことは、どの地でも同じでしょう。本書第1章は、その合併で新市となった笛吹市の市民たちと行政担当者の推進活動・実践の記録です。

この本の執筆者12人のうち5人が笛吹市のプランや条例に直接かかわっています。合併前の旧石和町の男女共同参画への取り組みは、全国的にも評価された注目すべきケースでした。いくつかの独自性のある地域の合併により、それがどうなっていくのか、私も注目していました。

　異なる立場でそれにかかわった5人の方々の記録は、それぞれが見ている「現実」、それへの思いや考え方、対処の仕方など、少しずつ違っていることがわかります。でも、現実をさまざまな角度からとらえられる多様な人材がそこにいて、違いをさらして共有し、時には抱え込みながら一つの目標に向かってそれぞれが自分のできることをしたからこそ、多くの時間を費やしたけれど、今の笛吹市の取り組みがやはり高い評価を受けているのです。「人」こそ、すべての土台であることを実感させられます。

　山梨という地で、全国で、男女共同参画社会を実現したい、進めていきたいと願う女性たち・男性たちの一人ひとりが、合併を乗り越えたそれぞれの物語を持っているに違いありません。いま手に取っていただいている本書は、その良質な代表例です。

◆**全国的にも珍しい県立男女共同参画センター3館の設立背景**

　この3月、私は山梨県立女子短期大学時代から36年7か月勤務した山梨県立大学を退職しました。本の著者名を「池田政子＆やまなしの仲間たち」としてくださったのは、私への退職記念のプレゼントでしょう。

　私自身の山梨での男女共同参画へのかかわりは、県の行動計画を策定・推進する審議会や委員会、推進のための学習・実践の足場である男女共同参画推進センターの運営協議会への参画、講演や研修の講師、そして県社会教育課、センターと連携した「男女共同参画アドバイザー養成講座」の企画運営、文科省委託の「0歳からのジェンダー教育推進事業」の実施、ジェンダー視点を持った保育者養成のための教育などです。「やまなしの仲間たち」とは、このようなかかわりの中で出会った方々です。

　そして、すべての執筆者をつないだもの、仲間をくれた共通する場は、現在の県立3館の男女共同参画推進センターだったとあらためて思い至ります。

　1984年、初めて県立の「総合婦人会館」が甲府にできるときの委員会に私

山梨県の地図と男女共同参画センターの場所

も参加していましたが、県内各地から女性たちが集まるためには、宿泊施設がぜひほしいという声がありました。山梨の県土の約8割は森林です。本書に出てくる「峡南」「峡東」「峡北」などの言葉は、甲府盆地を中心にした地域区分を示していますが、「峡」は「山あいの狭い土地」という意味です。甲府盆地の中心に山梨県の県庁所在地・甲府市があります。甲府を中心に北は長野県、西は東京へ向かうJR中央線や国道20号線がはしり、南の富士川沿いに静岡県へ向かってJR身延線・国道52号線が通っています。このラインを結ぶとカタカナの「ト」の字になります。笛吹市を含む峡東地域のさらに東側と富士五湖地域（富士・東部地域）は「郡内」とも呼ばれ、むしろ東京に近い文化圏です。

　甲府は情報が集まり発信もしやすい中心地ですが、「ト」の字の端の地域から甲府へ通うことは30年前も今もそう簡単ではありません。まして、農業などをしながら学習や社会的活動の時間を作ることは、物理的にも、また周囲の「目」からも大変なことだったのです。

　私が山梨に来た頃、夜の勉強会に招いてくれた保健師の女性から、「ママさんバレーなら（家族も）快く出してくれるけど、学習会だと、家のことをおろそかにして何やってるんだと言われるんです」と聞かされました。それでも、女性たちの学びたいという切実な気持ちが、富士・東部地域と峡南地域への2つの「女性センター」（当時）開設につながりました（地図参照）。県立のセンターが3館あることは全国的にも珍しいと思いますが、それぞれの地域特性から生じる課題に対応し、地域に即して男女共同参画を推進していくためには、なくてはならない存在です。そこにどんな役割を持たせ、どう運営するかは、県民の意志であり、そのための発言や参画をしていくべきでしょう。

◆学びが「人」と「人」をつなげる——男女共同参画と生涯学習
　本書の執筆者全員が、学ぶことがいかに大事か自ら体験し、力説しています。男女共同参画の地域づくりが実現するためには、何より、生涯のどの段階でも、きちんと学べることが保障されていなければなりません。本書でも、乳幼児期（乙黒いく子さん・第3章）から小学校（天野明美さん・第3章）・中学校（朝夷孝一郎さん・第3章）・高校（今津佑介さん・第2章）、大学での学習・教育（今

津さん、山内幸雄さん・伏見正江さん・池田政子・第3～4章)、そして生涯学習の場としての大学や男女共同参画推進センターでの実践がつづられています。

　重要なのは、いわゆる「個学」による知識の吸収にとどまらず、そこでの学びが「人」と「人」をつなぐ契機となってきたということです。

　中学校長から女性センターの館長となった吉原五鈴子さん（第1章）が退職後地域へ戻って推進にかかわり、やはり学校現場から「女性センター」の担当となった朝夷さんが、学校復帰後に男性の少なかった「自立と共生部会」に参加し、中学生への授業を開発したこともその例です。もちろん、内藤文子さんや志村直毅さんの実践の足場であるプラン・条例づくりや推進のための委員会自体も、忘れてはならない学習の場です。山内幸雄さんの開発した条例づくりのワークシート（第5章）も、単なるノウハウではなく、徹底して話し合い、合意していく作業プロセスを土台にして、人と人をつなぐことが新たな「知」を生み出していく仕掛けとなっています。

　県立女子短大が実施した「男女共同参画アドバイザー養成講座」も、受講生同士が学んでつながる「場」を提供する学習プログラムを意図的に組みました。それによってリピーターが増え、修了生のネットワークができる土台となり、そこから地域での実践へとつながっているのです（第2章）。修了生である清水絹代さんと桜井（上名（かみな））をさみさんは多くのハードルを乗り越えて、ともに数少ない女性議員として活躍しています。お二人の物語は、学ぶこと、人とつながることが、地域の変革にとってどれほど大きな力を持つかを示しています。

◆スタート台を準備してもらった私たちから未来へ

　今でも後悔していることが私にはあります。まだ30代だった頃、30年も前のことです。その頃から私は県内の婦人（と当時は言った）団体の方々と接することが多くなり、「高齢の女性たちは古い！　もう少し若い世代の言うことも聴いて！」というのが正直な実感でした。

　たとえば、「婦人」という言葉は既婚の女性を指すので、若い女性たちに関心を持ってもらうためには「女性」という言葉を使ったほうがいいと、県の女性プランについて協議する「山梨県婦人問題懇話会」の会合で発言したことがあります。すると、ある年配の女性から、「私たちには、"性"っていうのが、

言葉が強すぎて…」と言われました。女性の"性"に反応されたのです。その時60歳だったとして、昭和初期の生まれの女性であり、ご自分の人生の中で「性」などという言葉を口にしたことがなく、またプラスのイメージを持ったことがなかったとしても不思議ではない…と、今なら思えます。しかしまだ若かった私は、「こういう女性がいるから男女平等が進まないんだ」という気持ちのほうが強かったのです。

　その後、自分自身が年を重ねいろいろな経験をしてきて、本当に先輩たちに失礼だったと、思い出すたびに恥ずかしさでいっぱいになります。いま、山梨の女性史を研究するために、先輩女性たちの聞き書きをしていて余計にそう思います。

　地を踏みならして固めてもらった後に立った者には、そこがゼロ地点です。しかし、そこを目指して頑張ってきた女性たちにとっては一つの到達点でしょう。スタート台を準備してもらった者は、その準備に費やされたのと同じエネルギーを使えばどこまで行けるのか——それを考えるべきなのです。

　全国でも山梨県と同様、多くの課題を抱えています。いま、だからこそ、一人ひとりの「私」が大切にされる男女共同参画社会実現のための実践が不可欠です。その意味では、本書の実践の記録は決して「過去のもの」ではなく、現在進行形のそれぞれの思いや活動です。ここで語られた意識の変化、壁を乗り越える気概や工夫、ネットワークづくりの手法などは、どんな課題に向き合った時にも活かせるでしょう。何よりも、これまでの多くの人々の志と活動で地ならしされた上に、私たちは立ち、さらなる歩みを求められている——そのことを忘れてはならないと思います。その思いを込めて、「未来につなげる」と冠しました。

　お読みくださったみなさんが、元気や勇気の種をたくさん見つけて、地域の実践に活かしてくださることを願っています。

2013年4月

第1章

市町村合併を乗り越えて
～山梨県笛吹市の実践～

＊山梨県笛吹市とは＊

　山梨県のほぼ中央に位置する、桃・ぶどう生産日本一を誇る果実と温泉の街です。人口約7万2000人。2004年10月に山梨県東八代郡石和町・御坂町・一宮町・八代町・境川村、東山梨郡春日居町の6町村が合併して「笛吹市」となりました。06年8月に芦川村を編入し、現在の笛吹市となっています。

表　山梨県石和町から笛吹市にいたる男女共同参画の歩み

年度（平成）	事　項
1996（7）	石和町女性行動計画（男女共同参画計画）策定委員会発足、志村直毅、参画（2004年推進委員会の終了まで）。石和町男女共同参画プラン「ホップステップジャンプ」策定（担当職員・杉原五十子、策定委員・志村直毅）
1999（10）	内藤文子、石和町企画課係長男女共同参画担当となる
2000（12）	吉原五鈴子、山梨県立女性センター3館の館長に就任（2003年3月まで）
2001（11）	石和町「ホップステップジャンプ」のうた・手話・体操作成に着手（担当職員・内藤文子、推進委員・志村直毅）
2002（14）	「ホップステップジャンプ」のうたをCDにする。全町へ普及活動開始（担当職員・内藤文子、推進委員・志村直毅）
2004（16）	石和町・御坂町・一宮町・八代町・境川村・春日居町が対等合併し笛吹市となる
2005（17）	6月、第1期笛吹市男女共同参画委員会発足。吉原五鈴子、男女共同参画委員の委嘱を受け、委員長となる（06年5月まで）
2006（18）	3月、笛吹市男女共同参画プラン「輝け男女 笛吹プラン」策定。笛吹市が芦川村を編入し、新笛吹市となる
2007（19）	内藤文子、笛吹市市民活動支援課課長となり、男女共同参画推進担当となる。6月、笛吹市男女共同参画委員会から発展的に笛吹市男女共同参画推進委員会となる。第1期委員長に吉原がつく
2008（20）	笛吹市男女共同参画推進条例検討委員会発足
2009（21）	市民啓発のうた「輝けチャチャチャ笛吹の未来」作成。曲に合わせた体操も作る。「輝けチャチャチャ笛吹の未来」DVD化
2011（23）	第2次笛吹市男女共同参画プラン「輝け男女 笛吹プラン」策定。5月、第3期男女共同参画推進委員会発足。9月、笛吹市男女共同参画推進条例可決、施行

行政と市民の育ち合いの心
合併新市・元推進課長からの応援歌

内藤 文子
（元山梨県笛吹市市民活動支援課課長、旧石和町男女共同参画推進担当）

1 首長の命「全国一のプランを策定せよ」——旧石和町のこと

◆特異な推進活動と、理解ある首長の存在

　合併して笛吹市となった5町2村のうち、とくに男女共同参画推進事業が進んでいた町は、石和町ですが、決して他の町が遅れていたわけではなく、1町1村を除き女性プランが策定され、さまざまな活動を進めてきた実績がありました。東八代郡下という一地域のなかにおいて、特異な推進活動をしていた「石和町」の影で目立たなかっただけであるといえるのです。一例を挙げれば、旧境川村においては県下でも珍しい女性の区長（自治会）や地域推薦で無所属の女性議員を輩出してきた経緯があります。

　1998年3月女性プラン策定時、政策的に進んでいた石和町は、「作るなら全国一のプランを策定せよ」と首長の命がくだりました。それにより当時としては充分な予算と、兼務ではありましたが「指導監」という管理職クラスの職員が配置され、以後合併するまで恵まれた環境下において推進活動は邁進していたのです（実績については『0歳からのジェンダー・フリー』で紹介、本書248ページ、参考文献1）。

　私が杉原五十子先輩から引き継いだのは1999年4月のことで役職は企画課係長でした。当時としては珍しく、「町内小中学校で2000年から男女混合名簿を実施する」「行政委員や各種委員等の女性登用率50％を目指す」などの

数値目標が掲げられていて、県内外から注目されたプランでした。ゆえに、実践に向けて、さてどこから手をつけていけばよいのやらなどと思案に暮れた当時が懐かしく思われます。

　プランより1年早く町内4小学校と中学1校が、1998年4月から全学年混合名簿になったのは、現場の教諭の理解と協力がなければ成しえなかったことでしょう。当初は行政サイドである教育委員会事務局として校長会へ何度も協力依頼はしましたが、本書の筆者の一人である天野明美元教諭などの男女共同参画教育理念の研究成果のバックアップがあったのは心強かったです。

　教育委員会事務局から校長会へ混合名簿の必要性を何度も訴えてはいましたが、新しいことを導入するには、校内職員会議での賛否両論の意見集約など校長はじめ職員一人ひとりの理解がなければこれほどの成果は得られなかったのです。さまざまなご苦労を重ね、その理念を現在に引き継がれてきたことを忘れてはならないと思います。

◆専門職も入ったプラン推進委員会──行政主導型の裏にあるもの

　のちに全国レベルで評価を受けた石和町の推進活動は、典型的な行政主導型であったといえます。担当職員や庁内職員はもちろん、プラン推進委員会には保育士や図書館司書、福祉課他関連職員も加わり、市民委員と楽しく活動を進めていきました。行事へのより多くの参加者を募るため、企画立案は全員で考え実践へと心がけた成果が、手作り「パネルシアター」であり、CD製作した「ホップステップジャンプのうた」であり「手話」であり、やがて町内保育園・幼稚園運動会や、町内体育祭での参加者全員体操につながっていったのです。

　行政主導型のメリットをあげれば、
① 　企画立案、その成果の全責任は行政担当者であるため、市民及び庁内職員委員が自由な発想で参画でき、活動し、自由に学び合うことができること
② 　担当職員は経験豊富な委員から学び吸収し、それらを武器に自らの知識を駆使し戦略を練ることができる

　しかし、これには日頃のコミュニケーションが大切であることはいうまでもないでしょう。

私はその一つの方法として事あるごとに宴会を企画しました。たとえば、2月には今も春の石和町観光の目玉である「日本一早い花見」の宴は、寒風が吹く外を後目にハウスの中は桃の花が満開という状況下で、各自一品持ち寄り宴会。初夏には町長を交えての会費制の納涼会など、何かにつけて年に数え切れないほどの会食の機会をもったことが、住民と行政の距離感を縮めるのに役立ったのだと思います。

　飲食を共にすることで普段の会議では言いにくかったこともざっくばらんに話すことができ、お酒が飲める人も飲めない人もそれなりに開放された空間で、より一層の親近感が生まれたのではないでしょうか。素顔が垣間見え、互いに心を開き本音トークが可能になる状況は、俗にいうアフター5の重要性を認め、多いに活用すべきかと考えます。

◆県下の男女共同参画担当者の自主活動「G・Fネット」
　私は2003年の人事異動で男女共同参画行政を離れていましたが、退職するまでに必ずもう一度男女共同参画行政に関わりたいという強い願望がありました。そのときギャップがないように、また自分なりに学んだことを錆びさせないためにと、自主活動「山梨県内G・Fネット」を継続させていたのです。

　メンバーは県内自治体の男女共同参画行政担当者や同担当経験者、担当以外であっても希望する職員は参加可能で、メンバーは甲府市、韮崎市、大月市、櫛形町・白根町（現南アルプス市）、田富町（現中央市）、石和町・春日居町（現笛吹市）、勝沼町（現甲州市）といった自治体でした。

　学習テーマは男女共同参画行政に限定せずに、三位一体改革や、地方分権、エコ対策、幼児教育など多岐にわたり、講師には専門分野の先生方のみならず、それぞれの自治体職員にも依頼しました。市職員の中には行政の枠を超えて研究している方も多くいるため、講師の依頼には苦労はありませんでした。

　このような自治体の枠や担当部署を超えた研究会の存在は、スキルアップを図ることはもとより、指標を捉えることに悩むことの多い男女共同参画行政担当者として、今自分が目指していることや自分の存在位置などを確認しあうには有効で、共通課題を学ぶには温かい空間であったと思います。研究会を継続するには核となる職員が必要ですが、担当を離れると、男女共同参画関連の情

報が入らなくなるため、現役の男女共同参画行政担当職員が務めるのが妥当でしょう。県内の合併が進み、異動も多く残念ながら活動は数年前から中断している状況です。

2　市民主導型の新市・笛吹市

◆市民が注目する市民活動支援課課長になって

　新市「笛吹市」は2004年10月の最初の合併以後、男女共同参画推進活動方針は、すでに行政主導型から市民主導型へとシフトされていました。当時の担当職員の意向であったと後に聞きました。そして新市の男女共同参画担当の市民活動支援課長として、私が拝命されたのが2007年で、4年ぶりにまた男女共同参画行政に関われることになったのです。

　新市の推進状況は合併前からのブランクはないものと信じていたので、その推進活動の遅れに言葉も出ないくらい唖然としてしまいました。行政と住民が共に助け合い学びあい、その成果を出前講座として地域に伝えていく、あの地区公民館に集まった人々や保育園児の心に滲み込むような活動はどこへいってしまったのだろう。強面(こわもて)の地区役員さんや、楽しそうに手話を交えて歌ってくれた園児の顔が懐かしい。石和時代にみんなで考え作ったあの歌も手話も体操も消え去り、誰も語らず、その跡形すらなかったのです。

　高層ホテルが並ぶ温泉街の観光産業や石和温泉駅前から続く商業地域、桃や柿・ぶどう畑の果樹地帯、畑のなかに混在する住宅地、奥深い山々を抱く「日本の奥座敷」などと形容される村など、さまざまな7つの地域が合併し、東八代郡として長い間広域行政を営んではいたものの、一口に地域性と言い切れず、そう簡単には人々の心が一つになるはずもないのでした。

　職員の配置については専任ではありませんが、男女共同参画行政に絞り込んだ事務分掌になっていたため、動きやすい環境で、これまでの取組みが評価された結果だと感じました。

　市民活動支援課は大きく分けて二つの担当で構成されています。
① 　市民活動支援担当―市民活動支援、協働の地域づくり、多文化共生、ボランティア・NPO等活動育成、男女共同参画、女性団体に関することな

ど
② 市民生活担当―交通安全、交通指導員、交通安全共済、交通安全協会、消費者行政、人権擁護、行政相談、東八代広域行政事務組合事務局（東八聖苑業務）、「みさかの湯」を始め3つの温泉施設など

①と②合わせて正規職員7名で対応している現状です。

　担当職員は合併から2年交代で2回異動がありました。2人ともにモチベーションの高い女性職員であり、もともとの資質もありますが、県内外の研修参加や大小会議や講座体験をすることで、企画能力や事務処理能力に磨きがかかり、今も市民とともに最前線で活躍しています。

◆**行政の役割は市民一人ひとりの潜在力を引き出すこと**

　一方の市民による男女共同参画推進委員会については、県の男女共同参画アドバイザー養成講座（65ページ参照）経験者や合併前からの各町村の推進委員も多く、このメンバーでなぜ推進活動が停滞しているのかと疑問を感じるくらいでした。

　合併後の方針は推進委員の主体性を重んじていたこともあり、課長としては直接口出しすることは控え、担当職員と推進委員会に任せて遠くから見ていることにしました。逐一担当職員からは報告を受けていたものの、これには「歯がゆさ」と「忍耐」という苦痛に等しい21か月の時間が流れることになったのです。

　委員会本体は、委員個々の男女共同参画社会についての理解度のギャップを埋めようなどと考えず、最初は言いたい放題の会議が続きましたが、毎回、座長である吉原五鈴子委員長の手腕に頼っていました。とにかく男女共同参画についての意識の高さは全員があったのが幸いし、意見は大いに出し合い、それを吉原委員長がまとめ上げ、積み重ねていくというスタンスがしばらく続きました。

　推進活動が停滞していると感じた大きな理由は、合併まではそれぞれの小さな町村単位の小さなフレーム内で活動をしてはいたものの、「新市」という大きなフレームで、そのノウハウをどう新市に活かすべきか、暗中模索状態と思えたからです。

旧町村のフレームがやっと外れてきたのは、最初の合併からすでに4年目に入った2008年度に入ってからだと思います。39名という大所帯の推進委員会を「地域・家庭・職場」の3部会に分けることにより、プランに沿った推進のための検討に入り、誰に遠慮することなく率直に自分の意見を臆せず言えるようになったからです。

　しかしながら、私の中には旧石和町の実践実績があるのに、全国的にもかなりの頻度で活用された「歌」や「体操」などがあるのになぜ、委員が理解を示さないのか、またそれを知ろうとしないのか、市民対象の出前講座に市民レベルで講義できる推進委員がいるのになぜ実践しないのか、活用しようとしないのか、といういくつもの疑問が生じ、逸る心を抑えながらその機運を待つのは忍の一文字でした。

　私はこれまで言い続けてきたことがあります。それは、自分たちの積み重ねた学習の成果や推進の楽しさを、誰かに伝え、形にしていくことが永続する推進活動のあり方であり、また誰でも持っている自分では気づかない能力、それを発見し、活かすにはチャンスとタイミングが必要であり、その一人ひとりの潜在能力を発掘し、引き出すのが行政の役目だと。

　いま、同じ目線で学習を積み重ね、抱いた熱い思いを市民に伝えたいと行動している仲間がやっと同じテーブルに着いた感覚がしているのではないかと思います。すべての委員がその感覚を積み重ねることで、市内全域へと広がる推進事業の展開の原動力になるはずです。今、積極的に行政が後押ししてもいいのではないか、いっしょに外に出てもいいのではないでしょうか。機は熟したと思います。

3　女性を議員へ！——市民と行政の相互人材活用

◆**より身近な仲間から議会へ——オールスタッフ制の活用**

　山梨学院大学・山内幸雄教授が「オールスタッフ制の導入」を説いています（山内幸雄「男女共同参画社会基本法の解剖と推進課題」『法学論集』45号、本書248ページ、参考文献2）。

　オールスタッフ制とは、女性議員を送り出すため、さまざまなスキルをもっ

た女性・男性がいっしょになって、選挙から当選後の議員活動も含めて支えるもので、数年前から提唱されています。

　当市でも、合併直後から女性団体連絡協議会（女連協）主催で女性議会（模擬議会）を2回開催した経緯があります。議長役だった会長はじめ、議員役の女連協メンバーは、一般質問の内容や質問書の原稿作成など大いに学習したでしょうが、その苦労したプロセスを一過性に終わらせないためにも、本物の議員を輩出する努力にエネルギーを向けてほしいと思います。人口1万3000人弱の福島県桑折町では女連協（女団連）から議員を輩出しています。良き結果の出たことは見習うべしと思います。

　笛吹市では2008年10月26日に市長選と市議選のダブル選挙がありました。4名の女性議員が誕生しましたが、一地域限定のオールスタッフ制と思われる候補者は惜しくも落選してしまいました。候補を囲むスタッフは、論理より先に実行してきた素晴らしい仲間だと思いました。再度目指すには、選挙戦略を練り直し、より強力な組織作りのため女連協の協力を要請するなども選択肢の一つでしょう。あるいは新たに女連協の中で候補者を選考・絞り込み、擁立するプロセスも可能です。事務所運営には男性中心の役割分担から女性に切り替えなければなりません。もしアクシデントが生じても男性に学ぶべきところは素直に学び、女性の能力を信じて活動していければよいと思うのです。

　候補者は女性にかかわらず、女性の立場を充分理解し、その意見を吸い上げてくれる人であればいいという意見もあるでしょうが、それでは女性議員の「数の増加」につながりません。

　山内幸雄教授も「量の増大が質の変化をもたらす」と説いています。

　政治の世界、未知の世界へたった一人で突き放すわけではないのです。女性議員にはたくさんの不変の決して裏切らない仲間がいるではありませんか。その知恵と努力を結集し、選んだ女性に託すのです。議員活動をそれぞれが自分の得意な分野でサポートしていくのです。自分たちの理想のまちづくりを実践するために、まさに生かすべき時がきたと思います。

◆**女性議員よ、もっと行政職員を活用すべし**

　現行600以上ある笛吹市の事務事業を遂行しているのは職員です。その事

業に関する情報量は議員より職員のほうがはるかに勝っているはずであり、開示できるものは訊ねれば必ず教えてくれるはずです。そうすれば、議会の質問内容が的を射た合理的な通告となり、より洗練されたものになるに違いありません。

　ゆとりを持って、事前通告期限日前に提出することを提案したいと思います。充分な内容チェックをすることや、場合によっては最新情報を職員から得ることも大切な事前作業ではないかと感じることが多いのです。大切なことはこの行為が職員と迎合していると勘違いしないでほしいということです。

　また議員の市民応援団は、自分たちの選んだ代表である女性議員に普段の生活や学習、知り得た情報を日々怠ることなく提供することにより、互いに問題提起をし、いっしょに解決していくことで共に学ぶ力をつけていただきたいものです。これが真のエンパワーメントであり、オールスタッフ制につながると思います。

　すべての議員は市民から選ばれた、数少ない代弁者であり、行政執行の監視者でもあるのです。

4　女性行政職員へのメッセージ

◆ガラスの天井*を打ち破ろう

　内閣府男女共同参画局推進本部は2008年に「2020年までにあらゆる分野で指導的地位を占める女性の割合を30％とする」という目標「2020年30％」を掲げ、「女性の参画加速プログラム」を公表しました。その参考資料に、「市区町村における本庁課長相当職以上の職員登用率9.8％」（2010年）とあります。

　男女共同参画事業の発展は首長の考え方次第だと言われてきましたが、本市では念願の管理職登用試験制度が合併後2006年に導入されたことにより、女性の管理職登用への道が大きく開きました。このことは大きな前進であり評価すべきことだと思います。

　しかしながら、せっかくの受験資格があるにも関わらず、エントリーさえしない女性職員が多く、現職中に市長から「なんとかならんのか、せっかく女性

管理職の道を開こうとしているのに」と言われたものです。また人事担当からも、該当者に個人的に受験を勧めてみたものの応じない職員も多いと聞きました。本当に残念な思いです。確かに課長職は重責です。市となった現在は、自己管理から部下への人事評価、施策マネジメントシートの作成と、合併以前の業務により負荷がかけられている実態があります。

　私は数多くの先輩たちが昇任・昇格を目指すもガラスの天井＊は常にぶ厚く、志を断念し諦めざるを得なかった状況を見てきました。他の誰よりも真面目に与えられた分はもちろん同僚の分まで協力し業務をこなし、決して男性職員より劣っているはずもなかった女性職員の先輩たち。この現状を垣間見て、今の笛吹市だったらきっと課長になっていたであろう人たちは、布石となったことに満足してくれるでしょうか。彼女たちのためにも現職の女性職員には自覚を持ち続けてほしいのです。

　課長職の職務内容は、恵まれた上司の下で、溢れるアイデアのままに突き進むことが簡単にできる係長（リーダー）時代とは雲泥の差ではあります。日常業務に加え、事務事業評価や、多くの課題を抱えた人事評価、予算編成に際しての費用対効果まで分析しなければならず、加えて年4回の定例議会の答弁書作成や、市民からの苦情処理など課内で抱える事業は多岐にわたり、私も当時男女共同参画推進事業に軸足を置けない辛さを胸に秘めていた毎日でした。

◆スピーチに慣れろ、プレゼン能力を磨け

　昇任試験を受けない理由はさまざまだろうと推察できます。介護などの家庭の事情・体調不良・退職間近だから・給料の増額が見込めないからなどではないでしょうか。

　しかしそれは言い訳に過ぎないと思います。ただ課長になる自信がないのではないでしょうか。その理由の一つは、受験資格が生まれる年齢の50代まで、会合においての突然のスピーチ依頼、会議の座長や意見集約、議会常任委員会においての予算・決算の説明等に自信が持てないからではないでしょうか。

　もしそうならばそれは決して個人の能力不足というわけではなく、一般的にこれまで関係業務研修の機会が皆無だったからだと思います。確かに自主的に学べばよいでしょう。しかしながら普段の仕事に追われ、学びの機会すら作れ

ない実情ではなかったのではないでしょうか。

　学ぶ機会や経験もなく、いきなり一般市民や区長、議員などを前にしての事業説明は不可能です。訓練までとは言いませんが、ある程度の慣れも必要です。

　私は常日頃から若手職員に伝えてきたことは「スピーチに慣れろ、プレゼン能力を磨け、その後に仕事の成果が付いてくる」と。今自分の仕事の詳細な進捗状況が、正確かつ明確に上司に伝えることができなければ事業評価につながらないし、市民への説明責任が果たせないからです。すべての事業に共通していますが、苦労して引き継いだ業務を、今以上に行政と市民との協働を求められる施策展開として応えていくために、市職員として必要不可欠な能力の一部であると思うからです。

　2010年度に誕生した新女性課長の2名のうち、一人は私の後任になりました。

　比較的若く課長に抜擢された彼女らにお願いしたいのは、決して驕ることなく真摯に学び、業務に取り組んでほしいということです。これから後に続く女性職員のロールモデル**として。

◆基本年金額の男女差

　「実名出してもかまわないよ。事実だからね、それで多くの女性職員が奮起してくれればうれしいよ」と言って、同期入庁の佐野正和氏は氏名明記を快諾してくれました。

　私は佐野氏との昇格の比較を後に続く女性職員のためにも記しておきたかったのです。またあえて年金受給額の差を明示したいと考えたのは、同じ条件で昭和42年4月入庁したにも関わらず、男性であるというだけで年功序列に従い昇任昇格してきた佐野氏との給与と年金額の差があまりにも大きかったからです（図1参照）。

　退職して64歳まで支給される基本年金額に5万7000円の差が出ている事実、またいわゆる特例による退職共済年金の給与比例部分は22万8000円（満60歳から64歳の誕生日を迎える日まで）。その後、生涯受給年金は11万4000円の差。生ある限り格差は永続するのです。ちなみに昭和36年4月2日以降生まれについては、特例がなくなり、本来支給される「退職共済年金」

図1 同期採用職員昇任結果比較表

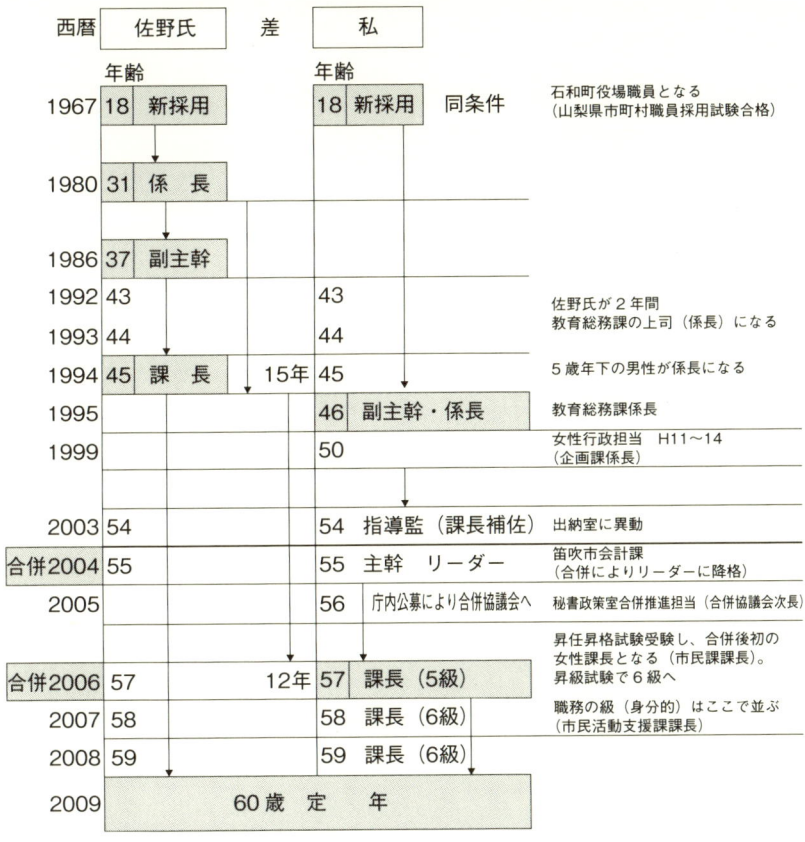

と「老齢基礎年金」などが65歳より支給と聞いております。
　故にわずかであっても受給金額の差は、決して縮まらず生涯続くのであれば、10年で114万円、20年で228万円となり、その差は歴然です。
　佐野氏と私の定年間近の職務の級は最終的には並んでいます。しかし、佐野氏は1980年には31歳で係長になり、私が係長に昇格したのは46歳でした。
　さらに、すでに45歳で課長に昇格した佐野氏との給与の差はまた開き、私がやっと課長となったのは、もう57歳になっていました。58歳で昇級試験を受けたことで59歳での給与差は数千円となりました。
　このような女性の昇進差別や給与の差（生涯賃金の差）は、現役時代はもちろん老後の年金生活にも大きく影響してくるのです。いくら納得できなくても。
　もし現役職員としてまだ間に合う立場にいるのなら、一生涯後悔しないためにも昇任・昇格試験は絶対に受けることをお勧めします。
　人間の価値は金銭では量れないとしても、労働の対価としてなら受け取るべき現金は多いに越したことはありません。これまでの私は明治生まれの父の遺伝子気質により、金銭をすべての話題にすることは、タブー視してきましたが、年金暮らしの現実は誠に切実なことになっているのです。

◆学ぶエネルギーの泉・ヌエックへ
　埼玉県嵐山町にある独立行政法人国立女性教育会館（NWEC、通称・ヌエック）では、毎年夏、2泊3日で「男女共同参画のための研究と実践の交流推進フォーラム」が開催されます。全国から行政の男女共同参画担当者・市民の活動、女性・男性問題などの活動実践・研究のワークショップを持ち寄り、大勢の参加者がさまざまな意見・情報交換を行える貴重な場となっています。
　私が旧石和町時代からほとんど毎年参加している理由は、全国の悩める多くの行政職員はじめ、さまざまな分野の方々と出会い、ともに学習し、発表する喜びを体験することで、自分が年々成長していることを実感できる場だからです。
　何から始めればよいのか皆目見当もつかなかった男女共同参画推進担当1年生の頃、同じ悩みを語り合った行政職員や、行政に求めていることは何かを率直に語ってくれた市民の方々との出会いは、当時の私の原動力になったので

す。自分たちの活動手法や方向は正しいのか否か、そんな不安を一蹴してくれたのは、歯に衣着せない批評や意見でした。同じ方向性を持っているからこそ、辛らつと思える意見であっても素直に受け入れる心が育ってきたのです。

自分たちで開催するワークショップは、無意識の中でこれまでの活動の過程を振り返ることになり、自らが新たな学習の場を作っていることになるのです。

初心者からベテランまですべての参加者に共通することは、毎年新しい学びの発見があり、立場や経験の垣根を越えた、素敵な出会いを期待して参加しているのだと思います。

2009年、笛吹市男女共同参画推進委員会が開いたワークショップは、もちろん担当職員のサポートもありますが、基本的には主体は推進委員で、参加者がなんと64名という大盛況でした。

しかも参加者の3分の2以上が行政職員ということは、沈滞ムードが見え隠れする推進活動の現場においても職員の積極的意識があればヌエックに参加可能であると再確認できました。

臨場した元課長としての私ができることは何かと、この喜ばしい場面で思いました。男女共同参画バッシングにめげずに何事にも屈しない後輩のやる気のある女性職員のために、世間に対して男女共同参画推進の必要性を言い続けることが、大事なことなのだと。

ここ数年は参加人数やワークショップも減少傾向にあるようですが、もっともっと多くの方たちが、ヌエックの泉に触れ、心を潤していただきたいと願っています。

5　育ち合いの気運を盛り上げよう

◆軌道修正を恐れずに

毎年行政のあり方は変化しています。さまざまな制度が導入され数値目標を元に自己評価に始まり、結果を出し勤務評価につながるよう努力しているのです。すべての事業が数値化されている現状では思い切った企画も立ち上げられない危険性を感じています。年度末に評価されて近い将来には年2回支給される勤勉手当に影響すると思われるからです。

市民を育て上げることができる現場が行政サイドでありながら、それが実現できず、またそれを市民が求めていない現実も見えています。かつての石和町には住民を育てようとする機運や、住民も職員と協働しようとする育ち合いの機運がありました。旧石和町の良いところを認め、また先進自治体を視察し、それらの良いところをわが市風にアレンジする、そんなことの積み重ねが時を経て、他市のモデルとなるかもしれないのです。真似することや、軌道修正することを恐れてはいけないと思います。

◆励ましてくれた先輩、励まし合った推進委員の人たち

　旧石和町時代における市民協働の楽しい推進活動の過程で出会った人々との絆は、市役所職員としては稀有な経験であったと同時に生涯忘れることのできない大切な宝物なのです。しかしながら同僚の辛らつな一言に図らずも涙したことは一度や二度ではありませんでした。

　石和方式の活動の一つに、「メディアの取材を受けること」がありました。これはみんなが苦労しながら活動している様を地域に認めてもらうにはメディアの力を借りるのが手っ取り早いと考えたからです。

　実際、新聞やテレビの効果は予想以上でした。報道されることに重点をおいたことで、回を重ねるごとにバッシングも増えてきましたが、大いに推進活動の励みにもなりました。自分たちの活動を誰かに認めてもらい、良いも悪いも評価されることが大切と考え、めげずに励ましあえたからなのです。

　地域や各種団体への出前講座や、各種ワークショップなど経験を積みながらスキルアップしてきたのですが、そうすることで、自信や委員同士の絆も深まったのだと思います。さすがに新聞やテレビに登場することが数十回もあると、「目立ちたがり屋」「いい気になって」とか「男女共同参画推進活動は暇人がやることだ、行政がお先棒をかついでどうする」「男性が先に課長になってなぜいけない」などと、直接もあり陰でも言われていたようです。すべて耐え、クールに仕事ができたのはいつも愚痴や悩みを聞いてくれ、励まし続けてくれた先輩がいたからだと心から感謝しています。1999年4月の男女共同参画担当に私を推挙してくれたのも先輩でした。

　「男女共同参画推進活動はクールにクレバーに」と唱えていたのは志村直毅

氏ですが、クールでいられない決定的な出来事がありました。それは2004年、合併の数週間前に発表された人事内示でした。当時男女共同参画推進活動とは無縁な同期女性職員が次長級に昇格し、私は平職員となったのです。本当にショックでした。合併前は指導監という名の課長補佐でしたので明らかな格下げでした。

当時一般女性職員は毎土日曜日・祝日にローテーションで出勤し日直業務をしておりました。管理職は業務から外れておりましたので当然合併後は管理職ではないので、日直業務をすることになったのです。しかも私の年齢が最も上なので、合併後初の日直をすることになったのです。これは屈辱以外の何物でもありません。

今だから言えることですが、政治的、かつ作為的な人事だったと思います。単なる能力的な評価の結果だったとは誰も信じないでしょう。人事は首長とごく一部の管理職の中で行われ、人事に紛糾した話は一度も聞いたことがなく、その配置に異論のある職員は自主退職してきた現状がいまだにあると聴きます。

こんなときに精神的にフォローしてくれたのが、推進活動に協力をしてくれた理解ある先輩職員や同僚でした。しかも合併前の時期であったにも関わらず、石和町以外の職員からの思いがけない言葉は、冷え切った心に温かく沁み込み救われた思いでした。必ず認めてくれる人がいるのだという確信さえあれば、前に進む意欲が湧くのですから。

こんなこともありました。

現・公益財団法人日本女性学習財団で、毎年公募している「女性の学習の歩み」実践・研究レポートに2002年に入選したときのことです。地元の新聞が顔写真入りで大きく取り上げてくれたことで、県内の知人からお祝いメッセージをいただき、推進委員さんも自分のことのように大喜びしてくれました。絶頂期にいた私はみんなに読んでほしいと思い、同僚にも冊子を配ったなかで、何冊かは捨てられたことを、ゴミ箱のなかから拾い上げ読んでくれた同僚から聞きました。人の心はこんなものかと悲哀を感じた一コマでした。

◆公務員冥利に尽きる市民とのつながり

長い公務員生活は決して平坦ではありませんでしたが、これで良かったのだ

と実感できたうれしい出来事がありました。

　退職した年の2009年4月に笛吹市男女共同参画推進委員会が開いてくださった送別会は、公務員冥利に尽きる温かな真心こもった宴でした。出席者からの色紙に記していただいたメッセージは我が家の宝物となっています。

　推進委員会主催のフォーラムのリハーサルで、皆さんの自主性を待たずしてきつく指摘してしまったり、みんなの成功させようという「心意気」の結集で、時間の共有が図れて見事に結実したものの、この後の推進活動にどうつなげていけばいいのだろうと、不安になる心を隠して成功を称えるような、不甲斐無い課長の私であったのに。

　担当課長としてこれで良かったのだろうか。もう一歩踏み込む手立てがあったのではないかと退職後、自問自答していた私でしたが、あの送別会で実感しました。どんな時もどの部署にいたときも、全力投球してきた私を認めてくれた仲間に巡り合えて、幸せな公務員生活であったと。改めて関わりのあった全ての方々に感謝したいと思います。

＊　　　＊　　　＊

　一人では何もできない推進活動であると理解しつつ、行政と市民の心を一つにまとめる難しさは永遠の課題であるといえます。

　退職して早4年も経ち一市民になると、生活に追われ男女共同参画推進事業のことも遠くに感じることも多々あります。

　一般市民の立場であっても常に男女共同参画の視点で物事を捉え語り合い、行動し評する人間であり続けたいと思っています。

　継続していくことが何より肝心といわれるこの施策に対し、改めて自分にできることは何か、事業全般の協力も惜しみませんが、何より後輩を見守り続ける先輩でありたいと思っています。職務を忠実に遂行している職員が気持ちよくこなせるように、精神的な支えと、「出る杭」を打たれないようにカバーすることでなく、打たれてもまた伸びようと成長する杭を支えていく先輩でありたいと思うのです。

　過去のさまざまなバッシングに先輩が支えてくれたことを忘れず、自分が同じように後輩に伝え、また次の職員につないでいく「見守りの心」の連鎖であれと願います。

★用語解説★

＊ガラスの天井（glass ceiling）
　企業などの組織で、昇進・昇格・意思決定の場への登用を暗に妨げている状態を言います。具体的には昇進・昇格についての明確な規定がないなど、自身の努力ではどうにもならない、どんなにがんばっても補助業務しか与えられない、研修の場を与えられないといったことによって地位の上昇が阻まれることを、透明で見えない"ガラスの天井"にぶつかってしまうことにたとえています。

＊＊ロールモデル（role model）
　働く場、生活の場などで、自分が目指す「こんな人になりたい」という目標となる人のこと。

（編集部）

学びの保障と地域への眼
学校・女性センター、そして生活の場へ

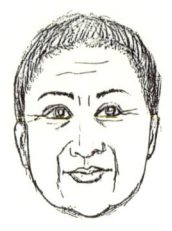

吉原 五鈴子
（笛吹市男女共同参画推進委員、元山梨県女性センター館長、元中学校校長）

祖母の生き方と学校現場で得た力——はじめに

　私が37年に及ぶ教員生活を定年退職して、県からの要請を受けて男女共同参画推進に関わるようになったのは2000（平成12）年のことでした。教員時代は特に意識して男女平等論に関心をもっていたわけでもなく、日々の勤務に流されるなか、時には教科指導に、時には生徒指導に迷い、学習し、なんとか自らの道を究めてきたというのが事実でしょうか。

◆平等を体現した祖母とキリスト教の教え
　祖母は当時は珍しい学歴を持っていました。東京女子高等師範学校の第2期生で、なかなか見識の高い人物でした。村に知事さんなどいわゆるお偉い方が訪問されるようなときには、接待兼話し相手として祖母にお呼びがかかるという存在だったし、父を含む子ども達7人すべてに、男女を問わず高等教育を受けさせていました。
　私は小学校就学前にこの祖母から多くのことを教えられたと思います。祖母はクリスチャンでした。日曜日ごとに距離にして約4キロ離れた日下部教会まで礼拝に通っていました。同伴した私は日曜学校でキリスト教の教えを様々に学びました。エホバの神様の下では職業等の貴賤を問わず誰もが平等である

こと、神様はどこかで必ず私たちの行動を見ておられること、人間は弱いもの、ついつい悪行を重ねてしまいますが、神様の前にその罪を悔い改めれば、神様は必ず救って下さること等々、教えられたと思います。

　このことは、生涯にわたって私の生き方に何らかの影響を与えてきたと思うのです。教師として学校に在ったとき、多くの場で感じた学校の閉鎖性と権力構造に、私は大きな違和感を覚えながら、勇気を持てず堂々と立ち向かっていけませんでした。しかし、心の中に絶えず、生徒指導はこれでよいのか、学校や教師の意思統一に名を借りた力尽くでの指導や、生徒の言い分を受け止める前に、力で押してゆく指導に疑問を感ずることが多々ありました。

◆教育観を変えた出来事

　私の教育観を変えた生徒さんとの出会いがありました。隣接した中学校に異動を命じられて初めての授業に行くと、スカートをあられもなく拡げて椅子に体育座りをしている生徒が目につきました。

　私はいとも当然に「なんて格好をして座っているの!?」と声かけしながら彼女の膝に手を触れました。そのとたん「うるせーなーくそばんばあ」と勇ましい声が返ってきたのです。人間関係がまったくできていない他人から、それがたとえ教師であっても、直接体に手を置かれることの理不尽さを、彼女は率直に表現し拒否したことに気付かされました。

　そのとき、問われたのは従来の私の教育観でした。今までの自分は心に時に違和感を抱えながらも、結局は集団体制のなかで権力を両肩に着た正義を振りかざす教師でした。この生徒と心が通い合う指導はどうするのが良いか？　自問自答の繰り返しのなかで、私は生徒が教師に求めているのは、自らのスタンスに立ってほしいのだと捉えました。

　それからは極力、生徒と師弟同行を旨として行動しました。拭き掃除も、掃き掃除も一緒に雑巾を持ち、箒（ほうき）を持つなかで、様々な会話を重ねました。給食の配膳も一緒にしました。行動をともにするなかで家族のこと、両親の関わり、好きな生徒のこと、好きな教科や嫌いな教科、なぜ嫌いなのかといったこと等々、たわいない会話の中で受け止めていくと、彼や彼女たちのどうにもならぬ鬱積した心の内が垣間見えてきたのです。

学年会でも真剣な論を交わしました。徐々に生徒たち全体が落ち着いてくるのが見えてきました。それに自信を得て真剣勝負の連日に生き甲斐を覚え、自分なりに充実した学校生活を過ごすことができたのです。

◆スクールカウンセラーからのアドバイス

1995年度、時の文部省は、スクールカウンセラーの中学校配置を決め、勤務校もその配置指定を受けました。

着任されたスクールカウンセラーは30歳後半の素敵な女性でした。赴任されて間もなく、彼女が「この学校は病んでいますねえ」と漏らされた一言は、私をある意味勇気付けたのです。

「やはりそうか。ならば一緒に治さねばならない。やってみせる！」

当時学校現場はまだ排他的かつ保守的で、教師以外の外部の者が職員室に席を置くことを好まない雰囲気もありました。まずは校長である私自身が、このスクールカウンセラーに全幅の信頼をおいて、ともに学校改革に挑む姿勢こそ大切、そう心に決して、教師たちと侃々諤々の論議を重ねたものです。

スクールカウンセラーの的確なアドバイスを着実に実践するうち、徐々に生徒も教師も変わってくるのがわかってきました。生徒指導一つとっても、従来の指導方針はまず教師が一丸になり、統一した指導体制を固めて、問題生徒に立ち向かっていくかの体勢が求められておりました。

しかしスクールカウンセラーは説くのです。「いいのですよ、教師は一人一人違うのです。強面の教師は厳しく社会通念を説けばいい。包容力ある教師はじっくりと生徒の話を受け止めるもいい。時に父親の、時に母親の代わりをする教師もいい。要は問題の生徒を取り巻く大人たち（教師も親たちも）がともに『あなたへのエールを送っている』ことを伝えること」と話されたとき、私は肩の力が抜けて、それまで躍起になっていた堅い体を解きほぐして指導に当たることができたように思います。

定年後、女性センター館長の仕事に携わり、男女共同参画社会の有り様を学ぶうち、納得できた理念は「みんなちがってみんないい」でありました。

1 女性センター館長に就任

◆初めての分野でどん欲に学ぶ

　退職後、教育相談の分野で電話相談業務に携わっていた折、突然に県からのお話があり、県立女性センター3館（現・山梨県男女共同参画推進センターぴゅあ総合、ぴゅあ富士、ぴゅあ峡南）館長に就任したのは2000年の4月でした。

　前年の1999年6月には、国の男女共同参画社会基本法が制定され、1975年以来、徐々に高まってきていた男女平等の動きが一気に高まったときでありました。

　中学校英語科教師として、文字どおり子どもたちと切り結んできた私にとって、女性たちの学びと交流の場である女性センターで働くことは、まったく新しい分野でした。男女共同参画推進の任務を負いながら、じつはその基本的認識さえ不十分な私でしたから、すべて学びからの出発でした。「まずは学習から」と結構どん欲に学びました。文献はもとより様々な学習の機会に出向き、多くの先輩諸氏から様々に教えを乞いました。

◆全国的にも珍しい県立女性センター県内3館設置と一人館長方式

　女性センター3館は、総合女性センターぴゅあ総合が1984年の創立を最初に、1990年にぴゅあ富士、1996年にぴゅあ峡南が順次設立されて、全県を網羅する形になりました。

　これは全国的にも珍しいことで、それぞれ地域の女性たちの熱い要望を受け、順次設立されたのでしたが、館長は設立以来1人の館長が順次各センターを回って仕事をすることになっており、回ってみると三館三様の実態がありました。

　【総合女性センター】甲府市にあり、3館では最初に開館したうえ、全館を統括する意味合いもあって、つねに先進的に企画運営することを目指していました。ここを利用する人々の居住エリアは広く県のおおむね半分に及び、甲府市を取り巻く峡中、峡東、峡北地域とも農業を主産業とする産業形態です。受講等で利用する層には、農繁期は「心で思えど活用できず」の実態があり、こ

の広い地域のより多くの女性たちの拠り所になるのには課題があったと思います。集客層をどう広げるか、時宜を得た企画は何が適切か、参画型の企画をどう図るか等々、あれもこれもの思案を重ねて企画しました。

【富士女性センター】都留市に位置し、富士北麓東部地域一帯をエリアとしておりました。この地域は、富士山を中心とする観光地でもありますが、昔から家内工業や給与所得者が多く、女性たちも比較的日中の時間が保障され、そのこともあってか活動が活発でした。総合女性センターに比べ高齢ではありますが、男性の方々の利用も多かったように思います。したがって企画面でもバラエティに富んだ先進性を持ちながら、高齢者受けする内容も考えました。

藤原智子監督による「杉の子たちの50年──学童疎開からの明日へのメッセージ」なども一例です。時に都留文科大学の学生さんも巻き込んでの多彩な取り組みがなされていました。

【峡南女性センター】県の南端に置かれ、小ぢんまりとしながら、他館並みの施設を整え、まさに地域に根ざした企画がされておりました。地域の女性たちの活動交流の拠点としての務めを果たしていましたが、いわゆる貸し館として一般の方々に広く活用していただく機能は十分果たし得ない状況でした。ただ、ここを利用する人たちの館に寄せる思いは設立当初からずっと変わらず、"館あったればこそここまで来れた、学び、交流したうえはさらなる前進を"との利用者の思いを受け止めてのセンター運営でした。

＊　＊　＊

2000年当時、県内には60余に及ぶ各種女性団体が、男女共同参画推進の理念のもとにつながり、「山梨県女性団体協議会」を組織していました。この会は1996年に発足し、構成団体には連合婦人会や県看護師会、PTA女性部等、どの団体も本来の自主活動の根っこに「男女共同参画」を据えて、様々な活動を展開しておりました。こうした各種女性団体が活動し研修する場としての女性センター利用は活発だったし、センターが独自に企画する事業への参加者も女性団体所属者が多い状況でした。

なんとかしてより多くの県民一般の方々を、とくにお母さん世代の若い女性たちの利用を促す講座をと様々に考え、提供しました。「ベビーマッサージ講座」であるとか、「子育て交流講座」等々。さらに若い世代には、健全な性教

育が必要とも考え、その分野のオーソリティも招き、時に県立看護大学生自身によるピアカウンセリングも実施しました。また、高齢者の性を真正面から扱った映画「百合祭」上映や、監督の浜野佐知さんを招いての講演会も持ちました。子育て支援、パソコンなど情報機器の活用、性同一性障害問題など、じつに多分野にわたる企画を提供してきました。

つまり受講者が青年期から老齢期まで、しかも男女を問わず受講してくれることを願っての企画はなかなか大変でしたが、幸い、3館とも素晴らしい企画担当が、相互に切磋琢磨しながら情報交換を密にして、新企画を次々に提起してくれました。ある意味、年間を通じ館の講座をすべて受講できれば、当面男女共同参画社会に関する学習は相当程度身につくといっても過言でないという状況でした。

3館に集う女性たちの誰もが、男女共同参画社会の実現を目標に、学習に実践活動に、活動交流にと多面に活躍し、推進拠点である女性センターを頼りにしている様子がひしひしと感じられる日々でした。

◆力となった教育現場・女性教師の企画担当配置

2000年12月、国の男女共同参画基本計画が閣議決定され、47都道府県はじめ各地方公共団体が競って地域に根ざした男女共同参画推進に必死でしたし、県内でもこの風は同様に吹いておりました。

館長という立場から、国及び県の男女共同参画の基本理念や具体的施策等についてわかりやすく説く必要にも迫られました。「ぶれないように信念をもって」という構えですが、自らも学びながらの推進はなかなかしんどい仕事でした。

そうしたなか、何よりも大きな支えは職員の結束と協力、そして推進に当たる意欲にありました。

副館長さん方には行政のノウハウはもちろん、庁内の人脈も豊かで様々な面で補佐してもらいました。3館とも事業等企画担当には、義務教育の現場から女性登用者が配置され、彼女たちのひたむきな努力には頭の下がる思いでした。昨日まで小中学生を相手に、学校という限られた社会で教育実践に明け暮れていた彼女たちが、教頭相当職とはいえ副主幹という立場に立たされ、異動後わ

ずか1週間で行政の最先端として、まったく未知だった領域でセンターのそれぞれの機能、年間活動計画、講座内容等々を各市町村担当や関係団体・県民一般に周知するわけですが、誰も迷うことなく自明のこととして担当する姿勢には感心しました。

さらに活動が始まれば早々に、講座の設定に伴う講師の選任・折衝から始まって、当日の運営全般まで詳細に起案執行しなければなりません。間には各市町村担当からの出前講座の要請や、これに伴う一連の作業のノウハウに至るまで対応しなければなりません。慣れないパソコン操作にも必死で立ち向かい、瞬く間に上達してゆくのでした。こうした努力の発揮こそ、まさに男女共同参画理念そのままの姿でありました。

◆指定管理者制度の導入と笛吹市の誕生

2003年3月、3年間にわたる館長を辞する頃には、県では3館を順次指定管理者に任せる方向が検討されてまいりました。3館はそれぞれ女性たちの学習、活動、交流の拠点であると同時に貸し館業務もありましたので、その成果には厳しいものもありました。現在、3館とも完全に指定管理者のもとで運営され、かつての企画担当も上述の立場での配置はなされなくなりました。

館を辞する頃、在住する笛吹市でも町村合併の機運になり、2004年10月、6町村を束ねての新市笛吹市の誕生をみました。その後2006年に1村を編入し、男女共同参画の新たな取り組みが始まりました。

笛吹市は石和温泉郷として全国に名を馳せ、観光立町としてきた旧石和町を軸に発展してきました。合併によりブドウ・桃生産量日本一を誇る市にもなりましたが、果樹農家を支えるのは女性が実質6割と言われます。

農作業は3月桃の蕾がふくらみ始める頃から、11月ブドウの収穫が終わるまで連日続きます。女性たちは農閑期になったら、休養と娯楽を兼ねた旅行等に出かけることを楽しみにひたすら働き続けるのです。進んで農業をしようという若者は少なく、どの農家も後継者不足に不安を抱えている現状です。

このような地域に帰ってきて、私は2005年、笛吹市から市の男女共同参画委員の委嘱を受け、委員長に推されました。

さて社会形成の最先端に携わってみると、その推進のむずかしさに唸るばか

りでした。男女共同参画が遅々として進まないと言うけれど「そうか、そうだったのか、日常的に地域に浸透させていくことのむずかしさは！」と改めて全国津々浦々、県下のあらゆる地域でその推進に悪戦苦闘されてきた方々の労苦が身にしみて分かってきました。市町村での男女共同参画に携わる人々の労苦に頭が下がるばかりでした。言行一致を迫られる委員長の立場は，市民・参画委員の皆さんが動けるようにしないといけないと思ったのです。

2　笛吹市における男女共同参画の取り組み

◆第1次笛吹市男女共同参画委員会──2005年6月1日〜06年5月31日

　新市になっての課題は、まずは地域に根ざした「男女共同参画プラン」の策定にありました。合併した旧町村にはすでに4つの町にプランができており、とりわけ旧石和町にあっての男女共同参画プラン「ホップステップジャンプ」の推進は、県のみならず国でも評価されるほどの先進性を見せていました。

　こうした事例があるのだから、そこをベースに立ち上がればとの考えもありましたが、委員の構成をみると各委員の男女共同参画に関する理解の温度差は大きく、強引に推進するには違和感からかえって後退するかとの懸念もあって、旧町村時代に策定したプランのすりあわせをする形で、2006年度末「輝け男女　笛吹プラン」の策定に漕ぎつけたのです。

表1　笛吹市男女共同参画プラン「輝け男女　笛吹プラン」の基本目標
（2006年度より5年間）

Ⅰ　人権尊重の意識を高めるための教育の推進
Ⅱ　男女差別のない働きやすい環境づくり
Ⅲ　健康で安心して暮らせる環境づくり
Ⅳ　男女が互いに豊かに生活でき、活動しやすい地域づくり
Ⅴ　男女共同参画を進める体制づくり

◆笛吹市男女共同参画推進委員会の歩み

　2007年6月、先に述べた笛吹市男女共同参画委員会から発展的に組織改革を行い、いよいよプランの具体的推進ということで、委員会も「笛吹市男女共

同参画**推進**委員会」となりました。

　私は前期に続き第1期推進委員会の委員長となり、設置要綱に「男女共同参画社会の実現をめざし、笛吹市男女共同参画プランに基づき男女共同参画を推進するとともに、男女共同参画プランの検証及び評価を行い、次期男女共同参画プラン策定に資する調査及び検討するため笛吹市男女共同参画推進委員会を置く」としました。所掌事務としては、
（1）男女共同参画推進に関すること
（2）笛吹市男女共同参画プランの策定に関すること
（3）その他笛吹市における男女共同参画社会の形成に係わる施策の推進に関すること
とし、委員は市長が委嘱し、委員43名以内をもって組織することとしました。任期は2年、欠員が生じた場合は前任者の残留期間としました。

　市の担当部局は、2005、06年度は、市秘書政策室でしたが、推進委員会第1期となった07年度から、市民環境部市民活動支援課に替わりました。何より心強かったのは、新設された市民活動支援課課長にかつて旧石和町「ホップステップジャンプ」の強力な牽引力として活躍された内藤文子課長を迎えたことにありました。

　後になってわかったことですが、私ども推進委員会の遅々たる歩みがどんなに彼女をいらつかせ落胆させたか、当時は知るよしもありませんでしたが、私ども男女共同参画推進委員会にとっては、誠にありがたく頼りになる存在でした。

　さて、プランに掲げた具体的施策をどう推進していくか、委員会の冒頭に意見交換を十分行ない、委員全員が何らかの活動に取り組めるよう部会方式で推進することとしました。

　プランの目標に5項目（前ページ表1）を掲げたのだから、その基本目標に沿う形の部会構成が望ましいとの意見集約をみて、人が生活するための基礎である家庭での男女平等と両性の能力発揮、相互理解を図る意図から「家庭部会」を、同時に男女が働きやすい職場をどうつくっていくかを考えたいと「職場部会」、そして推進活動をどのように地域に広げていくかに取り組む「地域部会」

の3部会で取り組むことにしました。部会所属は委員個々の希望とし、おおむね部会人数が均等になるよう微調整を行なっていよいよの歩み出しとなりました。

　また3部会から2名ずつ6名を選出、これを広報委員会として笛吹市の広報「ふえふき」に毎月1頁を得て、市民への情報提供を図ることとしました。

　この部会に分かれての活動及び広報委員会の活動については、1期・2期（2007～10年度）を通じて続けていくこととしました。

◆3期におよぶ各部会活動など

　①家庭部会　　活動テーマは第1期「家族一人ひとりを尊重しあう家庭づくり」、第2期～第3期「家族一人一人を尊重しあい輝く家庭づくり」としました。プランの具体的施策の具現化のため、まず「家庭の日」を設け、家族団らんの中で相互理解を深めることから始めました。

　和気藹々（わきあいあい）の雰囲気の中で、市民啓発のための歌や体操を創り、これをもって地域に出かけようと「輝けチャチャチャ笛吹の未来」の作詞・作曲に取り組みました。幸い部員に歌曲に堪能な人材があり、彼女の作曲で誰もが気軽に笛吹の未来を描ける"自分らしく生きること"をテーマにした曲は、委員会でも大好評で、体が自然に動くメロディとなりました。歌詞はむずかしい理念を盛り込むことを極力避け、単純明快なフレーズの繰り返しで、子どもたちにもすぐ覚えてもらえました。

　「よしッ、体操をつけよう」となって、市の体育指導員に振り付けを依頼、1期目の終わりには体操も完成しました。1期目のフォーラムには全員でこの歌と体操を披露することができました。

　2期目の目標はこれのDVD化です。幸い市の支援を得て、立派に映像化され、機会あるごとに公開してきました。今後これを市内の幼稚園、保育園、小中学校に広めていきます。

　3期目の現在、家庭内で見えにくいDVに着眼、委員会全体にも呼びかける中で講師を招いての基礎研修を行ないました。この研修をベースに、部員相互に知恵を出し合いDVへの気付きと支援をさりげなく伝えられるパネルシアター作成に取り組んでいます。そして地域へ出向いて行く予定です。

②職場部会　部会の活動テーマは、第1期〜第3期「男女が安心して働くことができる環境づくり」としました。1期目には女性が働きやすい職場づくりをめざして市商工会との話し合いや、優秀企業の職場訪問などを行ない、その結果をフォーラムで発表するなどしました。

2期目には、男女がより働きやすい状況をどうつくるかを探るべく、市内学童保育クラブの実態調査に取り組みました。保育クラブの指導員とそこを利用する保護者に実態調査を行ない、成果や課題を浮き彫りにしようということでした。設問から協議検討しアンケートを作成、依頼、回収、集計、分析と一連の作業を部員全員で行ない、それなりの成果を得ました。

保育クラブの現状に満足との回答が90％あり、利用者にとって学童クラブが大いに感謝されていることがわかりました。同時に行なった「輝け男女　笛吹プラン」の周知度は極めて低く、2次プランの内容や、市民にどう広めていくか推進方法が課題として浮上したのです。この結果、2次プランには、具体的施策に加えて「市民にできること」欄を設けることにつながりました。

3期目の現在は、「男女が安心して働くことができる環境づくり」をテーマに、市内29社の企業を訪問し、男女共同参画の視点からその実態をまとめ、訪問企業や団体などとコラボした推進活動を進めています。

③地域部会　「地域づくりは男女が一緒」を合言葉に、パフォーマンス、寸劇、対話劇など地域へ向けての啓発活動に取り組んできました。2010年度には県主催のフォーラムや男女共同参画推進センターの「ぴゅあ総合フェスティバル」に会話劇で参加しました。「身近な話題を取り上げているのでとてもわかりやすく良かった。」「身につまされて男女平等社会を改めて形成する大切さを痛感した。」などの感想をいただきました。

2期目には、市内の女性団体やフォーラム等でも活動しましたが、まだ十分とはいえません。3期目のテーマは「きづき」。「心と体が健康であることがいかに大切であるかへの気付き・地域を良くすることがいかに大切かへの気付き・今私たちにとって何が大切かへの気付きを投げかけ、それぞれの気付きをつかむとともに、市民自らの手でよりよい地域を築き上げよう！」をテーマに、引

表2　第2次笛吹市男女共同参画プラン「輝け男女　笛吹プラン」の基本目標と重点目標（2011年度より5年間の取り組み目標）

I　人権尊重の意識を高めるための教育の推進 　1　家庭内の意識改革と協力体制 　2　学校教育で互いを認め合う心を育てる 　3　地域で互いを支え合う心を育てる 　4　ドメスティック・バイオレンス・セクシュアル・ハラスメントの根絶 II　男女差別のない働きやすい環境づくり 　1　安心して働くことができる環境づくり 　2　男女が働きやすい環境づくり	III　健康で安心して暮らせる環境づくり 　1　心と体の健康づくりの推進 　2　高齢者や障がいを持つ人及び外国人等が安心して暮らせる環境づくり 　3　安心して子どもを産み育てられる環境づくり IV　男女が互いに豊かに生活でき、活動しやすい地域づくり 　1　みんなでつくる地域づくり 　2　政策決定の場に女性の参画促進 V　男女共同参画をすすめる体制づくり 　1　庁内推進体制の強化 　2　男女共同参画推進条例の啓発・推進 　3　各種機関・団体との連携交流

き続き地域活動、子育て、防災の分野への女性参画などについてのパフォーマンスづくり及びその公開に取り組んでいます。

④その他の活動

＊プラン策定委員会　　上述の3部会に加えて、「輝け男女　笛吹プラン」の改訂期を迎え、第2次プラン策定のため現行プランの検証、検討を経て第2次プランをつくるため、「プラン策定委員会」を組織しました。

　まずは市民アンケートを実施し、第1次プランの検証、問題点を洗い出し、第2次プランの素案作成に取り組みました。1次プランに盛り込めなかったリプロダクティブヘルス・ライツの理念や、市民が具体的に取り組みやすい施策策定に意を注ぎました。（表2参照）

＊広報委員会　　1期・2期を通じて各部会からの代表6名で活動してきた広報部会を、3期になったおり1つの部会にし、活動を続けています。それは、男女共同参画に関する国内外の情報や、私たち推進委員会活動の状況などを市民の皆さんに伝える仕事の大切さを改めて認識したからでした。

今期のテーマは「よりわかりやすい情報発信―市民の目線に立って―」としました。広報紙の限られた紙面に1頁を確保させていただくのはなかなかむずかしいことですが、私たち委員会は発足以来この紙面をいただき、2012年12月号までで第74号になりました。フォーラムや出前講座などで配布する啓発資料もわかりやすいイラスト入りで作成、今後はメールマガジンの配信を考えています。

◆**市民の手でつくった男女共同参画推進条例**
　策定したプランの推進を前進させるためには、条例の制定は不可欠です。2008年度に私たちは「笛吹市男女共同参画推進条例検討委員会」を発足させました。条例を市民主導でつくろうとの意気込みでした。
　平成の大合併以前、山梨県には64市町村がありましたが、合併後27市町村になりました。合併前に男女共同参画推進条例を制定していたところもありましたが、多くは行政主導でできたものです。時の流れを受けて「つくるなら市民の手で」との機運が高まり、笛吹市も例外ではありませんでした。
　市側も市民がつくった条例案を尊重してくれるとの方向性を受け、検討委員会の各委員は必死でした。昼の勤めや農作業を終え、おおむね夜の7時台からの検討会は、夜半に及ぶこともたびたびでした。1年間30数回の検討会を重ね、2009年、市民の手による推進条例骨子案を市長に提出することができました。
　この間、山梨学院大学の山内幸雄教授に講師を依頼し、毎回熱のこもる検討がなされました。まずは市内にある男女共同参画の視点からみて改善を迫られる事実、たとえば、「農業に携わる女性の経済的自立ができていない」という状況を1つの立法事実として挙げることから始めました。あれもこれもと気付いた事実は百余りにも及びました。
　こうした事実を条例化することによって、どう改善できるのかを多角的に分析検討し、論点整理につなげます。論点整理を踏まえて「家族経営協定」締結の推奨を条文化する案文を考えてみようという手順です。時間がかかること夥しい。しかし、立法事実を踏まえた条文は、なぜこの条項が必要かが立案する側全員に明確に理解されているので、空条文に終わらない強さがあります。

一連の活動を通して、推進条例のそのものの意義と、日常の生活改善につながるとの信念が委員個々に理解できたことが最大の収穫といえましょう。
　市民の手による条例案は、さらに市職員で検討する「庁内条例検討委員会」で揉まれ、ついに2011年9月の市議会で、満場一致で可決成立し、施行となりました。
　ここまで市民が主導で取り組めたのには、先進的に取り組まれた方々の情報を糧にできたことに加えて、行政職員の力も大きいものでした。合併後のプラン策定から条例制定まで、行政が市民を引っ張っていくのではなく、市民も主体的に動き、結果として市民と行政との協働・連携だったと実感しています。
　とくに私たちは担当職員に全幅の信頼を寄せていました。担当職員は揺るがぬ信念に立って日々研鑽を積み、市民が門をたたけば必ず応えてくれる環境をつくってくれていました。男女共同参画に携わる職員の皆様には、ぜひ様々に学習を深められ力をつけていってほしいと思います。（条例づくりの詳細については、第5章参照）

◆ヌエック研修で学んだこと
　これまでの推進委員会活動の中で、私たちは独立行政法人国立女性教育会館（通称・ヌエック）での研修会に参加・参画してきました。先には旧石和町のホップステップジャンプ推進の頃から参加してきたことですが、新市になって以来欠かさず参加してきました（15ページ、内藤文子さん稿参照）。
　2009年度には、分科会開催に手を挙げ、日頃の活動の成果を発表し、批正を乞う取り組みを進めてきました。全国津々浦々から集ってこられる方々は、男女共同参画を推進される先生方はじめ推進委員や行政担当職員等ですから、関心、意欲に充ち、協議の一言一句に啓発されるものが多々ありました。何よりためになったのは、私たちの活動の立ち位置をしっかり確認できることにあると思います。「今頃まだそんなことやってるの！」といった指摘から始まり、「わかりやすい取り組みで感心した。ぜひ見習ってみたい。」といった積極的な支援や交流が図られ、次なる活動に挑む力をいただくことができました。
　日頃願っても聞くことができない国内外で活躍される先生方の講演やシンポを、生で聴くことができるのも魅力でした。私たちは地域でささやかながら頑

張っているけれど、推進の牽引力になるのはなんと言っても幅広く英知に優れた方々の理論あってのことです。日頃のニュースなどマスコミの情報はごく一般的なものに偏っており、男女共同参画に関するニュースソースは求めなくては得られない状況下、ヌエックの研修は貴重な機会です。

幼児期からのジェンダーフリー教育も！

　第3期は2011年5月に発足しました。新しい布陣で委員数は32名、公募の方も含め意欲満々の出発です。委員長も県の推進リーダーを兼ねる新人に代わり、補佐役の人材も得て良い滑り出しをしました。
　今期の活動目標はなんと言っても「笛吹市男女共同参画推進条例」の周知徹底とその具現化にあります。市として初めての市民の手による条例として、今後市の男女共同参画社会実現に向け、当面はわかりやすい情報提供をめざしています。

＊　　＊　　＊

　過去8年に及ぶ私の推進委員会活動のなかで、触れたいことが1点あります。それは、学校における男女平等教育の実践です。男女平等教育の大切さは力説されていますが、その実践化に向け毎年小学校での実践授業に参加してきました。（132ページ、天野明美さん稿参照）
　市内の小・中学校の教員は合同して教育協議会体制を組織し、教科および領域面での研修を深めることを1つの目標にしています。取り組みは教科研究部会と領域研究部会に分かれ、個々の教員が必ずどれかに所属することになっています。
　そのなかに「自立と共生」「自立と共生の教育研究会議」があり、これに所属される教員の実践授業に私たち推進委員も参加させてもらってきました。
　2011年度には、小学校4年生が「仕事について考えよう」を主題に、じつに生き生きとした授業を展開してくれました。2012年度には小学校1年生が「こんなのへんかな？」の主題で、小学生に刷り込まれているジェンダーを浮き彫りにしてくれました。

低学年であればあるほど、取り巻く世代からうけるジェンダーが色濃く残っている事実に触れ、学校現場は平等化されていると一見言われるけれど、改めて「幼児期からのジェンダーフリー」を叫ばずにはおられませんでした。

　山梨県の県民意識実態調査（2009年3月）によると、学校現場は男女平等になっていると評価しています。確かに児童生徒の学習内容や校内活動、進路選択等々格差はあまり感じられません。しかし、教員の職場には課題は山積しています。小学校での性別男女教員比率は女性70％男性30％といわれますが、いざ管理職となると女性は10％前後です。

　女性は力が劣っているのでしょうか？　女性は前に行きたくてもいけないしがらみを負っているのです。世間では女性の背中を押そうとしても女性自身が尻込みをしているといいます。それは女性が今なお、家事・育児・介護などすべてを背負いながら、この事実に気付いてもらえない職場環境が厳然としてあることを理解していただきたいのです。女性管理職が先進国並みに参画するのには、身近な問題を顕在化させ、その解決策を男女が共に考え対処していくことが必要でしょう。

＊　＊　＊

　2012年10月、6年間続いた市長が替わりました。新市制は、できるだけ市民の声を聴きとめ、生かすと明言していますが、まだ先が見えていません。男女が互いの良さ、能力を認め合い、その相互発揮こそが新しい社会形成に不可欠と認識され、行動化されるよう、私たち男女共同参画推進委員もあとひと頑張りです。

すべての政策に通じる扉
旧石和町での取り組みと現在(いま)

志村 直毅 （笛吹市議会議員・農業）

なぜ、若い男性が？——はじめに

　わたしの仕事は、桃や柿を栽培する果樹農業です。有機質肥料の投入による土づくりを行い、減農薬栽培とともに、化学肥料や化学農薬の使用を最小限に抑制し、除草剤を使用しない栽培管理を実践しています。1969年生まれの43歳です。

　2008年11月からは笛吹市議会の議席をお預かりしており、2012年に再選させていただきました。

　わたしが具体的に男女共同参画に関わるようになって15年以上になりますが、若い男性が男女共同参画の活動をしている、と珍しがられ、よく理由を尋ねられました。

　自分としては、「男女共同参画にこだわった」わけではなく、「必要だと感じた（いまも感じている）」から、ということに尽きます。そして、推進していくためには、「若い男性が」「珍しい」とステレオタイプに感じてくれるジェンダー意識があることを、逆手に取っていたという面も少なからずあります。

　いま、まちづくりや社会変革などの場面では、さかんに「よそ者、若者、ばか者」が必要だと説かれますが、「女性の問題」と捉えられていた分野に、いわば「よそ者」で（当時は20代の）「若者」の男性が入っていくことは、本来すべての人が「当事者」である男女共同参画を推進していくためにも必要で

はないかと感じていました。

　また、本書で執筆されている、伏見正江さんが主宰されていたリプロダクティブ・ヘルス／ライツの勉強会には、最初から参加させていただいていました。これは、それらも含めてトータルで理解しなければ男女共同参画やジェンダーの問題を理解することが難しいと考えていたからです。

　そのように思うようになった理由は、多くのこうした問題に立ち向かってきた女性たちの思いと同じような部分もあると感じていますし、わたしが育った農村や家庭の環境や、その時代のあたりまえと考えられていた習慣や意識への疑問や反発、当時社会問題化していた戦後補償裁判等への関心も、少なからずあったのかもしれません。

　90年代半ばから出会った在野の女性たちが、ジェンダーや男女平等の課題に熱心に取り組まれていたことは、本当に刺激になりました。わたしも身軽にどこにでも出掛けていきましたから、行く先々で受け止めてくださりご教示いただいた方々にも大変感謝しております。

1　協働のはじまり——旧石和町時代

◆一本の電話から

　1998年3月に、石和町（現・笛吹市）が初めて策定した男女共同参画計画の、策定作業とその推進に、96年から2004年3月の推進委員会の終了まで住民として関わったのが、行政との関わりの最初です。その後は、自分自身のライフワークとしてできることに取り組んでいます。

　当時の石和町は、人口約2万7000人。「果実と温泉の郷」として発展し、「スコレー都市」を掲げて生涯学習にも力を入れていたまちでした。

　1995年に北京で開催された第4回国連世界女性会議以降、「男女平等」や「男女共生」といったキーワードを耳にする機会も増え、県内においても男女共同参画社会づくりに向けた市町村での行政計画（当時はよく『女性プラン』と言われていました）策定への機運の高まりを感じていました。また、地方分権一括法が成立し（99年）、地方自治体への権限委譲を主とした地方分権が動き出し、住民の地域づくりへの参画もよりいっそう求められることになりました。

こうした時代背景の中で、96年に町内の女性たちが声を上げ、当時の石原昭夫町長の英断により「ホップステップジャンプ」(以下、「HSJ」とも表記)の策定準備が始まりました。策定の担当となった杉原五十子石和町役場企画調整監は、まず庁内に「女性行政」を推進する組織を立ち上げるとともに、町民と行政職員による策定委員会を発足させ、97年度中の策定完了を目指して作業を開始しました（のちに両組織を一本化）。

わたしが策定委員となったのは、暑い夏のある日、杉原さんからの一本の電話に「やってみます」とお応えしたことがきっかけでした。

杉原さんとは、以前に町の国際交流事業でご一緒したこともあって存じ上げていたことと、北京女性会議以降、山梨県内でも活動が注目され始めた在野の女性たちとの出会いもあり、わたしも当時「住民自治」や「ジェンダー」への関心をより強くしていたことから、「女性行動計画」の策定がまちづくりの契機にもなると捉え、策定委員の委嘱を受けました。

◆やりっ放しで終わらせない

計画づくりをしながら、策定委員が配布し回収する男女共同参画に関する意識調査（作成と分析は山梨大学に依頼）を実施し、並行して「『男女共同参画』という取り組みを始めます」「内容はこんなことです」といった啓発活動もすすめました。こうした手法は、予算的な制約があったのかもしれませんが、まさしく「協働」の先駆と感じ、とても新鮮なものでした。

一般的に行政計画の策定は、シンクタンクやコンサルタント会社に委託する方法が少なくありません。審議会を設置して外注業者等が作成した事務局案をチェックし、答申して完了するという方法が多いなかで、「HSJ」は、先行自治体の同種の計画や取り組みを参考にしたり、多くの女性たちの声を反映したりしながら、最終的には住民と行政職員による策定委員どうしが議論を重ねて完成しました。

わたしたちは、意外と行政の仕事の内容を知りませんし、行政におまかせ意識が定着してしまうと何でもやってくれると思ってしまいます。

しかし、税収の確保や行財政改革といった課題が現実化するなかで、行政がするべき仕事や住民が担える役割を考え、理解しあうことが必要不可欠です。

その意味でも、計画に盛り込む事業の考え方や実現可能性を、職員と一緒に忌憚なく話し合うことは、それこそエンパワーメントの場であり、言いっ放し、やりっ放しに終わらせない「市民の育成」「市民との協働」につながる絶好の機会と考えていました。

そして、それが男女共同参画計画であることの意義は、総合計画の策定に匹敵するほど大きいとさえ感じました。策定当時、わたしは「男女共同参画や性の問題は、すべての事柄に通じる扉」であると強く意識していました。すなわち、男女共同参画はトータルで思考するものであり、すべての人が「当事者」であり、男女共同参画という「分野」ではなく、あらゆる政策に通じる「ベース」であると考えていたのです。

旧石和町の計画づくりは、本当にいい経験になりました。あれだけ中身を住民が書いたプランも例がないだろうと思います。条例や計画などの政策形成の過程に、住民が関与していくことは行政にも住民にも好影響を与えるものであり、そこからうまれる自律性や責任感などは、必ずまちづくりの基盤となることと思います。

日本の人口減少と超高齢社会の到来に、また市民自治が期待されるこれからの時代に、こうした思いはいまなお変わっていません。

2 「ホップステップジャンプ」の目指したもの

◆4本の柱のわけ

旧石和町の「ホップステップジャンプ（HSJ）」は、①男女平等を推進する体制づくり、②男女平等教育と人権尊重の意識づくり、③男女がともに働ける環境づくり、④男女がともに自立し、健康で豊かに生きる地域社会づくり、の4本柱で構成しました。

策定当初は、②③と、④が2つに分かれての4本柱となっていて、①に相当するものはありませんでした。

教育・人権に関する担当を第1部会（「HSJ」の②）、労働に関する担当を第2部会（同③）、福祉・健康に関する担当を第3部会（同④）、地域活動に関する担当を第4部会（同④）という班別構成として、策定作業に当たりました。

第2部会に所属していたわたしは、策定作業をすすめるうちに他の部会の内容についても意見や提案を求められました。
　施策の内容についてかなり細かいところまで、ときには職員の方とも激論を交わしながら計画案を詰めていくなかで、最終的に4本柱の構成を変更したのには理由があります。
　男女共同参画の推進は、施策としては箱物や道路を造るといった性格の類とは異なり、いわばソフト面の取り組みという性格が強いと策定前から思っていました。
　また、既存のいわゆる「女性団体」（婦人会、日赤奉仕団、生活改善、愛育会、各種団体の女性部等の女性によって組織された団体等）を前提にして、男女共同参画の推進を開始しなければなりませんでしたから、行政系の団体が数々設置されてきた歴史的背景を考えれば、こうした組織機構の改廃はとても一朝一夕には叶わず、そこに身を置く女性たちの自発的な変革がなければ、男女共同参画を振りかざしても、女性ばかりか多くの男性に対してもあまり効果がないと感じました。
　つまり、「意識としくみの構造改革」が必要なのですが、男女共同参画を推進する立場からは、問題提起とともに不平等でなく性差別でもないジェンダー平等なあり方や生き方を提示することに徹し、当事者の良心と思考の力によって、どのような選択肢を選ぶのかを自分自身で決定していくことに委ねたのです。そして、その結果として男女共同参画の実現につながっていくという穏健な方法が、行政計画の推進手法としての大部分であり、意識の変革によるしくみの変更に期待する要素が大きいと考えたのです。
　そうであれば、すぐに結果がみえるというものではなく、推進活動は長期にわたって継続される必要があります。そのためには、まず推進していく体制をしっかり整え、条例制定によって推進の環境づくりを根拠づけし、足場を固めなくてはならないと確信しました。
　そこで、策定の最終段階で推進する体制づくりを私案としてまとめ、計画原案を提出し、4本柱のトップに据えて完成させるよう申し入れ、町長の判断で決定していただきました。

◆男女共同参画のまちづくりにつなげるために

　この時点では、「条例―計画―推進体制」という体系的な発想というよりは、策定した計画「HSJ」を、99年に予定されていた町長期総合計画の改定時に拘束性を持たせることで、「男女共同参画のまちづくり」へとつなげていこうという思いでした。

　当時は、独自の条例を住民参画で制定するという土壌がまだありませんでしたし、男女共同参画社会基本法の制定は99年まで待たなければなりませんでした。

　そのため、本来ならば制定された条例に基づいて計画を策定というパターンが理想的なのですが、計画策定後に、日本国憲法の下で批准されて効力を有している「女性差別撤廃条約」と政府の男女共同参画プランとの関係を参考に、法規範と政策計画の整合性も念頭にしながら、説得力をもって「HSJ」の実効性を確保する術を考えました。

　こうして、自治体の政策計画の頂点である総合計画の中に「HSJ」を位置づけるため、長期総合計画の改定に向けて拘束性を付与することを明記して影響力を持たせ、推進体制も条例に基づく設置と記述し、条例制定を次のステップとしての射程にしました。

　これは、計画を単なる指針に終わらせず、為政者（の交代等）によって取り組みが左右されないようにするためにも特に重視したポイントでした。

　また、「HSJ」には、つくっただけで実行されないということがないよう、住民と行政が協働で実践していくことも明記しました。

　そのほか、策定中の学習や、多くの方々からのアドバイス、各地で行われていたジェンダー・イシューに関する活動などから、まちづくりにはジェンダー・パースペクティブ（ジェンダーの視点）が必要であること、そして、男女平等は「人権としての男女平等」であることを明確にし、「HSJ」がまちづくりや男女共同参画のテキストとして活用できるイメージを大切にしました。

3 「ホップステップジャンプ」の特色

「ホップステップジャンプ（HSJ）」は、それまでの同様な計画になかった視点をいくつも導入しました。

①具体的な数値目標を掲げること

たとえば、役場の女性職員の管理職への登用について、職員の男女比率の違いもあるため具体的数値を掲げることは困難なのですが、住民の男女比率はおおむね50：50でした。ということは、各種委員会や審議会等の委員は、半分は女性でも理論的にはおかしくありません。

そこで、今回の策定が初めての計画でもあることから、最終的な到達点が、女性の登用率50％であることを明記しました。現実的に実現できる数値としては、15％とか30％というのが常識的なのでしょうけれど、計画では10年間での最終目標を示して、具体的な登用率の向上については毎年の目標を作成して積み重ねていくという常識的な対応で努力をしようと考えました。

また、男女混合名簿の町立小中学校への2000年度からの一斉導入を明記しました。これは、学校現場で混合名簿の導入に取り組んでいる先行事例があり、その成果もあって99年度から導入することができました。

②しっかりとした理念を掲げる

理想をしっかり掲げ、現在の位置から一歩ずつでもそこに向かって前進していくために、実現可能な施策から困難なものまで並びましたが、「HSJ」のクオリティはそれなりに評価できるものだったと思っています。

計画書冒頭の男女共同参画の概要説明のほか、各章のリード文を担当させていただき、用語の説明や参考資料として掲載した条約・法令の選定も行いました。

③「女性の人権」の明記

当時、新たな人権概念がいくつも登場してきていました。たとえば、「リプ

ロダクション」に関わること、女性に対するあらゆる暴力（セクシュアルハラスメントやドメスティック・バイオレンスなど）、セクシュアリティ、自己決定に関わることなど、人権として尊重され、擁護されるものであることの理解を広めるために記述しました。

④リーガルリテラシーの重要視

　わたしたちが、ルールを守り、育て、必要ならば変更していくことが、民主主義の前提であることから、ルールを知り、意識し、考えるために、必要な国際条約や法令をできる限り掲載しました。
　策定完了時での最新のものを最終的に17本（全文3本、抄録14本）選定しましたが、ページ数の制約もあり、断念したものも少なくありませんでした。
　「HSJ」が学習に活用されることを念頭にしたものでしたが、その後、推進の段階で行政計画としては異例（？）の増刷を行い、第2版では「男女共同参画社会基本法」「子ども買春・子どもポルノ禁止法」なども掲載しました。

＊　＊　＊

　そのほかにも、年表や計画書中の用語、訳語の使用については、用語をわかりやすいものにしたり、原文の意味にできるだけ忠実に訳したものを使用したりするなど、細かな部分にも留意し、デザインや計画書のタイトル（なんと言っても「女性プラン」ではなく「ホップステップジャンプ」）など、特色あふれる計画となりました。
　策定するなら「日本一の計画」をつくろう！という気概で取り組んできた結果だったと思います。

◆「石和町ならでは」のカラーを考える

　その一方で、地域性を考慮するとか、独自色を出すといった策定当時の風潮や傾向に、かなり苦しみました。
　地域の特徴としては、石和町が「果実と温泉の郷」だったことから、他市町村に比べて観光や接客業に従事する外国籍在住者（とくに女性）が多いことから生じる課題や、住民のボランティア活動などに伴う支援のあり方などへの取り組みを検討しました。

独自色については、この計画書で男女共同参画の学習ができるような冊子にすることで、計画書そのものが独自性を発揮できれば、結果としていい意味で横並びにこだわらない石和町としての独自色を打ち出せるという結論で落ち着きました。

4　「ホップステップジャンプ」の推進

◆楽しく・クールに・クレバーに

推進は、できるところからどんどん手をつけていきました。

第1期（98〜99年度）の推進では、まず計画の内容を役場職員から学んでいくことが不可欠ということで、町職員に対する学習会（業務終了後の時間を4回設定し、都合のよい日に出席していただいた）を皮切りに、町立病院の職員、町立保育所の保育士、職員の学習会と順次実施しました。

また、夏休み期間中を利用して、町立1中学校と4小学校での教職員向け学習会も行いました。

さらに、町内各地区で「出前講座」と題して学習会（99年度は26区中7区で開催）を開催していきました。そのほか、町内私立幼稚園での保護者向け学習会も実施するなど、精力的に推進活動をスタートさせました。

こうした学習会や講座の講師は、すべて推進委員会の委員が務めました。わたしは、ほぼすべてに参加し、男女共同参画の取り組みの意義や計画の内容についてお話し、説明だけで終わりにならないよう参加者の率直な思いや感想を丁寧に集めながら、今後の推進に活かしていけるようアンケートもとって、現状や反応をそのつど確認していきました。

あるとき、出前講座の中で参加者から、女性が社会活動に出かける場合には家庭のことを済ませてからでなければ許されないような空気があるという苦労話をお聞きしました。

すると、「そういうことってあるよね…」という雰囲気になり、共感された参加者が多かった印象だったので、これをロールプレイングにして会話劇のようにしたら事例を伝えやすいと思い、さっそく、3本ほど台本を書きました。これは、その後の推進活動の手法が多様化していく発端だったと思います。

「男女共同参画は難しい」と言われることが多かったのですが、まさにヒントは現場にありました。

　男女共同参画の推進には、わたし自身も難しさを感じていたこともあり、「楽しく・クールに・クレバーに」というキャッチフレーズを考案しました。これは、どうしても説明的になってしまう推進手法を、楽しく行うことで推進する側の重圧を和らげるとともに、受け手の敷居も低くする効果と、性別役割分担意識という意識や感情のぶつかり合いになりがちな雰囲気を冷静に受け流し、きちんと論理的に男女共同参画の考え方を伝えていくというねらいからで、いつもこうした姿勢で取り組んでいこうと心掛けました。

　98年度からは、町の生涯学習講座に男女共同参画講座（全6回）を新設し、専門的な課題には講師を招くなどして内容の充実を図り、住民はもとより推進委員も学習し、男女共同参画やジェンダー・イシューについての理解を深めていきました。

　また、町のイベントや行事のさいにもアンケート調査を行うなど、広報や啓発も重ね、つねに実態把握に努めることも忘れませんでした。

　そして、ホップステップジャンプ推進委員会として、こうした推進の状況を報告しながら、ジェンダーに関するデータ、推進委員の紹介や感じていること、アンケート調査の結果と分析、関心を持っていただくためのクイズや用語の解説などを載せた広報誌「ほっぷすてっぷじゃんぷ」を作成し、99年11月に創刊号を発行しました（以降、年2回発行）。

◆うた、体操、ロールプレイング――飛躍的な活動に

　推進活動も第2期（2000～01年度）からは飛躍的に発展しました。

　学習会のさいには、簡単なロールプレイングをして、話題や発言のきっかけづくりをするのが定着し、大型紙芝居のボランティアグループに協力を依頼して、ジェンダーをテーマにパネルシアターを製作したことから、工夫を凝らし、楽しく男女共同参画に触れてもらうよう努力もしていきました。

　町立図書館には、ホップステップジャンプのコーナーが設けられ、関連書籍や資料などをまとめて配置するようにしていただきました。

　01年には、「ホップステップジャンプのうた」（手話付き）を制作。以後、

「うた」は注目を浴び、CD化して当時の内閣府男女共同参画局にも届けられたと聞いています。

並行して、「画竜点睛」と考えていた条例制定に着手し、意識調査を開始しました。

また、第2期の推進委員会からは、委員公募を取り入れました。これも計画策定時からイメージしていた住民と行政との協働手法の一つだったので、新たに公募による委員も誕生し喜ばしいことでした。

第3期（02～03年度）には、「ホップステップジャンプのうた」にあわせた体操も考案され、ロールプレイング、パネルシアター、うた、手話、そして体操と、推進活動のツールが増えていきました。

条例制定のための論点整理も2度にわたって行い、条例案の素案づくりをすすめるとともに、「男女共同参画都市宣言」の実現に向けて準備も続けていました。03年には、「男女共同参画都市宣言」が9月の町議会で議決され、石和町も念願の男女共同参画宣言都市の仲間入りを果たしています。

「ホップステップジャンプ」は、町長期総合計画の改定時にはわたしも審議会委員として関わり、総合計画のなかにも位置づけを行いました（計画改定完了は01年）。

そして、「ホップステップジャンプ」を推進する基盤と考えた推進体制づくりの3本柱のうち、「推進室の設置」も機構改革により企画課企画調整係が設置され、他の業務との兼務とはいえ、男女共同参画の担当ができました。

自治体の規模から考えても、独立した専任の担当設置は困難だと予想していましたが、担当が設けられたことだけでも大きな進展でした。

「男女共同参画都市宣言」も2度目の申請で内閣府と共催の記念事業を開催することが叶い、推進委員も職員も「ホップステップジャンプ」の名のとおり、着実に推進活動の歩みを刻んできました。

5　平成の大合併で「笛吹市」へ

◆新市での男女共同参画のとりくみ

合併にあたっては、合併協議会において、新市の名称や合併後の事務の取り

扱いなどの合併協定項目（笛吹市は66項目）が検討されました。男女共同参画については、当初は記述がなく、必ず入れてほしいとの働きかけを行った結果、「女性行政」に関する項目として「新市において男女共同参画計画を策定する」と明記されました。

　これにより、新市・笛吹市は、2006年3月、笛吹市男女共同参画プラン「輝け男女　笛吹プラン」を策定し、計画に基づいて設置された笛吹市男女共同参画推進委員会のみなさんが、推進活動をスタートしました。そのなかには、石和町ホップステップジャンプ推進委員会で活躍されてきた方々もいて、積極的に活動をリードしてくださっています。

　09年2月14日には、「輝け男女　笛吹フォーラム2008」が開催され、笛吹市男女共同参画推進委員会家庭部会の作詞・作曲による「輝けチャチャチャ笛吹の未来」の歌と体操も披露されました。

　「ホップステップジャンプ」の取り組みが、笛吹市となった現在でもしっかり活かされていることに感慨深い思いを感じます。

　現在の笛吹市の計画は、第2次計画となり、その推進に取り組む推進委員会も第3期の委嘱がされ、第2期からの委員であるわたしも継続して参加しています。

　第2次男女共同参画推進計画にも、わたしの強い思いで、リプロダクティブ・ヘルス／ライツに関する記述を入れていただきました。当時の担当職員もその点については理解の深い方でしたので、推進委員の方々のご理解もいただくなかで書き込むことができました。

　多くの男性たちを中心に、リプロダクティブ・ヘルス／ライツの意味や意義はまだまだ理解されていません。しかし、市役所の保健師にも情報提供したり、中学生の赤ちゃん抱っこ体験などのさいに、リプロダクティブ・ヘルス／ライツの考え方を入れるように主宰者にお話ししたり、種をまいていますので、今後も地道に、母子保健の域を超えたリプロヘルス保健指導などにつなげていけるよう努めていきたいと考えています。

　こうしたなか、2011年の9月議会において、市民参画によってつくられた笛吹市男女共同参画推進条例が上程され、議会としても全会一致で可決し、公布・施行されました。

6　コツコツと

◆NPO法人アクティブやまなしのこと

　わたしは、旧石和町での推進活動から離れた2004年3月以後、仕事と子育て、スポーツ推進、消防団や地域活動などの傍ら、男女共同参画に関わる活動もマイペースで続けていました。そして、2008年に、県内で男女共同参画の活動に取り組んでいる方々と、市民協働による男女共同参画社会の実現を活動理念に掲げたNPO法人「アクティブやまなし」を設立し、わたしは副理事長として広く県民を対象とした事業活動を行っています。

　09年4月から、山梨県立男女共同参画推進センター3館が、指定管理者の運営となることが発表され、わたしたちの法人も指定管理者の公募に取り組みました。残念ながら、これは次点で叶いませんでしたが、今後も県民の一人として男女共同参画の推進拠点でもあるセンターの動向を見守り、指定管理者の運営状況も検証しながら、法人事業の開催などでも継続して利用していくつもりです。

◆生活の細かな場面も大切に

　わたしにとって、男女共同参画の推進は、ライフワークです。
　ここ数年来、意識しながらやっていることは、男女共同参画を「推進しているようにみえないのに推進している」という方法、そういう場ではないようなところにも根を張っていく方法です。
　あとは、小さなことからコツコツと…、ではありませんが、「男女共同参画」と言わずに、ちょっとしたことでも変えていくというアクションを続けていくことを心掛けています。誰が、どういうところで、どんな立場で、何を言うか、ということで事態が進展することも後退することもあります。
　これは、カリスマ的な人間が何か言えば変わるという意味で、ということではなく、行動主体として誰もがそうなり得るという意味です。
　たとえば、2011年からPTAの役員（副会長、会長と2年間）をわたしが担当することになったのですが、最初が肝心と思い、総会のときの（出席者は少

なかったのですが）挨拶で、「父兄」ではなくて「保護者」ということばを使いましょうということや、「〜の母です」ではなくて名前で呼び合いましょうといったことを、理由を示しながら笑顔でマイルドに、でも確実に、教職員と保護者に伝えました。そう、「楽しく・クールに・クレバーに」です。

　とくに「保護者」呼称は、こういう方法が有効です。いまごろまだそんなことを、という人もいるかもしれません。しかし慣れもあるのか、現実にはママさんたちでも「父兄」と言っている方が多いのです。

　こうしたことを例示すると、言葉尻を捉えた批判の標的にされがちですが、「魂（神）は細部に宿る」とも言われます。「木を見て森を見ず」のような非難は気にせず、男女共同参画という「森」をしっかりと見据えながら、枝葉や根っこの管理をしていくことが大切です。

　また、男女共同参画の推進は、直球だけでは打ち返されてしまうこともあります。時には変化球も必要ですし、訴えるだけではなく考えを異にする立場の意見も十分に聴く（キャッチする、受け止める）必要があります。そこから攻め方がみえてくることもあります。

　「すべての事柄に通じる扉」である男女共同参画やジェンダーの問題を、トータルで思考し、「分野」ではなく「ベース（基礎）」として意識しながら、これからも「楽しく・クールに・クレバーに」取り組んでいきたいと思います。

◆農業と男女共同参画

　農業の分野でいえば、国も農業振興の点からも男女共同参画の必要性は早くから打ち出しています。農村女性の置かれていた状況は男女共同参画とは程遠いものでしたが、これをそのままにしておくことは、農業という産業の衰退にも直結します。農業者でもあるわたしが男女共同参画の必要性を痛感している理由の1つでもあります。

　一方で、生き方の問題でもあるので、わたしはいまだによく出てくる「家族経営協定」には懐疑的な思いもあります。男女共同参画を考えるきっかけとしては評価できると思うのですが、内容をジェンダー平等にしていくには相当な理解と努力が必要です。

　「ホップステップジャンプ」の推進当初は、全国で協定を締結している農家

戸数は1万戸にも届きませんでしたが、2012年現在では5万戸を超えています（山梨県は306戸）。同年の主業農家戸数は約34万戸ですので、締結率は約15％に伸びました。

　協定締結の手法としては、農業経営における家族の役割、就業条件などをルール化するもので、具体的には、経営方針のほか、仕事や家事の役割分担、労働報酬、収益の分配、労働時間や休日等を話し合って決めます。そのさいに、農業従事の5割を担う女性が、家事、子育て、介護の8～9割を担っている現状からスタートすると、協定では「簿記、日誌の記帳」や「炊事、洗濯、買い物」などを、主に女性が担当するという設定が多くなり、参考にする啓発パンフレットや締結例もそうした内容となっています。

　話し合うことはきっかけになることから男女共同参画に向けて期待もできますが、ジェンダー平等の方向へと実態も協定も見直していくよう努力を重ねていかなければ、締結することが目的化し、ジェンダーの固定化を奨励することにもなりかねません。

　山梨県では農業委員に占める女性の割合は、全国平均5.7％（2011年）の半分にも届かない2％台で、県の男女共同参画計画における農業分野の数値目標の設定状況は、全国的にみても下位に低迷しています。数字は大切ですが、内容や質はさらに重要です。

　男女共同参画な生き方を農業で実現するには、まだ程遠い状況なのかもしれません。

　農業は、農村地域や家族従業者によって支えられてきたことから、固定的な性別役割分業の意識が根強いと感じます。一方で、農業がわたしたちの生命と食を支える使命を有し、将来にわたっても持続可能な産業へと変革を迫られていることから、男女共同参画というイノベーションが必要とされていることを、徐々に農業者たちも気づきはじめています。

　「農業と男女共同参画」という考え方は、計画や行政のしくみが縦割り的な思考なので、それに合わせているだけという面もあり、どんな産業分野でも、外的要因と内的要因とがマッチする部分があれば、性別役割分担意識に依存し続けることなく、男女共同参画型のあり様へと変革していくのだろうと思っています。

男女共同参画は農業分野に限らず、教育や地域、人材育成など、あらゆる場面に必要であり、ベースです。そして、すべての人が当事者であり、「地域づくりは人づくり」であるとすれば、行政の施策もまちづくりの活動も、男女共同参画に取り組むことは必然とも思います。

＊　＊　＊

　文中で、行政の政策計画としての男女共同参画計画を、総合計画の中に位置づけるという試みを紹介しました。しかし、2011年の地方自治法改正によって自治体の総合計画策定義務（議会の議決）が条文から削除されました。これは、地域のことは地域で決めていく、議会や住民が自分たちのまちづくりを自分たちで決めていくことの端緒に過ぎません。

　男女共同参画をこれからもまちづくりのベースとして進めていくには、こうした変化にも柔軟に対応しながら、男女共同参画に取り組む一人ひとりが、官民を問わずさまざまな場面で、途切れることなく継続していく必要があります。

　そういう意味も含めて、男女共同参画がしっかりしたプレゼンス（存在感）を持ち、一時のブームや流行でなく、またバックラッシュに揺らぐことなく、それぞれの立ち位置でできることに精一杯取り組んでいくこと、そうした仲間たちが連携していくことを心から願っています。もちろん、わたしも可能な限り微力を尽くしていきます。

第2章

学びとネットワークづくりが推進の力

＊男女共同参画アドバイザー養成講座とは＊

　文部科学省の補助事業として、地域における男女共同参画社会づくり推進のためのアドバイザーの養成を目標に、県教育委員会社会教育課主催により、県内大学に委託する形で実施されました。3年目からは山梨県立女子短期大学が担当し、地域の女性プランを作成したい、推進したいという方々が集まってきました。

　講義型の全体学習とともに、自主的に実践的テーマを設定してのグループ学習・研究・発表を含むプログラムとし、毎回数名の大学教員がサポートする課題解決型・参加型の学習形態を取り入れたこと、また行政・大学・県民との協働による企画・運営は特筆に値します。

　このためリピーターも多く、講座修了生による活動のネットワークが誕生しました（清水絹代さんの稿、参照）。市町村の男女共同参画プランの策定率で山梨県が全国5位という時期があったのも、この講座と無関係ではなく、2003年度の内閣府「地方における男女共同参画施策の方向に関する基礎調査」にも紹介されました。

表　男女共同参画アドバイザー養成講座の歩み

年度 (平成)	事　項
1993 (5)	山梨県独自制度「女性いきいきアドバイザー」開始
1996 (8)	文部科学省の補助を受け、県教育委員会委託事業として山梨学院大学生涯学習センターに委嘱されて「男女共同参画アドバイザー養成講座」開始（行政職員・社会教育関係者中心）。同センター長だった宮坂広作教授による指導。山梨県立女子短期大学ではこの年から2年間「やまなしウィメンズカレッジ」を実施（文部科学省事業、県教育委員会より委託）
1998 (10)	山梨県女子短期大学に移行。同短大に講座実行委員会が発足（米田佐代子委員長）。当事者の地域女性への公募も。グループ学習による講座スタイルの確立
2000 (12)	池田政子が実行委員長となる。男女共同参画アドバイザー養成講座平成8～12年度修了生へのアンケート調査実施。この結果をもとに、本講座の山梨における意義を考察した「山梨の女たち・男たちのエンパワーメント」が『女性教養』に掲載される（現『We learn』日本女性学習財団発行、本書248ページ、参考文献3）
2003 (15)	この年度で文部科学省からの補助打ち切り
2004 (16)	県男女共同参画課、県男女共同参画推進センター、山梨県立女子短期大学、やまなし女(ひと)と男(ひと)ネットワークの共同組織で男女共同参画アドバイザー養成講座実行委員会を発足。無料だった講座を有料とし、継続する
2005 (17)	山梨県立大学開学、翌年3月、山梨県立女子短期大学閉学。県社会教育課と県男女共同参画推進センター、やまなし女と男ネットワーク、山梨県立大学の実行委員会となるが、この年度を最後に本講座は終了となる。『男女共同参画アドバイザー養成講座10周年記念誌　戦後60年　原点としての男女平等～これまでのあゆみ、新しい一歩～』発行（248ページ、参考文献4）

男女共同参画アドバイザー養成講座から
地域ネットワークづくり・市議会議員へ

清水絹代
（やまなし女(ひと)と男(ひと)ネットワーク代表・都留市議会議員）

1 参加型講座で「気づきと意識改革」
　　——男女共同参画アドバイザー養成講座

◆地方議会議員選挙への立候補で奮起

　山梨県での「男女共同参画アドバイザー養成講座」で、私は1999年から2005年の7年間学びました。

　そのきっかけは1999年4月、思いがけず都留市議会議員選挙に立候補することとなったことです。支援団体組織も選挙経験者が誰もいない素人選挙で、さらに「甲州選挙」といわれる「地縁・血縁・金権」の選挙で落選（3回目に当選）。そのあまりにひどい旧態依然とした選挙実態と女性達の意識にも疑問を持ちました。

　日頃は「女性議員が必要。頑張ってほしい」といいながら、いざ立候補のご挨拶をすると「ごめんね、わかっているけど親類が出るから」「ご近所で出るから」「もう頼まれているから」「陰ながら応援してるわ」、さらには「まだ早すぎる（52歳で初立候補）、生意気だ」との声には大変戸惑いを感じました。

　まず住民意識、とくに女性が旧態依然とした意識から解放されねば変わっていかないと痛感しました。そんなおり、たまたま目に入った新聞の男女共同参画アドバイザー養成講座紹介欄を見て「県内の女性達はどんな考えを持ち、どんな活動をしているのか知りたい」、そんな思いで受講しました。

それまで環境活動を中心に住民活動をしながら悶々と抱えていた、男性優位社会と女性の後ずさり感覚・足の引っ張り合いなどへの複雑な思い、そして小さい頃から男性優先社会に疑問を感じ、心の奥に抱えていた「何で私は男に生まれなかったのか」「男だったらよかったのか？」などの思いを遠慮なく吐露し、他地域の方々の思いや活動を知り語り合うなかで、やっと自分の居場所を見つけた気がしました。

男女共同参画社会に対する同じ思いや感性、異なるさまざまな視点、そして前向き思考と素早い行動力の受講生達との活動を通して、ときには戸惑いながらもじつにいきいきとしていく自分を感じていました。本講座の7年間は私にとっては心のよりどころであり、会場の山梨県立女子短大（現・山梨県立大学）までの往復約3時間の道のりは決して遠く感じることなく、とても心楽しく通い続けました。

◆新鮮な実践からの学びを

本講座は自ら学習し研究するためのさまざまな企画（仕掛け）が毎年提示され、受講生は新たな出会いと研究テーマにひたすら取り組み、その継続による積み重ねでエンパワーメントしていきました。

参加者は、県内各地から男女共同参画に関心があったり、意欲的な推進委員や自治体担当職員などが「とにかく男女共同参画について学ばねば」との思いで参加してきました。初日からその内容の濃さに圧倒され「どうも異次元の世界のような感じ。どうしよう？　ついていけるかしら」と、多くの人が多少の戸惑いを感じたようです。しかし実行委員の県立短大の先生方がご自身の時間をさいて、とても熱心に企画運営とアドバイスをくださり、不安は払拭されました。そして問題意識を共有する多くの仲間達との出会いのなかで、受講生の多くがいつの間にかすっかり講座にはまっていきました。

開講初日は簡単なグループワーク。進行係選定、講座に参加した動機など参加者すべてが自分の意見を述べ、他者の声を聞きグループごとの意見のとりまとめと発表の作業へと、単に「参加」ではなく「参画」していく仕掛けに乗り込みます。ここから、すでにかつて経験したことのない新鮮な実践活動に出会うことになります。

次に講座のメインであるグループ研究活動が始まります。研究テーマは毎年新たに受講生から提示され、それぞれ自分が興味のあるテーマを選択します。

私は自分の地方議会選挙立候補経験からの課題を研究したいと「県内女性の地方選挙実態調査」のテーマを掲げたところ、4人が賛同してくださりグループを立ち上げました。

県内女性選挙経験者への調査研究から始まった実践の学びは、私たちに多くの課題を突きつけつつ、学ぶ喜びと仲間づくりへとつながっていきました。7年間で6つの研究グループに参加しましたが、そのなかで前記と男女共同参画に関する「自治体職員の意識調査（2年連続）」「女性と選挙（出よう・出そう・支えよう）」の研究は私自身の大きなテーマでもあり、グループメンバーになった方達から学ぶことが大でした。

グループ研究はとてもハードで、発表にこぎ着けるまでの取り組み過程が多くの学びの現場となります。まず県内各地から参加の受講生間の人間関係、選んだ研究テーマと自分が目指すところとの折り合いから始まります。初めて経験するさまざまな課題への対応は、講座開催日程だけではとても間に合わず、夏休み中の大学をフルに利用させていただき、ときには地域へ出かけ聞き取り調査やアンケート調査、その依頼文書・設問づくり・集計・分析・考察・発表方法など、実践しながら次々と学び、ひたすら活動を続けます。

この研究会のなかに当時3回も町議選に落選し、地方議会や選挙方法に私と同じ思いを持ち、のちに町議に当選、さらに町長選挙にも果敢に挑戦した中沢勝子さんがおりました。4回目の挑戦に迷っていた彼女の背中を押し、グループの仲間2人で遊説カーに乗りささやかな選挙活動で当選でき、地域に新たな風を起こした心強い仲間づくりにもなったのです。

◆親しみやすい・わかりやすいパフォーマンスの開発

テーマごとの研究発表のほとんどは、工夫を凝らしたパフォーマンスによるもので、とてもわかりやすく楽しく、自分や社会のなかのジェンダー意識への新たな気づきにつながりました。思ってもみなかったパフォーマンスという手法にすっかり魅せられ、引き込まれていきました。地域での推進活動には「男女共同参画」という難しい言葉や文章でなく、パフォーマンスによる身近な問

題の投げかけにより、無理なく「気づきと意識改革」につながることを互いの研究で学んでいきます。そこにテーマに即した多種多様なパフォーマンスが生まれていきました。演じる側も見る側も楽しむことで思いが伝わることを体験したのです。

　私は研究テーマに沿ったパフォーマンスを作りながら、心のなかの思いや伝えたいことが自由に表現できる楽しさと、仲間と演じる楽しさを味わいました。

　この経験がやがて各市町村の推進活動においてさまざまな形で活かされ、県内のほとんどの市町村の推進活動には、手作りのわかりやすく楽しい多様なパフォーマンスが登場し、推進委員会のリーダー的存在として受講生の力が大きく貢献していました。

◆「ああそうなのか」から「では私はどう考え、どう行動するか」
　アドバイザー養成講座は、男女共同参画の本質、多角性、課題などを感じとる訓練であった気がします。受講生はリピーターとなって、経年受講し、やがて実行委員会のサポーターとして活躍し始めます。自分のなかのジェンダー意識、地域や職場の課題などをつねに自分自身の課題として受け止め、その対応を考えることで、その先には納得した意識改革が存在します。

　単に話を聞いてわかったと思うのではなく、その問題が自分のなかにもあること、周りに存在すること、それが男女平等社会にとってどのような課題を持つかを感じとれなければ、本当の理解にはなりません。ジェンダーの本質が自分の心に「ああそうなのか・そういうことなのか」とすとんと落ちること、それが「気づき」です。次に「では私はどう考え、どう行動しようか」と自ら考え、変容することが「意識改革」なのです。

　本講座の初代実行委員長・松本（米田）佐代子先生の「指導的立場にある人々だけでなく当事者である地域の女性たち自身が、"男女共同参画"を日常の問題としてとらえ、その実現のための力を付けることが何より重要」（池田政子先生の文章から引用）とのお考えから、講座が単なる受講形式ではなく私たちが初めて出会った「自ら学習・研究する」体験型講座であり、まさに受講生一人一人が経験した会議の進め方や男女共同参画の活動の仕方などが、エンパワーメントとなったのです。気づきから意識改革へ、そしてエンパワーメント

していったことは確かです。

　一方、限られた時間のなかで知恵を出し合い、徹底的に議論し目標に向かって協働することで、自ら持っているそれぞれの潜在能力が引き出され、受講者間で磨き合い、さらなる意識改革・エンパワーメントにつながっていったとも言えると思います。

　蓄えられた力は、それぞれの自治体の推進活動や自主グループの推進活動に見事に活かされ、講座からは「グループWingやまなし」（2001年発足）、「やまなし女と男ネットワーク」（2002年発足）、ほか数グループが活動をしています。こうして山梨県内にパフォーマンスによる推進活動の輪が大きく花開き、歩みは緩やかでも着実に県内に芽吹いています。

2　新たなネットワークへ──やまなし女と男ネットワーク

◆さらなる学びと情報共有・実践の場を

　男女共同参画アドバイザー養成講座受講生を中心に、2002年に「やまなし女と男ネットワーク」（以下、ひとひとネット〈愛称〉と略）が発足しました。県内市町村男女共同参画推進委員・山梨県委嘱の男女共同参画推進リーダー、市町村職員・教員などの有志により「女と男がお互いを認め合い尊重し合い、共に豊かに生きる男女共同参画社会」を山梨県内に広く推進するために、ネットワークによる推進活動を行うことを目的としています。

　それぞれの立場でそれぞれの課題を持ち、県内各地からのアドバイザー養成講座参加者が学習・研究するなかで、互いの悩み・思いを共有し、取り組み状況、推進状況の情報を得ることとなりました。そこで所属市町村の推進の活性化はもとより、県内の男女共同参画社会がより良い方法で格差なく推進することの重要性を感じました。そのためにはさらなる情報の共有と学習の必要性を感じ、ともに学び活動する場として、講座実行委員長池田政子先生（県立女子短期大学教授、当時）・講座企画担当県社会教育課市川史子先生（当時）のご指導の下での発足となりました。

　私は、発足当初は副代表の立場でしたが思いがけない状況下で代表の任をいただき、4期目になります。つねに視点は前にあり、「ひとひとネット」が目

表1　やまなし女と男ネットワークの構成と活動

＊会員数　2013年現在　40人（男性2人）
　　　　発足時は約100人の会員数でしたが推進委員・推進リーダーの任期終了、市町村担当者の配置換え等により直接活動の場から離れたこと、市町村合併による推進体制の変動により、活動から離れる会員が増加したことでの減少
＊個人会員　15人
＊グループ会員「グループWingやまなし」9人、「グループ みらい」7人、「グループ　夢のかけはし」9人（山梨県全県下より参加）
＊パフォーマンスの種類　大型紙芝居・ペープサート・会話劇・寸劇・パネルシアター・動物会話劇
＊活動拠点　山梨県立男女共同参画推進センター（ぴゅあ総合）
＊年度事業
　［1］研修会
　　（1）ネット塾・交流会
　　　　①県内推進委員・推進リーダー・自治体職員・会員・会員外との交流学習会
　　　　②県外自治体及び男女共同参画推進団体等との交流会
　　（2）県外研修
　　　　①国立女性教育会館「女性学研究フォーラム」参加
　　　　②県外自治体及び男女共同参画推進団体等への訪問研修
　［2］県男女共同参画推進センター企画事業・市民企画事業（センターとの共同企画）実施及び男女共同参画に関する出前講座
　　　　①市民企画による総会記念講演
　　　　②ぴゅあフェスタ（県立男女共同参画推進センター）参加
　　　　③池田政子先生より依頼・寿勧学院への出前講座
　［3］会報「やまなし女と男ネットワークだより」発行（年3〜4回）
　［4］推進活動
　　（1）教育機関推進活動（小・中・高等学校・大学へのアプローチ）
　　　　①山梨県立大学「男女共同参画政策論」（池田政子教授）講師担当
　　　　　（授業科目の廃止により現在はなし）
　　　　②都留文科大学「ジェンダー研究入門」（野畑眞理子教授）講師担当
　　（2）会員拡大と他団体の連携強化
　　（3）地域活動：会員の個々の推進活動
　［5］その他・男女共同参画社会推進の目的に即した活動への支援

指す役割の理念の軸がぶれることなく、役員はじめ会員のみなさまと学びながら歩んできました。また男女共同参画に関する学びと情報の拠点だった男女共同参画アドバイザー養成講座に変わる、新たな学びと情報交換の場としての役割と、「地域、職場、教育機関」へのアプローチを実践することを心がけてきました。

会員には発足当初男性が5人在籍し、多少の出入りを経て現在2人在籍しています。男性の視点からの貴重なご意見を積極的に発してくださり、両性からの視点による互いの立場での気づきや意識改革にとって大きな存在で、理事、所属グループで積極的に活動しています。

女性の政治参画では、アドバイザー養成講座出身の議員は県内で9人（現役は4人）。そのうちひとひとネットの会員は8人います。そのうち1人は町長選挙にも立候補し、県内女性議員を中心としたネットワーク「政策研究会・甲斐」を設立し情報交換・研修等を行い、女性議員の増加や男性中心の旧態依然とした議会改革の課題にも力を注いでいます。

◆文部科学省委託事業に挑戦——行政職員と住民へのアプローチ

ひとひとネット発足の2002年、文部科学省委託事業「女性のエンパワーメントのための男女共同参画学習促進事業」を企画運営しました。

「山梨県男女共同参画プラン」（2001年）の見直しにより、06年度までに全自治体のプラン策定と推進を図ることが掲げられました。そこでネットワークを活かした取り組みを検討し、「未策定自治体へのアプローチ」をテーマに「男女共生をすすめるパフォーマンスフェスティバル」を開催することになったのです。実践自治体は、県内5町村を選びました。

運営方法は「ひとひとネット」を軸とし、県内各地域で男女共同参画推進の活動をしている個人・団体に呼びかけ、より大きなネットワークを構築し、多くの方々との連携による取り組みとしました。これは私たちが主体で企画実践するのではなく、対象自治体の自主的推進につなげるためにより多くの方々に関わっていただき、さらにこれを通して新たな交流や学びの場となることを目指したのです。

地域住民、そしてその周辺の自治体住民のネットワークによる、地域に即したパフォーマンスでのアプローチは、男女共同参画推進対策に戸惑いや理解の浅い自治体職員を巻き込みながら、多くの共感とさまざまな影響を与えることができました。

また実践後それまで男女共同参画に関心を持たなかった自治体が、さっそくプラン策定に向けた取り組みを始め、自治体からの要請で推進活動のお手伝い

にもうかがいました。

　上野原町（現・上野原市）では、町民向けの啓発活動は少しずつ進んでいる状況でした。しかし、男女共同参画計画の策定を控え、まずは行政職員の意識改革が必要との思いからアプローチの対象を住民ではなく行政職員としました。

　住民へは、認知症の介護問題・職場内の男女の役割分担・地域活動における男女差別の慣習問題や家庭での家事・育児・介護の役割分担、社会生活のなかの男らしさ・女らしさの慣習の縛り、先入観のジェンダー意識などを投げかけました。

　地域の産業である果実農業地域が抱える嫁の立場問題について、過去の慣習から男女平等意識変化への時代の流れを提示し、「家族経営協定」と女性の自治会役員会への出席問題を取り上げたこともあります。

　エンパワーメントフォーラムでは「古い男女差の慣習を一歩踏み出すためには、人として認め合い、活かし合うこと、さらに女性が社会進出するためにはエンパワーメントが必要」との意見や、「パフォーマンスから、『見えないジェンダー』への気づきと理解ができた」「子どもたちへの教育が必要」との声がありました。

　育児休暇取得者から「男性の育児休暇取得が特化されるのではなく、日常の家庭生活をどう男女が支え合うかが大切」と意識改革の重要性についての意見や、「男女の壁を越えた意識改革と生き方が、男女共同参画社会を形成する」との意見も出されました。

＊　　＊　　＊

　この文部科学省事業には、当時の県社会教育委員会社会教育課丸山秀美先生をはじめとして、男女共同参画推進センター・助言者のみなさま・やまなし女と男ネットワーク顧問の先生方の大きなお力添えがありました。またご協力いただいた大勢の個人・団体のみなさまとの連携で多くのことを学ばさせていただきました。これが「ひとひとネット」自体と会員個々人のエンパワーメントの機会となったことが、一番の成果であったと感じています。

　その後県内では市町村合併が進み、合併後のプラン策定・推進活動の状況は自治体により格差があることは大きな課題であり、首長・担当職員・推進委員・推進リーダーの積極的取り組みを期待するところです。とりわけ首長の「男女

共同参画は人づくり、まちづくりの基本」の理念による施策の取り組み、また担当職員の男女共同参画施策の理解と思いのあり方で、まちづくりの方向性に大きな影響があると考えられます。

この私たちの取り組みは行政主導ではなく、住民と行政が対等の立場でさまざまな課題を協働により乗り越え、ともに大きな力を得たことです。これは、その後の山梨県内の男女共同参画推進活動に何らかの影響を与えていることと信じています。

◆教育現場へのアプローチ

活動を通して学校現場にある見えづらいさまざまなジェンダーを知りました。教育現場にいたメンバーの経験、教育現場関係者による「学校をジェンダーフリーに」のワークショップで「隠れたカリキュラム」など多くの課題を知り、まず教師自身のジェンダーの気づきと意識改革が必要ではないかと感じました。

産休や育休、介護休暇など、ほかの職場より比較的恵まれた環境にありながら、管理職などになるとやはり男性優位社会であり、児童・生徒や女性教師へのセクハラやパワーハラスメント、アカデミックハラスメントが横行している現実から、本来ジェンダー意識のあり方が一番重要な教育機関での意識が意外と遅れていることに危機感を持ちました。

また偏ったジェンダー教育に対する一部の批判報道にも、教育現場の教師こそ確実なジェンダー意識を持つことが重要と感じました。

＊中学生への授業で

2003年には、都留市内東桂中学校の総合学習「男女共同参画の学習」の外部講師を担当しました。学校生活や家庭生活のなかの身近な課題を通して、男女共同参画・人権問題について関心を持ち理解を得ることが目的です。

授業をするにあたって、生徒の家庭でのジェンダー意識や家族の状況を知るために、「家庭での家事の役割分担状況・家庭や地域で性別で行動を制約されたり批判された経験の有無とそれに対する意識・学校での性差別経験（生徒間・教師から）の有無とそれに対する意識」などの事前アンケート調査を行いました。その結果から、中学生がわかりやすい資料とパフォーマンスの台本を作っ

たのです。アンケート結果から台本を作ると、自分のこととしてとらえ、感じてもらえます。そこから次の意識改革につながっていきます。

ペープサートによるパフォーマンスを生徒に演じてもらい、そのなかの課題についてグループワークをして発表してもらいました。グループワークをすることで家族の誰かだけが頑張るのではなく、ともに支え合いながら暮らすことの大切さと、男だから女だからで決めつけるのではなく、自分の考えや相手の考えを認め尊重することの大切さに気づき、理解を得たと感じました。

また男女共同参画についてもっと知りたいとの感想があり、日頃の学校活動のなかで、先生方が学校内の小さな問題を通してジェンダーといじめは人権問題であることの意識づけをしてくださることを期待します。

＊学校の先生への講座をもって

2004年から05年には、山梨県内小・中・高等学校・養護学校の経験5年から10年教師を対象にした、山梨県総合教育センター「男女共生の在り方講座研修会」で、「パフォーマンスによる男女共同参画社会推進のための授業の在り方講座」の講師を担当しました。

「ひとひとネット」の元教師のメンバーから「学校現場だから平等だとは限らない。無意識のジェンダーバイアスがかかっている」との発言により、教師自身が気づいていない、隠れたジェンダーに関する事前アンケート調査をし、講座の最初に集計と分析報告を行いました。アンケートの設問作成・分析・報告では、住民活動グループが教師を調査対象とすることを考慮し、何を聞きたいかを明確にして答えやすい設問にするなど十分検討しましたが、この方法はアドバイザー養成講座で学んだ方法が大いに役に立ちました。先生方にアンケートに答えてもらうことで、自分自身でジェンダーの問題が重要だと気づいてもらう効果も期待しました。

パフォーマンスによる課題提供のあと、グループワークで学校現場のジェンダーの掘り起こしを行い、グループごとのテーマでパフォーマンスを制作してもらいました。各テーマの発表から改めて学校現場に潜むジェンダー意識とその対応を受講者とともに知る機会となりました。

講座修了後、先生方から「本講座の運営方法も参考に授業に取り込みたい」

などの声がありましたが、実際どのように授業に活かされたか、またその後の意識改革などは追跡していません。しかし今後、DV・デートDVについての授業を持つ機会を依頼しようと思っています。

＊大学生へのデートDV防止啓発活動

　2007年から10年まで、山梨県立大学・池田政子教授の「男女共同参画政策論」講座で「住民の立場からの事例報告」をテーマに、県内各地域の男女共同参画推進状況やパフォーマンスによる推進活動の報告と、会員の現職女性議員6人・議員経験者2人の議会活動、地方議会（政治参画）への女性の進出の課題と意義を伝えました。学生にとって地域住民がジェンダーについてどのような課題を抱え、男女共同参画推進活動に取り組んでいるかを直接知るよい機会であったと思います。

　私の地元の都留文科大学で野畑眞理子教授のジェンダー論のゼミを聴講したことをきっかけに、2008年から毎年一度、教授の「ジェンダー研究入門」の講座で、「DV・デートDVへの気づきと対応」のテーマでデートDV防止啓発活動をさせていただいています（対象学生約150人）。

　大学生活4年間は多くの人との出会いの場であり、学業とともに人間形成の重要な時期でもあります。この講座を通してデートDVの現状を知ることでジェンダーの視点から気づきをし、巡り逢ったお互いを尊重しあい、被害者にも加害者にもならないよう、良い思い出を作って巣立ってほしいとの願いを込めて毎年実施しています。

　できる限り自分の問題としてとらえてもらうために、ワークショップ形式で授業を構成しています。DV・デートDVについて基本的概念と法制度の現状・DV被害の実態などを説明後、「ひとひとネット」作成のデートDV事例パフォーマンスを、会員手作りの人形を使って学生にその場で演技者を募り演じてもらいます。その後グループワークで「パフォーマンスから見えた課題」「パフォーマンスでみたような例を知っている。または体験をした例があるか」「原因と思われること」「その対応の方法」などを議論してグループ発表・質疑応答になります。そのあとNPOや公的機関相談所発行のDV・デートDV被害者相談カードの設置状況・活用説明と、講座に対するアンケート記入の流

れで実施しています。

　大学生向けのデートDV事例の一つに、実態に即したリアルな性の問題の会話があります。しかしはじめに当会の活動紹介で、パネルシアターや紙芝居・人形劇などのパフォーマンスを見てもらっているので、人形でのパフォーマンスは緩やかさがあり、あまり抵抗なく演じられ受け入れやすいようです。さらに学生自身が演じることで実感がこもり、リアル感があります。

　グループワークで意見交換することで、男女それぞれのさまざまな実態・考えを述べあうことで視野が広がり、教授から「翌週の授業の学術的な内容やデータでの講義がスムーズにでき感謝している」とのコメントをいただいています。グループワークでの記録やアンケートの内容から、むしろ私たちのほうが、毎年学生のなかに起こっているデートDVのリアルな実態や考え方を知ることができ、本講座の重要性を改めて実感する機会をいただき、やりがいを感じています。

◆意外に多い学生のデートDV被害──大学生では遅い
　グループワークの「デートDVの体験・友人等の事例」には、パフォーマンスに取り入れた携帯電話などに関する精神的束縛の事例があります。これに対するコメントとして、「いつも自分が誰と何をしてるかを報告しないと彼氏に怒られる」「友人が一日の行動を全て細かく質問攻めに遭い話せなかったり、他の男性と逢ったりすると殴る蹴る、言葉の暴力を長時間受けた」「男のアドレスを全部消され、遊びの時も男がいる所には行ってはいけないと言われた」「友人がメールアドレスを消すよう彼氏に強制され、守らなかったため暴力を受け本人の同意なしにアドレスや電話番号を消された」（男性から女性へのDV）や「女友達のアドレスが入っていると「消せ」と言われ、本当に消された」（女性から男性へのDV）など、想像以上に多様な事例があがってきます。

　性に関する事例も「高校生の時、友人が彼氏にHを迫られ、『いや』と言ったら『俺のこと好きじゃないんだ』と言われた」などがあります。身体的暴力では「けんかのたびに暴力をふるわれる」「授業の前に彼女を呼び出しDVをする彼氏がいる」など、現実はじつに深刻で、決してまれな現象ではないことを驚きをもって知る機会となっています。

アンケートには「デートDVについて知ることで、自分も同様の体験をしていたことに気がついた」「身近によくあるような問題だが、それが今までDVだとは考えていなかった」「DVには身体暴力以外に、精神的・言葉での暴力があることが解った」「自分もDVをしないようされないように気をつけたいと思った」「この講座を受けてDVについて知ることができて良かった」「もし身近でデートDVを感じたら相談に乗り一緒に解決したい」などの意見を聞くことで、デートDV防止啓発の重要性を強く感じています。

大学生はジェンダーについての基本的知識を学んでいるゆえに理解度の高さを感じ、デートDV防止啓発活動のねらいは達成されていますが、事例などから大学生では遅い、中学生・高校生の時点でしっかり伝える重要性にも気づかされました。教育機関でDV・デートDVを人権問題としてとらえ、授業などでの取り組みの重要性を私自身も議会で提言しましたが、社会的にまだ関心が低く、現在県内での取り組みは実施されていないのが現状です。

◆デートＤＶ防止啓発活動を実践するわけ——「ひとひとネット」の意義とは

私たちは地域での男女共同参画推進活動を通して、山梨県内のあらゆる分野に男女共同参画の理念が広がることを目指して発足し、さまざまな取り組みをしてきました。

そのなかで地域の推進活動では実践されていない、教育機関への推進活動の重要性を感じていました。近年子どもへの虐待、DV・デートDVなどの悲惨な情報が年々増加していることに大変危機感を持ち、若者への推進活動の重要性を改めて感じています。虐待、暴力の多くが男性から女性への理不尽な行為であり人権問題・犯罪であり、その根源は「男女平等意識に欠け、人間として自立していないことにある」と考えました。

若者の意識を変えなくては暴力の芽を摘むことができない、やがてDVや子どもへの虐待につながることを考えたとき「今、私たちが何か行動を起こさねば、どこでこの活動をするのか…」との思いに駆られ、手探り状況で活動に向けて情報を集め研究をしていました。大学生へのデートDV防止啓発活動を野畑先生に提案したところ、思いかけず先生も「この問題にどう取り組むか迷っていた」とのことで、実践活動につながりました。

この講座での取り組みから得た課題をより多くの人たちと語り合い、さらに力をつけ実践活動に活かしたいとの思いで、独立行政法人国立女性教育会館（ヌエック）における「男女共同参画のための研究と実践の交流推進フォーラム」で「大学生へのデートDV防止啓発から見えた現状と課題―教育現場への実践報告」のテーマでワークショップを持ち、関西地域でNPOを立ち上げデートDV問題活動をされている方や、はじめてデートDVを知る人など、多くの人と意見交換ができ、あらたな学びができました。

　その後、県立男女共同参画推進センターの「ぴゅあ総合フェスティバル」のパフォーマンス部門での発表、センター掲示板のデートDVコーナーへ大学生のアンケート結果の掲示（通年）、ヌエックと同様のワークショップを男女共同参画推進センター・ぴゅあ富士において、男女共同参画推進委員・養護教諭・一般市民を対象とした講座として開催しました。

　また、ガールスカウト日本連盟で2013年度の活動テーマの一つとして「デートDV」が取り上げられたことで、ガールスカウト山梨県連盟からリーダー学習会の講師依頼があり、同様の形式で実践しました。たまたまガールスカウト山梨県連盟代表が「ひとひとネット」の会員で、元都留市男女共同参画推進委員長として活動された方で、このような機会ができました。

　デートDV防止啓発は県外での実践事例も少しずつ聞かれ始め、国もあらゆる暴力防止への取り組みを強化してきております。山梨県もそれに準じて、行政と実践活動をしている民間組織との連携による、早急かつ確実な成果の得られる実践活動が展開されることを期待しているところです。

◆公開ネット塾・交流会──行政職員・推進委員とのネットワーク

　住民に対してより効果的に男女共同参画の推進を計るためには、担当職員・推進リーダー・推進委員の男女共同参画への共通理解と推進への思いが重要と考え、「ひとひとネット」会員以外の各自治体・一般市民に参加の呼びかけをし、年1～2回、20～30人が参加し、グループワーク形式で「公開ネット塾・交流会」を開催しています。

　自治体担当職員や推進リーダーの方々は、男女共同参画について学んだり関心がある人ばかりでなく、むしろ何もわからないまま委嘱を受け戸惑っている

方、突然担当職員になった方などが多く、アドバイザー養成講座が実施されている間はそれらの方々の一部は積極的に講座に参加され、勉強していました。

しかし、講座終了後は学ぶ場がなくなったことに危機感を持つ声が多く聞かれました。講座実施中も「公開ネット塾・交流会」は実施していましたが、さらにその必要性を強く感じ、ともに学び合いと情報の共有の場として継続しています。

テーマは「男女共同参画を地域で推進していくために」「バックラッシュへの対応」「男女共同参画の現状と今後の推進のあり方」「あらためて考えようジェンダー・ジェンダーフリー　男らしさ・女らしさ」「男女共同参画を行政と市民の協働ですすめるために」「市町村合併と男女共同参画政策の行方」「DV・デートDVを考えよう」など基本的な課題が多く、池田政子先生にはつねに顧問として新たな情報やコメントをいただくことで活動の方向性がぶれないようにしています。

「ひとひとネット」の会員の多くが推進委員、推進リーダーとして県内に存在していましたので、アドバイザー養成講座での学びやネット塾での学びは地域の推進活動に大いに活かされています。

参加者からはつねに好評をいただき、ネット塾を企画運営すること自体が、「ひとひとネット」としてスキルアップするよい機会であり、実質の推進活動でもあると考えています。

3　女性の視点で地域を変えたい
　　──4回の地方議会選挙挑戦を支えたもの

◆私がやらなければ…

1999年の最初の立候補は、活動仲間からの立候補要請をうけた友人が、夫の理解を得られず立候補できなくなったことがはじまりです。急遽私に「女性が出ないのは悔しいから清水さん何とかならない？」という一言と、「おまえが立候補すればいいじゃないか」の夫の一言で、まったく予期せぬ状況下での立候補でした。心の準備も支援体制もなく、ただとにかく市政への思い、女性議員の必要性を訴えての立候補でした。

落選後、本気で政治家を目指そうと（財）市川房枝記念会女性と政治センター（以下、市川房枝記念会と略）に4年間通い、また男女共同参画アドバイザー養成講座での多くの方々との出会いと学びの後に再び立候補しました。しかし、親戚・支援団体など支援体制がなく、友人たちのささやかな選挙では、金権のまかりとおるこの地域の選挙手法にとても歯が立ちませんでした。

　地縁・血縁・金の生々しい選挙にうんざりし、心身ともに疲れ、政治参画への気持ちはほとんど失せました。それでも市川房枝記念会へは通い続けていつつも、3度目の立候補の意欲はなかったのです。ただこのままで終わってよいのか？　都留市が変わらなくてよいのか？　志を貫かなくてよいのか？　など自分のなかでかなり逡巡しました。選挙日が迫るにつれ、立候補要請の電話や匿名の手紙・多くの方々からのご意見が私の心を少しずつ動かし、こんなに期待してくださるならもう一度だけ私の思いを市民のみなさまに訴えて、政治参画への挑戦をしてみようと決心しました。

　環境問題をはじめ、教育・福祉・まちづくりなどの住民活動のなかで感じてきた市長や行政への多くの疑問や不満を、人任せでなく直接関わりたいとの思いがずーっとありました。とくに栄養士として、食の問題は環境・教育・政治に密着しているとの思いを軸に仕事をしてきましたので、「政治家として行政に正面からものが言える立場になって変えたい。少なくともとても真の議員活動をしているとは思えない男性議員にお任せでは駄目。女性の視点、市民の目線で考え発言せねば変わらない。次の世代によりよい形で繋いでいくための責任を果たしたい」。この思いが根底にありました。また「誰かがやらねばならない。誰もやらないなら私がしなければ…」。この思いはつねに何か行動を起こすときに私を奮い立たせました。

◆**手応えを実感した3回目の選挙戦**

　どうせまた結果は同じだろうと覚悟し、選挙活動も街頭演説のみにするつもりでしたが、一人の女性との運命的な出会いで選挙責任者を引き受けてくださり、二人で熱い思いを市民に訴えながら選挙モードに入っていきました。

　その後、偶然にも現職女性議員1人が引退することで女性議員が一人もいなくなることへの危機感から、ともに住民活動をしてきた女性仲間が思いがけ

ず自主的に支援体制を作ってくださり、初めて選挙らしい態勢が整いました。告示約1か月前のぎりぎりの立候補表明でしたが、直後からかなりよい反応があり、女性議員の必要性の声は以前にも増して大きくなり、支援の感触が日に日に感じられました。

今まで市の財政問題を訴えても理解が得られなかったのですが、折しも夕張市の財政破綻が発表され、都留市の財政に危機感を持ちはじめた市民が増えてきた感触もありました。何事にも正面からぶつかり、恐れずひるまずはっきり意見を言う性格の私への今までの批判が、「こういう人が必要だ…」と不思議なほど思いがけない支援の声に変化したことに、市民意識の変革を感じうれしく思いました。またこの選挙で初めて選挙公報が発行され、市民に立候補者の情報が広く伝わり、私の思いが多くの市民に注目・理解され、街頭演説にわざわざ仕事の手を休めて聞きに来てくださった市民の姿に驚きとうれしさで、いつにも増して楽しい選挙戦でした。

もう一つは市川房枝記念会でともに学んだ先輩議員たちの活動から多くを学び刺激を受け、「私も先輩議員たちのように議会活動で市民意識を変えたい、議会を変えたい、行政意識を変えなければ変わらない」。そう思いながら3回目の挑戦をしました。

◆議会改革に向けて

2007年4月、3度目の立候補でついに当選し、私の議会活動は始まりました。18人中女性議員がたった一人の議会に一歩足を踏み入れたとたん、衝撃的な「異次元の世界」を体験し、地方議会・日本の政治のお粗末さに戸惑いました。市民のための政策議論ではなく、個人・会派の利害関係に基づく旧態依然の男性意識の非民主的言動に、ただただあきれるばかりで「この国の民主主義はいったいどこにいったのか」と疑問と不満のなかでの議会活動にジレンマを感じ続けています。「市民のための議論、研修、政策立案、執行部の監視」。この当たり前の原則からはほど遠い地方議会の現状は、今全国で問題視され「議会改革」が進められています。

しかし、ここにも旧態依然の男性意識が働き、改革は進んでいません。議会の質は議員の質であり、議員を選ぶのは有権者です。残念ながら、政治理念や

行動力で選択するのではなく「地縁、血縁、金権、頼まれた、世話になった」の理由での投票がほとんどで、有権者意識が大きな問題です。有権者意識の向上には政治・選挙に対する責任を持つための教育が重要であり、女性の政治参画の増加が急務です。

「女性であれば誰でもよいのか」という議論も含めて、女性の立候補自体がまだまだ困難な課題を抱えています。北欧諸国や韓国のように、クオータ制の導入が叫ばれていますが、遅々として進んでいません。

私は選挙公報に「年4回の活動報告を出します」と謳いました。今まで議員からの活動報告はほとんどなく、議会は何をしているのか、議員はどんな考えでどんな行動をしているのかまったく見えず、市政と市民の距離があり、まちづくりが見えないところで決められていることへの疑問がありました。

◆市民への情報提供──内容の濃い活動報告の発行

議員の大きな責務として市民への情報の提供があります。市民意識の向上のためには、私が議会活動で知り得た情報をきちんと伝えることで、まちのことをともに考えていただくことが重要と考え、議員になったら必ず発行したいと思っていました。それが「清水きぬよの議会報告『みずなだより』」（1万1000部発行）です。環境活動・男女共同参画推進等の地域活動のなかで感じてきた課題や疑問を軸に、政策提言を行っています。新聞折り込み等で全戸配布をしています。

内容はじつに濃く、しかしわかりやすく楽しく読んでいただける構成になっています。とくに「議会ふしぎ発見」のコーナーは、私が感じた不可思議な議員意識・議会運営の実態を、率直にちびまる子的おしゃべり形式で連載。これが市民に大反響。当然議員たちからは毎回「けしからん」の大叱咤ですが、市民の支援の声の多さにどうにかめげずに発行しています。

「読ませてもらってますよ」「次はいつですか」などの声が多く聞かれ、少なからず市民意識の向上に役立っていると感じています。また市民の反響があまりにも大きいので、最初は大反発していた古参議員たちも市民意識には逆らえず、「みずなだより」を認めざるを得ない状況となり、彼らの意識も多少変化してきているように感じます。しかし、私への反発はそう簡単には衰えず、

私が一般質問を始めると、私語と質の悪いヤジが始まりじつにやりにくいのです。が、ケーブルテレビで本議会と委員会を見る市民が増加し、他の議員との比較ができ、情報を共有することで住民意識が向上し、市民の政治参画意識につながっていることを実感しています。ホームページも開きました。

◆市民意識の変革で2期目に

　何の組織も持たず、親類縁者（地方の選挙では一番有利）の少ない、女性中心のささやかな選挙態勢、クリーン選挙で2011年4月、2期目の当選ができたことは奇跡であり、市民意識の変革を強く感じ、大変うれしく思っています。

　女性議員が2人になりましたが、女であれば誰でもよいのではなく、政治家としての共通認識の重要性を痛感しています。1998年から市川房枝記念会などで政治家としての基本理念をしっかり学び、全国の女性議員たちとのネットワークが私の議会活動の大きな原動力になっております。次期には若い世代の女性議員の出現を期待し、次世代の女性たちとまちづくりや市政について意見交換をしています。

　1期のとき、女性議員一人の現状と男性議員たちの実態が見えてきた市民から、「負けるな・染まるな・やめないで頑張って・女性議員がもっと必要だ」のうれしい声が多く聞かれ、市民意識レベルの改革になり、2期目の選挙に大きく影響を与えたと確信しています。

　議会・視察研修（事前・事後研修なし、個々のレポート提出なし）・本会議一般質問の形式・議員への職員のお茶入れなど改革すべき意見を述べてきましたが、旧態依然の古参議員たちには容易には理解されず、議会改革の難しさを感じています。それでもようやく一般質問の形式が一問一答となり、少し改革されやりやすくなりましたが、職員のお茶入れの改革は進んでいません。とにかく異次元の世界で驚くことばかりです。

◆緩やかにたゆみなく

　私は、父母がともにさまざまな形で地域の社会的貢献を実践していましたので、家のなかでは男女の差別意識を感じることなく幼い頃から物事をはっきり言う性格でした。しかし、一歩外に出ると「女のくせに…」「すべて男優先」

にぶつかり、いつの頃からかジェンダーへの反発が芽生えていました。とくにまちづくりは男性しか関わらず、女性はつねに蚊帳の外、この不公平さに納得がいかず不満を抱えていました。

しかし男女共同参画推進活動により、悶々としていたジェンダー打破への一歩は、「自ら行動することである」ことをあらためて確認でき、議員への立候補は同じ意識の多くの仲間からの学びも大きな力となった気がします。

時代の流れのなかで、国や社会の男女共同参画への意識や取り組みなどがさまざまな形に進化し変化しています。しかし「いつまで女性を…というのか？女を意識しすぎると男性にとって生きづらくなるのでは」等の声が、意外と若い層からも聞かれます。実際に性差による理不尽さを実感しないと、今の日本社会の多くがまだまだ男性優位であること、それが女性にとって生きづらいばかりでなく、男性にも生きづらい社会であることに気づいていないことにあるように思います。

2009年から、都留文科大学の「ジェンダー研究入門」の野畑眞理子教授より、議員としての私個人に「女性の政治参画について」の講義依頼があり、私の政治参画の動機や議員活動・地方議会の実態などをお話ししています。なぜ女性議員が必要か、日本と世界各国の女性議員数の対比と国内の女性議員数の実態をデータで提示したところ、日本の女性議員数の低さに、ほとんどの学生が驚きと「こうであってはならない」との認識を持ったこと、自分の故郷の議会の実態に関心を持ったことがアンケートに現れていました。

さらには「今まで政治に関心がなかったけれど有権者の責任は大きい。これからは自分の一票に責任を持ちたい」との感想も多くあり、実態をデータで伝えることと生の声で伝えることの重要性を実感しました。ジェンダーのさまざまな視点からのアンケートから、伝わりきれていないことや私自身感じることも多く、今後も学生達と対話をしにいく予定です。

「緩やかにたゆみなく」を基本理念として活動してきましたが、国や社会状況をしっかり見つめ的確に情報をキャッチし、どの対象者にどのように発信するか、つねにアンテナをしっかり張り続け、「わかりやすく、押しつけではない」をモットーに、とくに次の世代を見つめながら行動することが重要だと考えています。

昔ながらの風習が残る忍野村
男女共同参画推進活動の道のり

桜井(上名)をさみ（山梨県忍野村議会議員・民宿経営）

ふるさと忍野村について──はじめに

　忍野村は、山梨県東部、富士・北麓地域（通称郡内地方）にあります。富士山が目の前に堂々と優美に裾野を広げる、人口9200人のゆったりと時の流れる暮らしやすい村です。県庁所在地の甲府に行くには車で1時間30分、隣の静岡県には10分で入って行く立地にあります。村の観光名所として名水百選にも選定されている忍野八海があり、2013（平成25）年6月には「富士山と信仰・芸術の関連遺産群」の構成資産として世界文化遺産登録を目指しています。幹線道路として国道はなく県道が1本通っています。

　人口構成はおおよそ3つに分かれており、1つは昔から代々忍野で生活をしている住民6900人あまり、2つ目は28年前に産業用ロボットを製造している大手企業が本社機能を忍野村に移して生産を始め、現在社員、家族を含め約1600人が生活をしています。3つ目は自衛隊北富士駐屯地があり、そのほか自然豊かな田舎暮らしを楽しむために移り住んだ人たちが居住しています。

　忍野村は財政基盤としては大手企業の法人税収によるものが大きく、財政的には非常に恵まれています。

　大手企業が忍野村に本社移転してから生活、教育面においての影響は大きいものがあり、28年余りが経過していく過程で在の村の人たちとも融合が計られ、お互いの暮らし方を尊重しながらよりよい関係が築かれています。

1 選択のときを待ち、そして受け入れながら…

　忍野で代々生活をしてきた家に4人姉妹の長女として生まれ、ある意味では窮屈で縛りのある生き方を選択しなくてはなりませんでした。「家」が重く嫌でしようがないときもありました。幼いころから私はお嫁にはいかないでずっと家に居るものと思い暮らしており、家では「をさみには蜘蛛の巣もやるからな」と言われて、小さいときはよく意味もわからず聞いていた記憶があります。後にそういう意味だったのかと思いました。身近な人達も同様の接し方をしておりました。

　私の育った家は、慶応元年生まれで84歳の生涯を送った曽祖父丑松の代は、長男である祖父隆敏（明治29年生）のみ家に置き、二男の大叔父は開業医として静岡に出して、祖父は父彦敏（大正12年生）に家督を継がせ、二男は分家として家・屋敷を与え地元に残し、他の4人の男の兄弟は外に出て自分の道を歩む育て方をしました。

　当時の忍野村はまだまだ外へ出る人はそういませんでした。結婚も村の人同士が多く、冗談に「3代遡ると皆親戚」と言われるように、狭い範囲でのつながりが多い時代でした。そんな村のなかで外からの情報も入ってくる家の環境は、幼少の私に大きく影響を与えたと思っております。

　そのような家で成長した私の生活はといいますと、大げさな言い方をすると外へ出してもらうことのできない生活でした。昔でいう花嫁修業的生活で和裁、生花、お茶などの生活、アルバイトもままならずという父の方針でしたが、やっと親戚の世話で「ここなら」とアルバイトがさせてもらえたときはなんとうれしかったことか。そのとき某銀行の頭取の秘書にと声をかけられましたが、父は断固反対して行かせてもらうことはできませんでした。

　このことがきっかけとなり、その後東京で仕事をする機会を得たことが、私にとって人生の大転機となりました。このときは6か月と期間限定つきの仕事であったことも幸いして父もやっと許してくれたのです。東京で仕事をすることは地元にいるのと違い、家の名前もなければ、手助けをしてくれる人もおりませんでした。自分のことは自分で決めていかなければならず、この期間忍

野を離れて暮らしたことは、生きていくためのよい経験となりました。最初の約束で半年仕事をした会社でも、その後勤めた某記念病院でも医師、看護師、同僚達に恵まれ、仕事は超ハードでしたが楽しく働くことができました。

　結婚は、病院の婦長（師長）の紹介でした。両親も親戚も皆喜び祝ってくれました。そして勤務していた病院で長男を出産、長男を託児所に預けながら仕事を続けましたが、仕事はハードで残業は多く、夫と協力しても人の手を借りても、当時は子育てと仕事の両立はむずかしくやむなく退職しました。退職後長女を未熟児の1666グラムで出産。この出産では大量出血に伴う輸血措置などもあり、一時は母子どちらを優先するかと選択を迫られたことを後に夫から伝えられました。当の私は「知らぬが仏」状態で安穏としていました。

　その後、長男の幼稚園入園を機に、娘と3人で自然環境の良い忍野へ戻り生活することを決めて忍野に戻りました。親戚やまわりからは、夫が単身赴任で東京にいることに対しての風当たりはありました。その最大の理由は私の実家が「櫻井一家」の総本家であったからです。でも父はそのことについて強いて言ったことは一度もありませんが、案じてはいたと思います。

　夫がそのまま単身赴任で勤務を続けることも両親と相談して決め、時代の流れもあり退職までの長期単身赴任となりました。そして、私の飛び回る生活のスタートです。東京での夫の生活、山梨では子どもと家の民宿の仕事、後の子どもの下宿生活への移行、家族が2〜3か所で生活するなか、ヤジロベーのようにあちこちとバランスを取りながらの生活が続きました。

　このように長期にわたり単身赴任を続けられたのも、両親や弟妹、親戚が協力して家を見守っていてくれたからできたことだと感謝しています。

2　男女共同参画推進活動の原点は文化活動

　東京から帰ったとき、同級生2人が1978（昭和53）年から「子育て環境について話し合える場」や「子どもたちに身近で文化を」と願い「ルピナスの会」を立ち上げていたのに誘われ活動を始めました。その当時、忍野では東京や甲府方面まで出かけて行かなければ、映画も講演も見聴きすることのできる環境にはありませんでした。

子育て講演会、親子で楽しむ映画会、宮沢賢治語り部朗読会、ヒロシマ・ナガサキで被爆死した子どもたちと母親の朗読劇「この子たちの夏」上演会など、さまざまなことを地域の仲間と楽しみながら、経験を積み重ね現在も活動をしています。

　この「ルピナスの会」の活動が基となり、1995年「忍野村文化振興協会」が設立され2013年、18年目を迎えました。これらの文化活動が基となり男女共同参画推進活動、社会参画へとつながっていきました。

　「男女共同参画」ということばを耳にしたのは2001年のことです。山梨県で男女共同参画推進を図るために「女性いきいきアドバイザー（後の男女共同参画推進リーダー）」の名称で、市に2名、町・村には1名を委嘱して山梨県は推進活動を進めておりました。この活動に忍野村から推薦を受け男女共同参画推進の活動を始めたわけですが、最初に心配になったのは甲府まで往復3時間かけて行けるかどうかでした。自信もなかったので断ろうと思いましたが、役場職員の「大丈夫ですよ、出るのは年4回くらいですから」と軽い言い方。私は心の中で「年4回くらいなら大丈夫かな」と思い引き受けました。この軽く言ってくれた一言がなかったら現在はなかったと思います。

　このような形で始まった活動ですから、ときどきくる講座、講演会、勉強会の通知には「これは県からの通知ではないから行かなくてもいいんだ」と自分勝手に決めて行きませんでした。

　あるとき、隣の富士吉田市で長年活動をしている先輩リーダーの渡辺良子（りょうこ）さんに「ひさしぶりだね。忙しかった？」と声をかけられ、曖昧な返事をして聞いてみると、「確かに県で行なう研修などは年に数回かもしれないが、この活動は生きものといっしょで、つねに変化をして生活や生き方に即応した活動であるため、日々の学習や、他市町村との情報交換がつねに必要」とのこと。こういうことに気づいたのはずっと後のことで、この先輩委員さんのアドバイスがなければ男女共同参画活動を続けていなかったかもしれません。

　このことと並行して、自分の気持ちのなかで「私は何をどうして学べばいいのか」と不安が大きくなっていきました。

3　男女共同参画アドバイザー養成講座へ

　そんなとき、新聞の一隅に「男女共同参画アドバイザー養成講座」が山梨県立女子短期大学（現・山梨県立大学）にて開講される募集記事が載っておりました。期間は5月から夏休みをはさみ10月までの半年間、毎週土曜日午後1時から4時まで。
　「甲府へ、毎週土曜日に往復3時間かけていけるだろうか？」。不安につぐ不安でしたが、この状況におかれた自分の気持ちの置き所を探すほうが強く申し込みをしました。
　よく晴れた春の日に始まったアドバイザー養成講座の教室は満席に近く、すごい熱気につつまれていました。この雰囲気だけで胸がつまり、前の席に座ることができず後ろに行ったのを覚えています。
　忍野に住み、生活をして特に不満も不便も当時は感じることなくいた私にとり、このときからもうひとつの世界が始まりました。
　1回目の講座で、参加している人たちのレベルの高さに圧倒され登校拒否状態に陥りました。結果として、この不安な気持ちを持ちながらスタートした講座に5年間通うことができたのは、学ぼうとする意欲的で前向きな仲間と、講座に仕組まれた目に見えない仕掛けがたくさんあったことでした。
　講座を受講しているときは、与えられたことに取り組むのが精一杯で気がつきませんでしたが、改めて学びを振り返ってみると、受講者同士が自主性を持ち取り組み、さらに共有を図らないと成り立たないことを主目的にした講座が行なわれていました。
　このようにいままで取り組んだことのない「学びの場」に参加したことで、後々のNPO法人「アクティブやまなし」の設立やグループ「夢のかけはし」の立ち上げ、文部科学省委託事業で自治体、市町村推進委員、推進リーダー、女性団体などさまざまなところとネットワークを組んだとき、講座で培った「話し合うことで共有」が計られ、事業を成功に導くことができたと思っています。
　5年間学んだアドバイザー養成講座は、私の一生の財産となりました。同じ

思いを持つ仲間が県内に広がり、何をするにも大きな力として助けられてきました。

受講生から生まれた「やまなし女(ひと)と男(ひと)ネットワーク」は県内を網羅した個人と3グループからなり、山梨県の男女共同参画推進の牽引役として活躍をしております。

また講座のなかで3年間調査、研究を共にして立ち上げたグループ「夢のかけはし」は山梨県内各地から集まった9名（男性1名・女性8名）で、それぞれの地域、団体で活動しており情報を得るには最適であり、男女共同参画推進をしており、活動のなかでは、動物人形劇で「パフォーマンス」などを行ない動物に思いを託し、ソフトムードでわかりやすく「気づき」を「行動につなげる」ことを主にテーマとしているグループです。モットーは「楽しく学び、明るく活動」することです。

4　忍野村男女共同参画プラン策定委員会発足
　　　——村初の女性「委員長」に

2001年9月、忍野村男女共同参画計画（忍野ハーモニープラン）の策定委員長となった私は、初代担当職員渡辺仁さんとともに「あの人なら」と思う人に声をかけたり、人選を手伝ったり、夜、家を回り委員になってほしいとお願いに歩くことから始まりました。後に考えて見ると仁さんには、私の無謀とも思えるいろいろな行動で大変な思いをさせてしまったと思っていることがたくさんあり、当時のことを思うとほんとに何も言わずよくやってくれ、それが今の忍野村の男女共同参画推進活動につながっていると心より感謝しております。

アドバイザー養成講座に通い始めて5か月、職員も、策定委員となったメンバーも誰一人として男女共同参画推進活動は皆無からのスタートでした。委員数13名（男性5名、女性8名）で、委員長となった私は委員会を主体的にまとめていかなければという気負いがあり気持ちは複雑に揺れておりました。

それと同時に、忍野村で女性が「長」という役職についたのは、婦人会会長以外初めてといわれ、プレッシャーもありました。また、あとに続く女性達のためにも「女はやっぱりダメだ」と言われないように、しっかりしなければと

いう思いと同時に、「策定」という未知の作業に対しての不安がいっぱいでした。

　もうひとつの心配は女性が意識や行動のなかで、男の人を立てること、敬うことが当たり前と考えられている傾向があり、性別役割分担もしっかり根付いている地域で、これからどうしていったらいいのかと案じていました。

　このような現状が見えるなかで、委員に「男女共同参画」ということばが素直に受け入れられるかどうかも最大の心配事でした。

　やはり案じていたように、策定過程で年輩委員さんの考えは男性の「力強さ」「指導力」、女性の「やさしさ」や「気づかい」は当たり前、いくら男女共同参画とはいえ「建設現場に女性は無理」などと発言、それに対して30歳代の女性委員さんは「今では大型トラックを若い女性が運転していますよ」と、この文言の箇所では意見が激しく錯綜しあい喧々諤々でした。

　神経はすり減らし、話し合いにもならず、帰路暗い気持ちになったこともたびたびでした。委員の意見を受け止め、共有し、意見集約を図り展開していくむずかしさを感じました。誰もが男女共同参画という未経験の分野であったことも要因のひとつであったと考えています。

　今までも村の会議に出席するなかで、意見は少なく、一人、二人の意見、声の大きい人の意見で決まってしまうことを危惧しております。推進委員会の進め方については職員と話し合いを重ね、今までいろいろな経験を積み重ねている人にもどんな方法があるか、助言、指導を受けながら進めていきましたが毎回胃が痛くなるような日々でした。

　「男性だから、女性だからではなく自分らしく、自分としての意見が出せる」、そんな場づくり、委員会にしていきたいと常に考えていました。

　計画策定の1年7か月は、学び始めたアドバイザー養成講座での情報、他の市町村の流れ、会議の運び方など自分のできることはすべて行ない、取れる情報は何でも集め、委員会をまわすことに一生懸命でした。策定開始から28回討議・論議を重ね、ようやく2003（平成15）年から07（平成19）年までの5年計画の「忍野ハーモニープラン」の答申にこぎつけました。

　今思い返すと委員さんは素晴らしい人たちで、見識は高く、それぞれのジャンルに精通しており学ぶことの多い時間で、大変でしたがとても有意義な期間

で貴重な経験となりました。

　県内でも、忍野村は男女共同参画推進計画の立ち上がりが遅れてスタートしましたので、情報を持ち帰り、村の実情をとらえながら計画に反映していくことをつねに頭に置き、職員ともコミュニケーションをとり行なってきました。振り返ると勢いで押してしまったと反省すること多かりし日々で山あり谷ありでしたが、策定当初持っていた不安な気持ちも、この時間を積み重ねるうちに少しずつなくなり、関わってくださった方々に感謝しながら、いろいろなギャップを乗り越え「よしがんばろう」と階段を上がることができました。

5　忍野ハーモニープランのスタート

　準備期間を含め、この1年7か月の策定作業の緊張感は、そのままよい状態で推進活動へとつながっていきましたが、プラン策定過程から一番気がかりだったのは「男女共同参画」ということばの受け取られ方でした。

　忍野が村として今の形態を成し、その歴史のなかで必要として培われた慣習、因習が良きにつけ悪しきにつけあるなかで、今「男女共同参画云々」と言われても生活のなかにすぐ受け入れることができないのは仕方のないこともありますが、そのなかでとくにショックだったのは親しい友人から「男女共同参画は大嫌い、それって何？」「そんなことしたって、何にも変わらないでしょ」と語尾強く言われたときの気持ちは忘れることはできません。

　しかし、少し前の自身のことを考えると私にも似たような気持ちがあったことは否めません。皆新しいことを受け入れるときには、心にある今までの違和感と戦わなければならないのかも知れない、そんなことを感じつつ「なぜ、男女共同参画が必要なのか？」を気長に説いていくことなのだと気持ちを切りかえ、県内先進地研修、講演会、フォーラム、講座参加など「学び、気づき、行動」へ移していくことが必要であると取り組みを進めていきました。

　以下が主な取り組み内容です。
① 「忍野村男女共同参画推進計画」策定記念フォーラムの開催。
　講師を吉原五鈴子館長（当時の山梨県男女共同参画推進センター館長）に迎えて、村の実情を踏まえて男女共同参画を進めていくには、何が必要なのかをわ

かりやすく講演していただきました。パネルディスカッションは吉原先生をコーディネーターに、「忍野の歴史」を踏まえて語っていただく70歳代村民男性、結婚して忍野に在住し「感じた忍野」を語っていただく2名の女性、上名（男女共同参画推進委員長）が「これからの忍野」について語る4名のパネリストでそれぞれの立場で男女共同参画について語っていただきました。

村内に向けて有線放送テレビでフォーラムの模様を放映し、村民に男女共同参画推進について知っていただき好評を得て、村民主体で行なったことに意義があり反響も大きく一歩を踏み出すことができました。

② 男女共同参画の視点に立った職員研修の実施

忍野村職員、教職員に山梨県立女子短期大学（現・山梨県立大学）池田政子教授に男女共同参画推進についての研修を午前1回、午後1回開催。山梨県内においては数少ない試みでした。

③ おしの村女性政策塾と男女共同参画講座の開催

区会（自治会組織）、婦人会役員、PTA等に協力を依頼し、男女共同参画推進や村の施策などについて、テーマを決めてワークショップ形式でそれぞれ5回ないし、6回開催。延べ251名が参加して行なわれました。この話し合いのなかで男性が担っている会の役員には活動着が支給されるのに、女性団体を代表して村の行事につねに参加して、忍野村になくてはならない存在である婦人会役員に活動着が支給されないのはおかしいとの結論にいたり、村にこの結果を答申。翌年より活動着が支給される運びとなりました。

6　推進サイクルを確立した
　　第2次ハーモニープラン策定と推進条例制定

第1次プラン（2008年3月まで）の5年間はまたたく間に過ぎました。推進計画に沿いながら男女共同参画の認知度を上げるために、

◎「広報おしの」に〈一人ひとりが心豊かにいきいきと暮らせる社会をめざして～「シリーズ男女共同参画」〉の記事を委員が毎月1ページ掲載（2003年6月より現在までにVol.107）

◎フォーラムの開催

◎女性のエンパワーメントを促進する講座の開催
　◎ケーブルテレビに「ちょっときいてみてよ、このはなし」と題してテレビスポットでことばの対比を、ナレーション入りで「主人：家内」「夫：妻」「保護者会：父兄会」「亭主関白：良妻賢母」(2004年7月～翌年3月) を7か月放映して啓発に取り組む

など、目に見える形を前面に押し出しての推進でした。

　第2次プラン (2008～17年) は10年計画で5年目に見直しをすることとして策定に取り組みました。2次プラン策定は村民アンケートの結果から洗い出した課題、それと第1次プランの反省のなかで委員から述べられた男女共同参画事業が担当課のみに任せられ、庁内を横断しての取り組みにつながらなかった。この2点を踏まえ「推進サイクルを確立」していくことでより実効性のある第2次プランとなるよう、13項目について数値目標の設定を行なうなど、かなりハードルの高い計画でした。　(図1参照)

◆計画の性格と推進に向けて
① 「第5次忍野村総合計画」の基本指針「自立と協働のむらづくり」のなかに位置づけられ、村民、企業、行政が連携を図り、男女共同参画社会を実現するための施策の方向性を示したものです。
② 男女共同参画社会基本法の趣旨に基づき、国および県の第2次「男女共同参画基本計画」を踏まえたものです。
③ 「第1次忍野ハーモニープラン」をもとに、施策の推進状況、社会情勢の変化、村民の意向などを勘案して策定したもので、「ハーモニープラン推進委員会」で論議を重ね、忍野村の現状を踏まえた村民のための計画です。

　　　＊重点プロジェクト　　現状の地域の姿⇒男女平等の意識が低い＊
★住民・地域の役割…　男女共同参画の必要性に気づき、行動する
★企業の役割…………　性別に関わらず個性と能力を尊重する労働環境の実現
★行政の役割…………　男女共同参画社会の実現に向けて積極的な支援

　次の4つを重点プロジェクトとして男女共同参画社会の推進に取り組みます。
　　《意識改革》1　忍野ハーモニープラン認知度の向上

図1　第2次ハーモニープランの基本計画

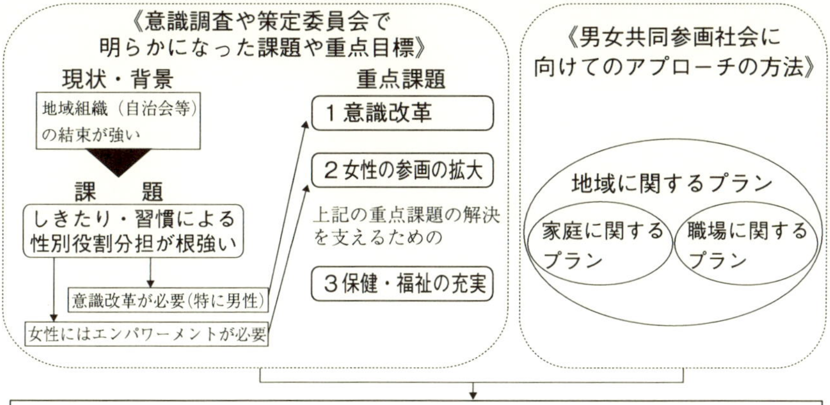

《意識調査や策定委員会で明らかになった課題や重点目標》

現状・背景
- 地域組織（自治会等）の結束が強い
  ↓
課　題
- しきたり・習慣による性別役割分担が根強い
  ↓
- 意識改革が必要（特に男性）
- 女性にはエンパワーメントが必要

重点課題
1. 意識改革
2. 女性の参画の拡大
3. 保健・福祉の充実

上記の重点課題の解決を支えるための

《男女共同参画社会に向けてのアプローチの方法》

地域に関するプラン
- 家庭に関するプラン
- 職場に関するプラン

〈基本目標Ⅰ〉 人権の尊重と男女共同参画の視点にたった意識の改革

(1) 人権を尊重する意識の育成
　①人権と性の尊重に基づく啓発活動の推進
　②女性に対するあらゆる暴力を許さない基盤づくり

(2) 生涯にわたる男女平等意識の教育・啓発の推進
　①家庭における男女平等教育の推進
　②男女共同参画の視点に立った学校教育の推進
　③男女共同参画促進のための生涯学習の充実

〈基本目標Ⅱ〉 あらゆる分野における男女共同参画の促進

(1) 意思決定・政策立案過程の場への女性の参画促進
　①女性のエンパワーメントの促進
　②村政への女性の参画の推進
　③女性に対する正当な能力評価と登用の促進
　④地域活動等における女性意見の反映の促進

(2) 家庭・地域社会などにおける男女共同参画の促進
　①家庭生活における男女共同参画の推進
　②地域活動における男女共同参画の推進
　③男女共同参画による国際社会への対応

(3) 働く場における男女共同参画の促進
　①男女が共に働きやすい環境づくり
　②多様な就業形態を可能にする環境の整備
　③農林業・商工自営業における男女共同参画の促進

〈基本目標Ⅲ〉 生涯を通じて男女が共に健やかに安心して暮らせる環境の整備

(1) 生涯を通じた健康づくりへの支援
　①リプロダクティブ・ヘルス／ライツに関する啓発
　②心と身体の健康づくりの推進

(2) 安心して暮らせる環境の整備
　①総合的な子育て支援の充実
　②高齢者・障害者が安心して地域で暮らせる福祉の充実

計画推進体制の整備

総合的な推進体制の構築
　①庁内推進体制の整備
　②村民参加の推進体制の確立
　③国・県との連携強化

『男女共同参画第2次忍野ハーモニープラン』平成20年3月（忍野村発行より。図2も同じ）

図2　推進・チェック体制図

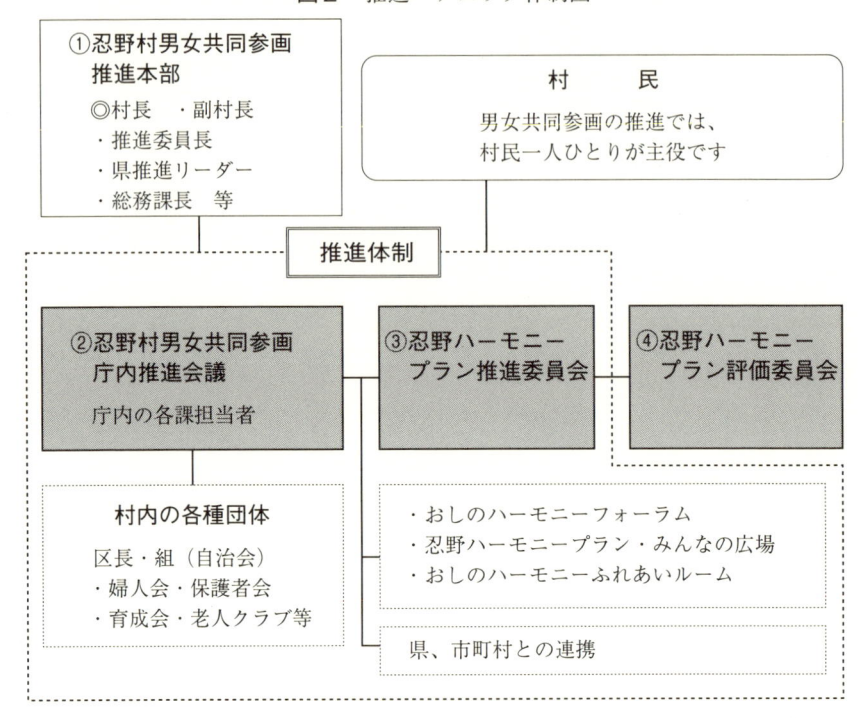

```
①忍野村男女共同参画
　推進本部
　◎村長　・副村長
　・推進委員長
　・県推進リーダー
　・総務課長　等

村　　民
男女共同参画の推進では、
村民一人ひとりが主役です

推進体制

②忍野村男女共同参画
　庁内推進会議
　庁内の各課担当者

③忍野ハーモニー
　プラン推進委員会

④忍野ハーモニー
　プラン評価委員会

村内の各種団体
　区長・組（自治会）
　・婦人会・保護者会
　・育成会・老人クラブ等

・おしのハーモニーフォーラム
・忍野ハーモニープラン・みんなの広場
・おしのハーモニーふれあいルーム

県、市町村との連携
```

　《住民の参画の拡大》　2　忍野ハーモニープラン・みんなの広場の設置
　《生涯にわたる男女平等意識の啓発》　3　おしのハーモニーふれあいルームの設置
　《推進体制の強化》　4　推進体制とチェック体制の構築

◆画期的な推進・チェック体制
　この推進体制とチェック体制の連携により「施策の実施→現状の課題の把握→評価と見直し→施策への反映→施策のさらなる推進」の推進サイクルの確立を目指し、実効性のある体制を構築しました。「推進体制」と「推進状況のチェック機構の構築」は他に類を見ない計画の特徴です。（図2）

◆条例づくり
　第1次忍野村男女共同参画を5年間推進して、計画と条例制定を行なうこ

> **忍野村男女共同参画推進条例の特徴**
> ＊男性村民と女性村民の責務を入れたこと＊
> この2項目は他に類を見ない特徴です。
>
> 【村民の責務】第6条（1項略）
> 　2　男性村民は、社会のあらゆる分野において男女の役割を固定化させている従来の慣行を改めるよう努めなければならない。
> 　3　女性村民は、男女の役割を固定化させている従来の慣行を踏襲することなく、自立した個人として対等な関係で男性と社会を形成していけるよう努めなければならない。

とにより忍野村として後世に残してつなげたいこと、今まで行なってきたが多様な暮らしの選択を迫られるこの時代にともすればそぐわない因習、慣行など条例を制定することで暮らしやすくしていこうという考えのもとに、「忍野村男女共同参画推進条例」（平成20年4月1日施行）制定にいたりました。

　こうして「忍野ハーモニープラン」策定から10年、「忍野村男女共同参画推進条例」制定から5年、推進の流れを振り返ると変化が見られます。80歳代の人たちの「お茶のみ話」を聞いていても、「今の若い夫婦の生活は忙しくて、お互い助け合いながらやっている私たちも若い人に合わせなくては」と話す。60歳代の声は「女性はこうあるべき、男性はこうすべしのなかで育ち、考え方や行動を変えることは難しかったが、世代間での暮らしをするには男女共同参画の考え方も受け入れだんだん変わってきた」との会話。

　忍野のようにゆったりと時の流れる村で男女共同参画を進めるには、ゆっくりとお互いの考え方も認め合う関係を築きながら進めることも大切であると考えます。

7　忍野村初の女性教育委員から委員長に

　2005年、忍野村で初めて女性の教育委員に選任されました。突然でびっくりしました。

　今まで、文化活動、ボランティア活動を行なうなかで教育委員会、小・中学校との関わりはありました。しかし、このこととは別に、教育委員として教育行政に関わることに不安はありました。「教育委員必携」、教育委員会制度の意

義に始まり、仕組み、教育委員の職務、村、教育機関との関わりなど改めて教育行政の重要性を知ることとなりました。

そして、教育委員4年任期のうち2期2年にわたり教育委員長を務めることになったのです。このときもまったく予期しておらず、「どうして私が2期務めるの」と思いました。委員長の職責は重責です。3月初めに就任すると同時に、年度末、年度初めの事業が次々と行なわれました。幼稚園、小・中学校卒業、入学に始まり、教育委員会の下にある各委員会での年度初めの総会で「挨拶の嵐」に見舞われました。それぞれの場にあった話をしなければなりません。この入学、卒業式、村の行事がすべてケーブルテレビで忍野村と山中湖村の加入者に放映され、反響が大きくプレッシャーになりました。しかし女性委員長ということで注目もしていただき大勢の方が後押しをしてくれました。何よりの力づけで頑張りにつながっていけたと感じています。

教育行政は幅と奥行きが広く、まさに「教育は百年の計」を司る礎であると感じました。この場に座らせていただき、教育行政に関わったことは勉強になり、議員となった今日とても役立っています。

私の教育委員退任後、奥浦寛子さん、久木田もえ子さんのお二人の女性教育委員が任命され、奥浦委員は2011年3月から1年間教育委員長を務め、久木田委員は2012年3月から現在教育委員長の重責を立派に務めております。男女共同参画推進活動を通して女性の参画や、女性の視点の重要性を訴えてきたことが少しずつ形になりつつあり、今後も途切れないでつながるようにお互い持てる力を出し合っていくことで、忍野村の男女共同参画がより良い方向へ推進していくものと確信しております。

◆忍野村で活躍された女性3人
◎久保田佳寿(かず)さん（女医・民生委員・名誉村民第1号）

明治37（1904）年、高知県土佐市に生まれ。結婚して昭和7（1932）年に忍野に医師として来村しました。昭和22（1947）年、「たとえ誰であろうと無投票にしてはいけない」と村長選に立候補、夫・渡辺理治さんの父親である渡辺理新(まさとき)さんと「嫁・舅(みちはる)」の一騎打ちの戦いに挑みましたが敗れました。終戦後2年、まだ世の中が混沌とした時代に何をどうしていこうとしたのか、詳しく

は『「聞き書き」証言集　伝えたい山梨の女性たち』や『女医　久保田佳寿伝』（本書248ページ、参考文献5、6）で述べられています。生涯現役医師、民生委員として長期にわたり忍野村の医療、暮らしすべてにおいて多大な功績と影響力を残し、名誉村民第1号になりました。

◎後藤照江さん（忍野村初の女性総務課長）

　忍野村男女共同参画計画が策定された翌年の2004年4月1日から08年3月31日退職までの4年間、忍野村初の女性総務課長に任命されました。これは全国的にもめずらしいことです。総務課は村の中枢を担う課で女性の総務課長としてマスコミでも取り上げられ、男女共同参画の視点からも地域のロールモデルになり総務課長としての責任を果たされました。

◎天野千文さん（忍野村初の女性村議）

　2003年4月の統一地方選で忍野村初の女性村議となり、学童保育支援活動、子育て支援策、国民健康保険制度など女性の視点からとらえた政策に積極的に取り組み活躍されました。

　このように忍野村の女性が、それぞれの立場において活躍、成果を積み上げたことによりひとつのロールモデルとなり、私が初めての教育委員に選任されたのだと理解しています。

8　身をもって男女共同参画推進を──村議会議員への立候補

◆議員になれば物事が早く進むのでは

　2011年4月の統一地方選挙で多くの支持をいただき、忍野村村議会議員となることができました。

　統一地方選挙は、前年から選挙に向けていろいろな動きがありました。以前から次の選挙に出るようにまわりの方々から言われていました。実際要請を受けたのは、村で中心となり動き、今のままでは村がダメになってしまうと憂いていた男性たちが、私を取り巻く周辺を説得しての要請でした。

　村議会議員への立候補にさいして私自身のなかでは積極的に出るとか、出たいという強い意思は持っていませんでした。

　しかし、忍野村や山梨県内で男女共同参画推進を進めるなかで、男性の視点

だけで物事を決めないで常に「女性の視点」の必要性を求め、審議会、委員会に女性の登用を強く求め、忍野村男女共同参画推進計画も女性の登用を30％にするように数値目標も入れるなど、女性の登用の必要性を説き、活動を積極的に行なっておりました。

男女共同参画推進活動の大きな柱には「女性の参画」、積極的な言い方をすると「女性を意思決定・政策立案過程の場に送る」という大きなスローガンが掲げられていました。しかし自分自身が「政策立案過程の場に出る」という考えには至っておりませんでした。

それは、私のなかに忍野で「女性」が選挙へ立候補することはむずかしいという考えがありました。それに一番身近で力になる夫は東京で単身赴任中であり、忍野村に住民票もないなど理由はいくつかありました。

なぜ立候補にいたったのかと考えるといくつかの要因がありました。私が教育委員任期終了後、忍野村は教育委員5名のうち、前述したように2名の女性委員が任命され、教育の場に男女双方の視点の必要性も認識され、同時に「女性登用」の機運も高まってきていたことがあげられます。迷っていた気持ちが動いたのは、一生懸命押してくれた人のことばが心に強く留まりました。「いままで長年地域活動をやってきて、思うように事が運んでいるか」と言われ、「自分で議員になって政策として訴えたほうが事は早く進むと思わないか」と言われ、「確かにそうだ」と思うことができました。

人口9200人の姻戚関係の強い地域で、女性が選挙に出ることは容易ではありません。

出馬にあたっても家族のなかで夫と娘は大反対でした。息子は「お母さんがやれるのであればやってみたら」と言い、同居している両親は夫と相談して決めるようにと反対はしませんでした。議員にならなくても社会活動として行なってもいいと、精神的にも辛く、気持ちの定まらない右往左往する日々が続きました。

夫の反対の事由は、今まで私が行なってきたボランティア、文化推進事業、男女共同参画推進活動、そして教育委員と活動を行なうことには理解を示し助言、協力も惜しみませんでした。村議選出馬についてもやみくもに反対するのではなく、今まで行なってきたことは皆が同じ目標に向かい行動していくこと

で意思統一がされている。しかし、これからしようとする議員は政治でありまったく土俵が違い、男性中心で動いている忍野村の現状を考えると、女性としてそのなかに入りやっていくのはむずかしいとの考えで反対でした。

　長いあいだ単身赴任を続けるなかで、距離を置いたところから忍野村の良いところ、まだまだあるむずかしさも見ての心配で当然のこととして受け止められました。周りからの勧めは続き、仲間も応援、協力して後押しをしてくれていました。

　最後は「決めるのは自分しかない」と決意して立候補へ踏み切りました。今も周りでサポートをしてくれている内野1組（自治組織）、古屋町内のみなさん、仲間や親戚、兄弟、姉妹が応援体制を組んで選挙を戦うことになりました。

◆村で初の「女性選挙事務長」「女性候補者」の誕生

　しかし、ここでまた女性ならではの問題が出てきました。選挙事務長を引き受けてくれる男性がおりません。それを見ていた夫が「今まであなたと活動をともに行なってきたメンバーにやってもらうのが一番いいことではないか」の一言で、20年以上の活動仲間である伊藤真由美さんにお願いしてほんとに快く引き受けてくれ、とてもありがたく、うれしいことはありませんでした。忍野村開闢（かいびゃく）以来の「女性選挙事務長」と「女性候補者」の誕生となったのです。

　選対本部で、選挙事務長を女性の伊藤さんが引き受けてくれたことを発表したときの、皆の「あっと驚く顔」が今でもはっきり目に浮かびます。

　私のなかでも固定的考えがあり、「選挙事務長は男性」と思っていました。このようなところから考えを変えていかなければと反省しました。事務長を引き受けてくれた伊藤さんは政治家秘書の経験、文化推進事業、犬猫保護里親探し、男女共同参画活動（山中湖村いきいきプラン初代委員長、おしのハーモニープラン委員2期）と幅広い活動歴もあります。そのうえ横浜から三十数年前に越して以来、子育てをしながら、地域にとけ込み生活、郡内エリアを違った目線で捉えており、それも選挙戦において参考になり、実際に選挙の場において女性同士でよいことがたくさんありました。

　まさか、選挙という場で男女共同参画推進を身をもって実行できるとは考えてもいなかったことでした。

> **選挙戦スローガン**
> 忍野に新しい風を！　女性の声を村政に！
>
> わたしは取り組みます
> 1、教育環境の更なる充実を推進します。
> 2、子育てサポートの充実を推進します。
> 3、地域医療と福祉の充実を推進します。
> 4、男性も女性も互いに尊重し合い男女共同参画社会を目指します。

　選挙をするには、男女それぞれの考え、方法、視点が必要であると感じました。今までは当事者としてではなく傍らにいて選挙を行なっていました。自分が傍らにいたときも同じような動きはしていましたが、当事者として選挙を総括的にみて感じたことは、女性の粘り強い動きと、生活を切り盛りして政治を捉えているソフトな心配り、視点は選挙にものすごく生き、一緒にいる男性にもそれが伝わり相乗効果が出ていました。小規模で戦う選挙に女性の存在は欠かせないということを強く感じました。

　選挙は14名定員に1名オーバーの15名が立候補の激戦でした。支援してくださったみなさんのおかげで予想を上回る得票をいただき、2位で当選することができました。この結果を考えると、忍野の変化を感じることもでき、忍野村の選挙が変わってきていると感じました。

　選挙戦が終わってから振り返ってみると、選挙を戦うことは大変なことです。しかし感想として選挙は行なうべきで無投票では得られない今後の政治姿勢、生き方につながる多くのことを得ることができ結果としては楽しい選挙戦でした。皆さんに大感謝、感謝でした…。

　当選してから、住民のみなさんからの相談、依頼、要望は多岐で生活すべてにわたってあります。「女性で相談がしやすい」と言われることはとてもうれしいことですが、政治の場で男女共同参画の必要性をさらに強く感じております。最大の役割は議会の場で政策提案をし、施策として実行に持っていくことです。一般質問は毎議会真剣に取り組み行なっています。

　みなさんとの約束に謳ったことを、執行者に訴えるとともに同僚議員にも協力していただき、村民の生活の向上につながるよう着実に進めていくことであると思っています。

9　議員になって

◆情報を提供し、女性視点の取り組みを

　選挙へ出たときのエピソードですが、女性の政治参画を考えさせるものでした。

　忍野村で女性が政党以外から選挙に出たのは初めてです。私が近所に出馬の挨拶に行くと、「誰が出る？」「私です」というと「旦那じゃないでかい？」──選挙は男性のみが出るもの？　うわさで女性が出馬したと聞き、「どっか（よそ）から来た、女の人が出るだと」。地域ではある程度苗字が固定化しており名前で呼ぶ習慣がありますので、私が「上名をさみ」であると認識しておりませんでした。「私が出ます」と言うと、「あの苗字はをさみちゃんかえ」と、私が出馬したと思っていませんでした。

　議員になっての苦労はあまりありません。議員で女性は私が1名ですが議会のなかで違和感はまったくありません。「ジェンダーバッシングは？」とも聞かれます。全然ないとはいきませんが、考え方に性差を感じることはあります。

　議員となり経験しないとわからないことはまだまだたくさんあります。組・区（自治組織）の関わりは家庭のなかで祖父、父から聞き及んでいたことが役立ちありがたく感じています。こうしていままで学んできたことを経験・体験しているのですが、これからの時代、地域に女性の考え方が入る、入らないは大きな違いが現れてきます。議会においては村の政策、地域のことを幅広く捉え、とくに女性が担うことの多い生活課題、子育て、福祉、教育、防災、その他の政策全体に対しての取り組みに丁寧にわかりやすく、きちんとした説明の在り方が必要であり、重要なことだと感じています。今に限らず村民に求められることは情報を丁寧に正確に伝え、住民に理解していただくことがとくに必要であると思います。

　今後の男女共同参画推進活動は、2001年の計画策定から関わってきましたが、まだこの活動を卒業することはできないと自身では思っています。委員としてオブザーバー的存在で関わらせていただき、県内外の情報、また議員とし

ての立場ですべき男女共同参画施策などを担当職員と連携しながら取り組んでいきます。

　今後は今までどおり、忍野村の現状を踏まえてさらなる分野へ女性の登用を図ること、女性のエンパワーの推進につながる研修などに力を入れること。とくに今、外で何が行なわれているかを女性に知ってもらうこと。女性が気軽に意見交換ができる場をつくること。その意見が反映でき、女性の持つ力を発揮できる場があること。小さい村であるがゆえの利点と女性の視点を活かし、男女がともに生きやすい村になるよう力を結集して取り組んでいこうと思います。

　2011年3月11日、東日本大震災の発生により、男女共同参画の必要性はさらに増していると感じています。議会においては、防災に力をいれて一般質問を行なうとともに、男女共同参画の必要性と女性ならではの防災、災害に対しての視点の重要性を提案しました。政策提案したいくつかのことが今現在実行に移されており、女性ならではの必要性を実感しています。今後もさらに推進に向けて提案を続けていきます。

◆初の女性副議長になり村外へも

　2012年6月から推薦を受け、副議長となりましたが気持ちは複雑でした。1期目であり経験が足りないこと、力量もまだまだであること、それと自分のなかで女性意識もあり「なぜ私が」という思いでした。議員になり1年7か月が経過し、議員と副議長の職務はまた別であり、とてもよい経験をさせていただいております。ここまで恙なく過ごすことができたのも、議員や職員のみなさんの協力があったからと思って感謝しています。

　忍野村は自衛隊の北富士駐屯地と北富士演習場などの関係もあり、横浜にある南関東防衛局や演習場対策会議などに出席する機会がありました。どこに行っても「女性は初めて」と言われ歓迎？されます。何事もそうだと思いますが、「男女関係なく経験を積むことでエンパワーメント」ができていきます。今後はますます少子・高齢社会が進行していくなかで、女性に参画の機会が与えられることは社会にとっても重要で、かつ必要なことです。しかし日本はどこにいっても女性の参画があまりにも少なすぎます。

　議員になりここまでいろいろな経験もしてきましたが、自身のなかで特別変

わったことはありません。今までとまったく同じですべきことはする。今まで行なっていた活動と議員活動は同じ土俵であり、そのままのスタンスで行なっていくと決めています。

　忍野村は男女共同参画社会が構築されればもっともっと発展し、よくなっていくはずです。

　今、忍野村議会も議会改革に取り組み始めています。議会改革は、議員改革であると思っております。まだ始まったところですが何となく手応えを感じつつあります。議員のみなさんと協力してやっていくことで村の在り方も変化していくと期待して頑張っていきます。

　議員間でも平等で男女差をつけたりすることはありません。山梨県で女性議員の会も再結成され、意見交換会や研修会なども開催され、今後に期待しています。他市町村女性議員とは懇談会や情報交換を常に行なってお互いに活用を図っています。小さい村がゆえに女性議員としての取り組みはたくさんあります。行動することで成果につながり、暮らしやすい村づくりの一歩につながっていくと取り組んでいます。

◆父たち先代の地域への思いと、男女の隔てない家仕事の経験

　よく「女性議員ひとりで大変ですね」といわれますが、そういうことは感じたことはなく過ごしています。これは、考えてみると過ごせるように育てられたのかと思います。4人姉妹の長女でしたので、家の手伝いも女の子だから家で食事の準備ということはなく、畑仕事、田植え、山の植林など、年齢に応じた仕事を家族の一員として何でも手伝わせることで、一人前であると教えられていたのだと思っています。

　昔は苗代（なわしろ）を作るのに機械化がされてなく、馬で耕す時代で親戚、近所でお互い「すけっこ」という結（ゆい）の精神で集まり行なわれていて、そんなときも男の子のなかに一人女の子の私が入り「鼻取り」（田畑を耕すとき、牛馬の鼻を取って誘導すること）をして馬に乗っていました。かっこよく乗馬を習ったのではなく、手伝いのなかで馬に乗ることができるようになったのです。祖父や父にジェンダーの視点があったかどうかはわかりませんが、家の跡を継ぐこと以外は人間として尊重され、かわいがられ、大切に育てられました。

居場所がどこであっても違和感がなくいられる要因を考えてみると、さまざまな人たちの出入りするなかで、子どもであるからということで疎外されないで育ったことに起因しているかもしれません。

　私に影響を与えた祖父は富士吉田市の明見中学、日川中学、明治大学と進み、国費留学をして研究者の道に進もうとした人です。しかし長男ということで忍野に戻り、家業（木材業から養蜂業へ）をしながら青年学校で教えていました。厳格で近寄りがたい感じはありましたが、いつも背筋を伸ばし凛として、だらだらとしているところを見たことは一度もありません。努力家で「言わずして物事を教える」人で心はとても優しく大好きでした。役職につくことを好みませんでしたが、やらなければならなかったようです。

　父も周りに祖父が青年学校や地域で面倒を見ていた人たちがおり、そんな地域の先輩のみなさんの導きである年齢になると、忍野に住んでやらなければならない役職は、村長以外すべてやらせていただきました。祖父も父も、私が知る限り与えられたことは寝食を忘れてもする人でした。

　このように祖父、父がまじめに地域のために務めてきたことで、私が初めて女性として出て行っても、周りからも受け入れてもらえたのだと感謝しています。何もないところからでは、こうは物事ができなかったと強く感じております。

　すべてにおいて周りの人に恵まれ、家族も惜しまず協力してくれ今があるとありがたく思っています。女性が社会に出ていくことは大事なことであり、大変なこともありますが、家族の協力は不可欠で大切なことです。

子どもの未来のために

　忍野の子どもたちは、本当に素直で純粋な心を持っている日本一の子どもたちだと誇りを持っています。その子どもの未来のためにできること、それは教育環境の充実と、健全な暮らしの提供だと思います。「すべては教育に始まり教育に終わる」とも言われております。学校と家庭、地域、行政が一体となり、守り育てていきたいと思います。この子たちの良さをさらに生かし、伸ばすためにもきちんとした方向性をつけていかなければなりません。

この先、子どもたちが向かう先が明るく、歩みやすいようにするためには正直に生きる姿を子どもに見せていくことが大事です。今のままで忍野村を子どもたちに譲ることはできないと考えます。
　忍野村は山間地の多い山梨県内において平地が多く、財政的にも恵まれ、人口9200人と小規模自治体として自治行政を治めやすい規模であると考えます。「隣は何をする人ぞ」と世の中でいわれるなかで自治組織もしっかりした結びつきがあり、「向こう三軒両隣」お互い声を掛け合い、助け合うことができる、そういう意味においては共存共栄ができ、落ち着いて、安心して住むことのできる村です。
　そこで行なっていかなければならないことは、「村民力」の向上を図ること、第二に情報公開をしっかり行ない村民と行政の施策の共有を図ること、国の力、政治の力に頼るだけではなく、変革する社会構造のなかで村として長期施策のなかで方向性、自村スタイルの確立を急ぐ必要性を感じています。そのためには男女共同参画の視点を念頭に置き、行動していく大切さを感じます。
　議員として、まだまだ取り組まなければならないことはたくさんあります。

生涯を通じた女性の健康支援
女性専門外来新設活動記

伏見正江（山梨県立大学、母性看護学・助産学／ジェンダー研究）

1　北京女性会議から
　　「アフター北京、やまなし　女・心・からだトーク」の結成へ

　2005年3月、山梨県立中央病院に「女性専門外来」が新設されました。この専門外来が求められた背景には、1995年国連北京世界女性会議を定点として、リプロダクティブ・ヘルス／ライツ（性と生殖における健康と権利）の必然性を求め、活動した「アフター北京、やまなし　女・心・からだトーク」（以下、「アフター北京」と略）というグループの、女性たちの画期的なアクションがあります。
　「アフター北京」は、95年第4回世界女性会議NGOフォーラム（開催地・北京）への参加を機会に結成された山梨県内のグループです。メンバーは行政・保育・小学校教員・助産師という女性のライフサイクルに添った職業人の構成です。
　私自身は、サウジアラビアやカンボジアで母子保健活動や難民医療支援の経験があります。世界的に、女性の身体や精神の自由など基本的な人権に対する侵害が後をたたず、女性の健康を脅かすことが社会問題となっている現状を見ています。
　とくに国連は女性への暴力を「地球規模の疫病」と表現していますが、女性の性器切除、武力紛争・戦時下での女性への暴力、避妊・中絶の自己決定権を

もつことのできない多くの女性たちを見てきました。また、富める国々で出稼ぎ労働者として奴隷のような酷使を受けるなどの健康を蝕まれ、病み、亡くなった女性たちに出会いました。さらに「第1回東アジアフォーラム」などで、各国の女性たちの「健康」についての報告を聞く機会もありました。

そこから、女性が自分たちの体についての自己決定権をもつべきだと強く思い、リプロダクティブ・ヘルス／ライツの重要性を考えることは長年の研究テーマとなっています。

性差を考慮した医療「Gender-Specific Medicine（GSM）」は、欧米ではすでに約10年の歴史を経て確立されています。日本では「Gender-Sensitive Medicine（性差医療）」という概念で、2001年5月、鹿児島大学で、9月に千葉県立東金病院で「女性専門外来」が開設されました。

女性専門外来は、女性の身体症状や精神的な不安などに対して総合的に相談に応じ、女性の特性を踏まえた細やかな診療の提供が目的です。受診者の多くは更年期世代で、説明や診療に満足している状況や乳がん、子宮がん、骨粗鬆症に対する検診機会を大幅に上げている状況が明らかになり、現在では、全国で231か所（特定非営利活動法人性差医療情報ネットワーク、2012年1月10日現在）を超える女性専門外来が開設されています。

第4回世界女性会議行動綱領は、女性の生涯にわたる健康を女性医療の変革をとおして実現が可能なことを指摘し、多くの草の根の女性たちに女性医療の変革に向けて、政策提言への参画および意志決定の重要性について影響を与えています。

その会議には日本全国から6000人、山梨県からも15人の女性たちが「山梨の女性の声を世界に」をスローガンとして、チラシを携えて会議に参加したのです。

会議への参加でパワーを得た私たちは、その経験を今後に生かそうと「アフター北京」を結成し、ジェンダー支配を受けている日常世界から、共感や共生意識で女性が対等な関係を成立できる場へと、女性の人権、健康、労働、教育の分野を通して当事者からのヘルスアクションを呼びかけました。

2 トークの開催
―― ジェンダーの視点から女性の健康と人権を語り合おう

　最初はトークの開催です。1995年から2005年11月までに、リプロダクティブ・ヘルス／ライツの意識の浸透に向けて、具体的に妊娠、出産、中絶の身体的・精神的負担状況、避妊の副作用リスク、性感染症のリスク、不妊の精神的・社会的プレッシャー、女性への暴力の被害状況など、ジェンダーの視点から見なおす女性の健康と人権をめぐるトーク39回を開催しました。(表1参照)

表1　「アフター北京、やまなし 女・心・からだトーク」の活動内容
(1995～2005年)

1回	1995.11	1995 世界女性会議 NGO フォーラムに参加して、フリートーク
2回	1996.1	1.女と男と有機野菜、2.性と生殖に関する健康／権利
3回	96.3	ジェンダーフリーの社会をめざして～女も変わって、男も変わろう！
4回	96.5	同上　1.世界女性みらい会議（大宮市）に参加して、2.夫婦別姓について（ビデオ視聴、ラジオ番組利用）
5回	96.7	女性健康基本（保障）法をめざしてⅠ　1.背景と経過、2.わたしの妊娠・分娩・帝王切開体験
6回	96.9	女性健康基本（保障）法をめざしてⅡ　1.更年期を乗り切ろう！、2.これからの政治と女性の役割、3.リメンバー北京～北京を忘れまい
7回	96.11	女性健康基本（保障）法をめざしてⅢ　1.思春期、2.これからの政治と女性の役割、3.リメンバー北京～北京を忘れまい
8回	1997.1	ジェンダーフリーの社会をめざして・パートⅡ　1.ジェンダーフリーの保育、2.ジェンダーフリーの教育
9回	97.3	ジェンダーフリーの社会をめざして・パートⅢ　1.ジェンダーフリーの政治～女性が政治参画すること　2.新病院への市民からの提言
10回	97.5	健康被害深刻な女性性器切除の廃絶を求めて　1.ビデオ「戦士の刻印」視聴、2.トーク
11回	97.7	健康教育をめざして～小学校からのジェンダーを意識した健康教育
12回	97.9	国立婦人教育会館女性学・ジェンダー研究フォーラムに参加して、ワークショップを開催して
13回	97.11	「女性国会」参加報告、女性たちの声アンケート結果報告、児童福祉法改正について

14回	1998.1	ワークショップ：世界人権宣言50周年を記念して〜今こそ女性の人権を
15回	98.3	女性を議会へバックアップスクール報告
16回	98.4	女性のからだセミナー：女のライフステージとからだの変化
17回	98.5	女性のからだセミナー：思春期の心とからだの変化　その1
18回	98.8	女性のからだセミナー：思春期の心とからだの変化　その2
19回	98.12	1998年世界人権宣言50周年、12月10日は世界人権Day　従軍慰安婦に捧げる献花、スライド上映「海の記憶. A Memory of the Sea」
20回	1999.3	3月8日は国際女性デー「女性と政治キャンペーン、がんばろう女性たち!!」
21回	99.9	1999年総合女性センターフェスティバル、ワークショップ・こんな相談室がほしい！リプロ相談室から女性の悲鳴が聞こえる
22回	2000.3	ジェンダーって何、ジェンダーに敏感ってどういうこと？
23回	00.3	セクシュアル・ハラスメントと女性の人権〜アサーティブトレーニング
24回	00.9	総合女性センターフェスティバル、ワークショップ　もう後戻りはしない。女性2000年会議成果―女性への暴力の根絶に向けて
25回	00.10	戦争と女性への暴力のない21世紀を目指す―VTR上映会「大娘〈ダーニャン〉たちの記憶」「その時、私は14歳だった〜戦時下の性暴力と心の傷」
26回	00.12	ジェンダーと女性を考える体験ワークショップ・第1回　ジェンーって何、ジェンダーに敏感ってどういうこと
27回	2001.1	ジェンダーと女性を考える体験ワークショップ・第2回　セクシュアルハラスメントと女性の人権〜アサーティブ・トレーニング
28回	01.3	ニューヨーク2000年北京プラス5「成果文書を読む」
29回	01.7	VTR上映会「沈黙の歴史をやぶって〜女性国際戦犯法廷の記録」
30回	01.9	県立総合女性センターフェスティバルワークショップ　ビデオ上映会「沈黙の歴史をやぶって〜女性国際戦犯法廷の記録」
31回	01.12	アフガニスタン女性たちがめざす未来　RAWAマリアム・ラウさんの報告会に参加して
32回	2002.10	県立総合女性センターフェスティバルワークショップ・みんなで活かそうDV防止法
33回	02.12	心とからだの総合ケア女性専門外来をつくろう！
34回	2003.1	カナダ・バンクーバーの女性病院訪問報告
35回	03.3	女性のための新しい医療を考える〜心とからだのケア
36回	03.11	県立総合女性センターフェスティバルワークショップ・ジャーナリスト松井やよりさんを偲んで〜性暴力不処罰の歴史にピリオドを
37回	2004.11	DVの実態と支援状況
38回	2005.10	私のお産トーク〜取り戻そう身体感覚を〜
39回	05.11	女性専門外来における性差医療の実際

トーク開催時の配布資料には、A4判で1枚の「私たちが求めるこんな相談室（仮称リプロダクティブ・ヘルス/センター）」で構想を示しました。女性の健康が権利として保障されるためには、性差別の撤廃が不可欠であること、自らの体への自己決定権をもつことが、女性のヘルスエンパワメントに不可欠の要因であることを、第4回世界女性会議の12項目の行動綱領をとおして県下の女性たちに呼びかけました。

　トークでのジェンダーワークショップは、いろいろな世代の女性が参加し、沈黙していた女性たちが自分の体験を語る場となり、コンシャスネス・レイジング（意識向上）にもつながりました。その結果、更年期に対する心構えなど、それまで気にも留めていなかった問題に眼を向けるようになります。

　このようなトークの開催の積み重ねは、女性が自分の体のことを語り、悩みを共有する場・思春期から老年期まで、女性が体のことを相談できる場が必要だと、さらに実感するものとなりました。

3　「女性たちの産婦人科受診におけるアンケート調査」から見えてきたもの

　トークの開催と並行して、1997年には山梨県内の産婦人科受診に関する実態調査「女性たちの産婦人科受診におけるアンケート調査」を行ないました。20代から60代の女性237人から回答をもらい、ここから「からだの悩みは医療だけでは解決されていない」「技術よりも、行き場のない声を受け止めてほしい」、産婦人科のイメージは「怖い」「恥ずかしい」「妊娠しなければ行きづらい」「周囲の目が気になる」「男性の医師ではなく、女性の医師がよい」など、ネガティブ感情が明らかになりました。

　また、受診時のプライバシーについては、「配慮があった」は74.4％ではありましたが、「配慮なし」の回答には「医師の話がまわりに聞こえる」「診察室と中待合室が一緒」といった声もあり、また「診察時にカーテンはあってもプライバシーがない」といった設備・環境の問題もあがってきました。

　そして、表2の「産婦人科医療への期待について」を見ると、多くの女性が産婦人科の現状について満足していないことがわかります。とくに女性のプ

表 2 産婦人科医療への期待について（アンケートからの抜粋）

* 女医に診てもらいたい。女医さんがもっと増えてほしい　25 名
* 更年期障害になやんでいる更年期の専門科を設置してほしい　20 名
* プライバシーを守ってほしい　20 名
* 十分なインフォームドコンセントをしてほしい　10 名
* 診察の前には、十分なコミュニケーションをもち信頼関係を作って　13 名
* 産科と婦人科は別々の場で　10 名
* 親切にやさしく教えてもらいたい。また、診察してほしい　8 名
* ゆっくりと話を聞いてほしい。精神的なストレスがあるため　8 名
* 気軽に相談できる窓口を
* 受診するだけで、精神的な苦痛を味わうものであるので、その気持ちを和らげてくれる配慮を
* 出産でもアフターケアを充実してほしい
* 受診しやすい診療時間。勤務終了後にも受診できたらよい
* 特に、思春期や独身の女性たちが、受診しにくい印象を受けるので開放された環境づくりを
* 女性の生涯を通しての身体だけでなく、心も含む健康ケア。人権を考慮した医療体制

ライバシーを守る環境は整っておらず、心にも体にもケア・サポートを得られるような医療体制が必要とされています。

「アフター北京」では、アンケートに寄せられた女性たちの意見を医療機関に伝えるとともに、女性が誰でも気兼ねなく心や体のことについて相談する場の開設へと弾みがついたのでした。

4　「女性の心とからだ相談室」開設へ

「女性たちの産婦人科受診におけるアンケート調査」の結果、「アフター北京」メンバーは、「女性のライフスタイルを通して、総合的な相談を受けたり、情報を提供する場が必要」との思いを募らせ、アンケート実施の翌1998年4月に、男女共同参画推進センター（ぴゅあ総合）の一部屋で「女性の心とからだ相談室（リプロ相談室）」を開設しました（毎週土曜日、午後2時から5時）。キャッチコピーは「性と生殖に関する健康と権利　リプロダクティブ・ヘルス／ライツを私たちの手に」です。

表3　女性のからだセミナーのテーマ（隔月開催）

* 女のライフステージとからだの変化
* 思春期の心とからだの変化
* 月経前緊張症（PMS）を乗り切ろう
* 性と生殖における健康と権利（リプロダクティブ・ヘルス/ライツ）
* 産み方 生き方 決めるのはあなた
* 性における男女平等（避妊・中絶を考える）
* 不妊治療を考える
* 性感染症と女性の病気
* 更年期・人生のターニングポイント
* すてきなあなたにアサーティブトレーニング　演習1・ロールプレイ
* すてきなあなたにアサーティブトレーニング　演習2・体操
* カップルコミュニケーション
* 買売春・家庭内暴力・セクシャルハラスメント・セックスレス
* 女性のからだと有機野菜 演習・料理
* おんなのからだと法律の歴史

開設にあたってのチラシには、次のような内容の紹介をしています。

> 女性がセクシュアリティを含めて自分のからだを理解し、大切にしていくことは、自立の第一歩です。妊娠、出産、育児に関すること、思春期のからだのトラブル、更年期、避妊、中絶、不妊、感染症、疾病に関するカウンセリング、女性の健康全般についての具体的な情報を提供します。また、女性が生き生きと暮らしていくために、性暴力、性的いやがらせ等の相談にも応じます。

　相談室では、面接と電話で心身の相談を受け付けるほか、図書、ビデオテープ、図表、資料、避妊器具、薬品の見本などをできるだけ多く揃えて、女性の健康全般についての具体的な情報を提供することにしました。
　女性たちからの相談の、セクシュアルハラスメント、DVを含め女性の健康問題、子育ての悩み、産休・育休の問題など多岐にわたる内容ですが、気軽に相談できる場を求めている女性たちの声がなんと多いことでしょう。「アフター北京」のメンバーには、前述のようなさまざまな立場の人がいるので、女性たちが抱える幅広い分野の問題については、個々の立場から助言をしていきました。助言者の構成メンバーは、「アフター北京」メンバーだけでなく、思春期相談員・リプロワーカー・ピアグループの仲間を募集するなどして、さまざ

まな分野からなる混成チームとすることを目標にしました。

　また、この相談室の開催と並行して、「トーク」とは別に、「女性のからだセミナー」も開催（表3）。1998年山梨県策定の「やまなしヒューマンプラン21」は、男女共同参画社会の実現をめざして、基本目標のVで「生涯にわたる女性の健康づくりへの支援」を掲げています。相談室は、生涯を通じた女性の健康をサポートしていくには欠かせない機関となり、この相談を通した実績が男女共同参画における山梨県の「女性相談事業」の相談員の増員へと新たな展開につながります。

5　私たちが求める女性専門外来の発足に向けて

◆ヌエックでエールの交換

　結成3年目を迎えた1998年には、国立女性教育会館（通称・ヌエック）開催「女性学・ジェンダー研究フォーラム」の自主企画ワークショップで『リプロダクティブ・ヘルス/ライツを私たちの手に！女性のための心とからだ相談とセミナーを開設して』と題して、今までの活動内容を報告しました。

　会場は机が不足するほど、たくさんの参加者でした。ワークショップ参加者からは、自分の医療機関受診時におけるつらい体験を語るなかで、医療体験が女性の心的外傷に影響を与えている実態が浮き彫りになり、医療関係者は「女性の健康と人権への関心を深めてほしい」という声があがりました。

　女性議員を誕生させて、「性と生殖における健康と権利」意識の浸透と実践に向けて、県教育委員会に働きかけた経験や、地域保健センターで「思春期相談」「不妊相談」などを開設することも効果的、という意見をもらいました。さらに「今までの女性政策で自分は何をしてきたんだろう」と、女性の健康の視点が欠落した女性政策を振り返られた意見もありました。

　とくに、女性の生殖器系の疾患に伴っての「子宮や卵巣の摘出手術の体験」は、ジェンダーに基づく周囲の「女性の身体感意識」により、女性の自尊感情やパワーを否定してしまうようなこともあり、それにより傷ついている女性が多いことで、自助グループづくりやカウンセリング、相談室の必要性を確認し合いました。

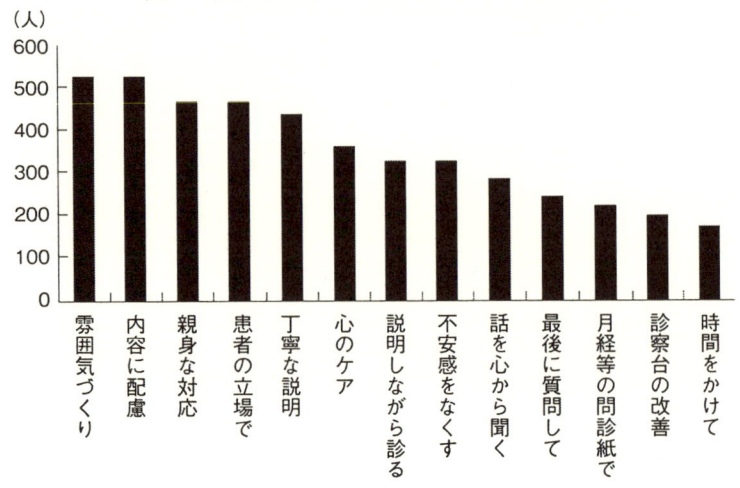

図1 女性専門外来に期待すること（複数回答）

（人）縦軸：0〜600

項目（左から）：雰囲気づくり、内容に配慮、親身な対応、患者の立場で、丁寧な説明、心のケア、説明しながら診る、不安感をなくす、話を心から聞く、最後に質問して、月経等の問診紙で、診察台の改善、時間をかけて

　山梨の実践にたいして、「ボランティアではだめだヨ、政策の場へ提言として活かして！」など助言をいただき、全国に同じ志で取り組む仲間がいること、全国の女性専門外来開設につながる力強いエールを送りあいました。

◆**女性のヘルスエンパワメント、女性たちが求める女性専門外来**

　ヌエックでのワークショップを機会に、「アフター北京」では山梨県内では初の女性専門外来の実現に向けて、行政と協働して山梨の実態を明らかにする調査活動を行なうことになりました。女性専門外来に関するアンケート調査（650人、2005年1月〜5月）の実施です。

　回答者は10代から70代と幅広く、65人の男性を含む、世代を超えた女性たちから回答を得ました。女性専門外来に期待することは、「雰囲気づくり」「内容に配慮」がもっとも多く約75％。「親身な対応」「患者の立場で」「丁寧な説明」「心のケア」は50％以上であり、女性たちのニーズは多岐にわたっています（図1）。

　女性専門外来は、女性の心に寄り添える医師がいること、男性から集めたデ

ータをもとにするのではなく、性差を考慮した医療を行なうことが特徴です。また、性暴力を受けた女性が受診するとき、男性の姿を見ると話せなくなることもあります。そういったときに女性専門外来を暴力を受けた女性をケアする機能をも担っていくことができるでしょう。

　アンケート調査の結果は、このような女性専門外来の必要性を後押しするものでもあるのです。

　2003年には男女共同参画推進センター（ぴゅあ総合）の当時の職員は、こういった「アフター北京」の活動や市民である当事者の声を聴き、女性専門外来をテーマにした健康講座「女性のための新しい医療を考える──心とからだの総合ケア女性専門外来を」を企画していきました。そのような市民と行政職員との連携が女性外来開設の力となっていったのです。

　男女共同参画推進センターが年間企画で取り組んだ「女性と健康講座」「DV防止講座」「思春期のピアカウンセリング講座」などで、女性専門外来開設について、市民の関心と期待がひろがっています。

　世界女性会議行動綱領は、政府のとるべき行動のなかで、保健医療職員や、またそれらの養成機関など、すべての段階の教育制度における教師に対し、ジェンダーの視点に立った人権教育および研修の供与を明らかにしています。

　また、ヘルスケアの視点からは、女性が、医療システムにおいて、いかに不利な立場に置かれ、抑圧されている現実を問うことの重要性が指摘されています。

　受診の当事者であった女性たちが創る多くの自助グループからの報告は、リプロダクティブ・ヘルス／ライツを日常化していくには、「からだの悩みは医療だけでは解決されていない」「技術よりも、行き場のない声を受け止めることが求められている」などがあります。

　研究者は、当事者と共に市民主導型の健康育成を促進する実践モデルを創成します。

　こうしてパートナーシップを組むことで、有効に活用できる健康情報を集積し交互に発信しながら、根拠に基づいた新しいシステムを行政と創りあげました。この画期的な！行政と市民、研究者が協働することの重要性、成功の秘訣は、いつかは誰しもが女性のライフサイクルの健康過程の当事者になるという

ことで、問題を共有した活動の成果です。

6　男女共同参画と女性の健康政策

　女性の健康政策では、地球規模の女性健康運動が女性の人権擁護の視点から取り組まれ、その成果をあげてきました。

　1995年の第4回世界女性会議の行動綱領では、リプロダクティブ・ヘルス／ライツはキーワードとなり女性の健康を権利として保障しています。女性の健康を権利として強調する理由は、女性だけが、妊娠する機能を持つこと、また、生命体としての働きの多くをホルモンに支配されていることにより、さまざまな支障や心身にわたる悩みを抱えていること。さらに、女性は社会的・文化的に規定された性差（ジェンダー）により、男女不平等という性役割分担意識、男性中心の性規範、女性へのさまざまな暴力、女性が構造的に「弱者」として、不利な立場に置かれていることから生じる健康への侵害があるからです。

　医療においても、これまで重要な意思決定を必要とする場面で、とくに女性はジェンダーの側面から、意思決定できない存在として扱われ、選択の自由と自己決定が奪われ、さらに健康を蝕まれるという状況が報告されています。

　1986年に出されたヘルスプロモーションに関するオタワ憲章は、自主的に健康に取り組む重要性、生活モデルからみる健康のアプローチを喚起し、さらに、社会構造での不均衡の是正を考慮にいれて、ウエルビーイングと健康社会の実現を目指すことを提唱しています。

　2010年に閣議決定された第3次男女共同参画基本計画は、具体的な「生涯を通じた女性の健康支援」の成果目標があげられています。2007年4月に内閣府から発表された「新健康フロンティア戦略」などにも、「女性の健康力」における行政の施策実現が求められています。

　女性の生涯をとおした健康は、健康を権利として保障し、男女の平等やライフサイクルの視点、男性とは異なる健康上の問題に直面する事実に向き合い、充分な情報提供や学習権をもって、初めて女性たちが自らの健康を自己決定できる力となります。

　日本は「健康で安心して暮らせる環境づくり」に関しては、貧困化とともに

教育、医療、福祉など不可欠な公共サービスが切り捨てられています。

　女性専門外来は、地域との連携体制を強固にし、予防活動を含め女性が生涯を通して健康で過ごせる社会を目指し、女性に寄り添うケアの拠点になってほしいと思います。

　1995年第4回世界女性会議とNGOフォーラムでのキーワードは「エンパワメント（女性が力をつけること）」です。女性は社会的な差別構造のなかで、本来もつ潜在力が発揮できず、パワーを奪われていることが多くあります。

　女性が自分自身の生活を決定し支配する権利と能力をもち、社会的・経済的・政治的な政策決定の過程に十分に関わることで、世界の女性の健康を良好に維持し、回復することがあります。エンパワメントのためには、女性にも男性にとっても、人生のあらゆる段階で、ジェンダーの問題に敏感な、教育や学習の場が保障されることが重要です。

　看護学者のノラ・J・ペンダーは、21世紀を「新しいヘルスケアの時代」と位置づけ、「将来へのヘルスケアシステムでは、ケアの提供者とその消費者とは真の意味でのパートナーとなり、消費者が保健医療機関にいくのではなく保健医療の側が消費者をおとずれ、保健医療は、地域への傾斜をさらに強め、学校、企業、地域の保健センター、そして家族へと多様な場におけるヘルスエンパワーメントを提供していく」と述べています（ノラ・J・ペンダー著、小西恵美子監訳『ペンダー　ヘルスプロモーション看護論』日本看護協会出版会、1997年）。

　女性が未知の体験における恐怖や、ひとりでは解決できない問題を抱えたとき、同じ体験を通して悩み苦しんだ多くの女性たちと共有しネットワークするシステムを構築することで、自己啓発する大きな力になると思います。

奥深い男女共同参画ワールド
　私を変えた数々の出会い

今津 佑介
　（2005年度山梨学院大学山内幸雄ゼミ副ゼミ長、山梨新報社）

1　心を奪われた男女共同参画論

　「育児をしない男は父親と呼ばない」。1999年、私が高校1年の時に厚生省（現厚生労働省）が流したCMで、それが男女共同参画論を学ぶきっかけでした。両親は私と1歳半離れた弟を育てるため、日々懸命に職場や家庭で働いていました。休日はそろって台所に立って食事を準備するなど、父親の育児参加は当たり前のことと思っていました。従ってこのCMを見て「なぜ改めて当たり前のことを強調するのか。もしかして我が家の常識は、世間の非常識だったのか」と衝撃を受け、しばらく自問自答を繰り返していました。

　同年4月に改正男女雇用機会均等法が施行され、新聞紙上は職場や家庭での男女格差をめぐる特集が目立ちました。「女性という理由で昇進できない」「男性と同等の仕事ができない」などの記事を読み、私は「これが現実なのか」と驚き、あまりにも理不尽な話だと思いました。

　当時、同級生と2人で社会問題を調査する文化系の部活動「社会科学部」を立ち上げており、「女性の社会進出について」というテーマで男女雇用機会均等法などの法整備や職場、家庭の現実を調べました。新聞記事だけでなく、国や県の意識調査、諸外国の様子など男女平等関連の資料を手当たり次第に読み、授業や定期試験の勉強以上に熱中していたと思います。調べるうちに「男女平等は長年の懸案で、法律を変えればすぐに解決できる問題ではない」と、現実の厳しさを思い知りました。法律で職場での格差解消を定めても、依然、

家庭での育児や介護は女性中心でした。保育施設などの質や量は乏しく、また「男は外、女は家」と性別役割分業意識が問題に拍車を掛けていました。どんなに法律がよくても、それを生かす人間の気持ちが変わらなければ全く前進しません。「どうすれば男女格差は是正できるのか」。調べるほどこれを解決したい気持ちが強くなり、男女雇用機会均等法などを絶対に死文化させたくないと思いました。「女性が湯茶接待するのは当たり前」や「男性が育児を理由に遅刻や早退すると上司から白い目で見られる」などの事例を聞くと、「長年にわたる固定概念を変えることは非常に難しい」とため息をついてしまいますが、一方で「各分野で性別役割分業にこだわらず男女が力を合わせていかないと、今後日本社会は衰退する」と主張する人とも出会い勇気付けられました。世の中の動きに喜んだり悲しんだりと、思わず「3歩進んで2歩下がる」と歌ってしまいます。でも、この繰り返しがなければ、私は今でも男女共同参画論を追い掛けていないでしょう。

　私が男女共同参画論に熱中したのは知的好奇心だけでなく、幼少期の体験も影響していると思います。両親は私を自由奔放に育ててくれました。「子どもは、親の分身ではない。同じ血が流れているが、考え方まで同じではない」と自身の価値観を押し付けなかったです。子どもだからといって軽視せず、一人の人間として誠実に向き合ってくれたと思います。ただ常に「相手への感謝の気持ちを忘れるな」と注意し、小学校低学年の時に年下の子へのいじめが分かると烈火のごとく怒りました。あの時の鬼の形相は今でも脳裏に焼き付き、謙虚な姿勢の原動力になっています。

　また幼なじみが活発な女の子だけだったことも、性別役割分業にこだわらない土台を築いたと思います。よく「佑介君は普通の男の子と違うね」と言われ、何が普通なのか考え込んでいました。「性別が違っても人間であることに変わりはない」と幼心に思い、それが高校時代に男女共同参画論と結び付きました。今思うとこの出会いは必然かもしれません。

2　「〇〇らしさ」をめぐる議論のなかで

　厚生省の衝撃的なCMから1年たった2000年。文化祭の準備で知り合い、男女雇用機会均等法の改正点や男女共同参画に関する行政の取り組みなどを教

えてくれた当時山梨県立総合女性センター（現・山梨県立男女共同参画推進センター）の企画・指導担当の服部町子さんから「優しさの中の差別」と書かれた資料をもらいました。

これには山梨学院大学の山内幸雄先生の講演内容がまとめられており、難しい専門用語と格闘しながら読み進めました。表題となった項目が目に入った時、私の脳内は激しく動揺しました。山内先生は「優しさの中の差別は、発言者や行為者の『優しい気持ち』から出た行動が結果的に差別を生み出し、男女のさまざまな潜在的能力を否定、抑制する」と解説。具体例として「大して重くもない荷物を持っている女性に『荷物を持ちましょうか』と申し出ること。この根底には『女性は弱く、守るべき者』との意識がある」と挙げています。今まで性別役割分業など表面的なことしか考えていなかったので、先生の考えは新鮮に映りました。また男女共同参画論を学んでいながらこのような言動に違和感を持たなかったことに赤面しました。

「男はたくましく、女は慎ましく」。世間で言われる「○○らしさ」は優しさの中の差別に直結しており、この根拠なき慣習に知らぬ間に縛られていました。「○○らしさ」をめぐって友人たちと議論した時、身体的特徴など生物学的性差を挙げてその正当性を主張する一方で、「もっと大きな意味で人間を考えたい」や「互いに優しさと思いやりが必要」と男女共同参画の考えを支持する声が多かったです。友人の一人は「知らないうちに男らしく生きることが当たり前だと思っていた。でも、今振り返るとそれが自分にとっていいことだったのか疑問だ。男女共同参画の話を聞いて本当の自分を探し出せそうだ」と話していました。

私の大好きなアニメ『ドラえもん』でも、ドラえもんとのび太が同じ議論をしています。のび太はあやとりが得意ですが、それをジャイアンやスネ夫から「女の子の遊びだ」とからかわれます。のび太は「なぜ、あやとりは男の子の遊びじゃないの。どうして女の子がサッカーをすると不思議そうな目で見られるの」と質問すると、ドラえもんは「それは世間一般の常識だから」と回答。さらにのび太が「じゃあ誰が男の遊び、女の遊びと決めたの」と再質問すると、ドラえもんは答えられませんでした。のび太の主張はもっともなことです。

私は、「○○らしさ」の呪縛を解くためには「男女共一人の人間として自由

に選択できる社会の実現」が必要不可欠だと考えました。女性が重労働、男性が軽労働で何か問題あるでしょうか。大切なことは、挑戦したいという気持ちの尊重です。一人ひとりの挑戦者精神をしっかりサポートできる体制が整えば、日本社会は劇的な変化を遂げるでしょう。今は社会全体で余裕がないのか、または失敗を恐れているのか、挑戦の場が少なくて実に残念です。

　男女共同参画論はただ男女格差を是正するのではなく、「自分らしく生きるためにはどうすればいいか」を学ぶことも知り、私はさらに男女共同参画の問題を深めたいと思いました。そして新たな考え方に導いてくれた山内先生の下でじっくりと学びたいと、瞬時に進路先も決まりました。

3　子どもの視点から男女共同参画を考えると

　山内先生の下で学び始めると、私は男女共同参画論自体に疑問を持ちました。一人ひとりが自分らしく生きることを考えるはずだが、相変わらず男性の関心度が高まりません。「男女共同参画＝女性の社会進出」という方程式から抜け切れず、女性だけの問題と思われています。

　また「男女」と表現することで多角的に人間を見つめられず、結局、性別の枠組みでしか自分らしさを発見できません。人種、信条、社会的身分、政治・経済または社会的関係と、性別以外でも人間を考える材料はあります。私は性別以外から男女共同参画論を見つめることで、既存の論議に一石を投じたいと思いました。つまり、「話題の中心を女性からほかの存在に変えるとどう見えるのか」ということでした。

　私が注目したのは子どもの視点。職場での男女格差是正が進む中、各地で保育施設の開設時間が延長されました。親は安心して仕事に取り組めますが、子どもの気持ちはどうでしょうか。

　私が調査した時点で、親の視点での調査はいくつも発表されていますが、子どもについてはほとんどなかったです。「子どもの声に耳を傾けたい」を合言葉に、私は山内ゼミのメンバー10人と甲府市内の学童保育施設を歩き回りました。学童保育は、授業終了後に親が仕事のため家にいない小学校低学年を対象に（調査時点）、親の仕事が終わるまで子どもを預かってくれます。小学校に通う子どもと働く親のちょうど中間地点であり、現在の親と子の置かれた状

況を反映している場と言えます。

　過去に前例がなく手探りの状態で始めた調査でしたが、たくさんの収穫がありました。甲府市内8か所の学童保育で202人が回答。子どもたちには「いつもどのくらい家族と話をするか」、「今、家族に一番話したいことは何か」、「家族と一緒にいて楽しいと思う時はいつか」、「自分の家族が好きか」など、家族とのコミュニケーションを中心に八つ質問しました。私たちは「納得してから答えてほしい」と、一人ひとりに対し質問文を一つ一つ説明。相当時間を費やしましたが、間近で一生懸命アンケートと向き合う姿を見て、「子どもたちは大人の様子を冷静かつ鋭く見ている」と痛感しました。

　その回答で、学校、行政、企業、地域と今の親子関係を取り巻く存在は広範多岐にわたり、複雑に絡み合っていることが浮き彫りになりました。しかし、これらがなかなか連携できず、結果、一人に対する責任があまりにも重い「リスク集中社会」になっています。

　たとえば、「家族の中で一番話す相手は誰か。また家族の中で困ったことを話せる相手は誰か」と聞いたところ、いずれも母親の割合が最高でした。困ったことを話せる相手で父親を選んだのは10％に達せず、子どもたちは「いざという時はお父さんに頼ろう」と考えていなかったのです。相変わらず、育児面で女性が負担を強いられていることが裏付けられました。

　父親にとっては悲しいデータですが、育児・介護休業法などでは男性も育児休暇が取れることになっています。以前よりも法整備が進み、やる気さえあればいつでも育児参加できるはずだが、依然として男性の育児休暇取得率は低いです。

　ゼミのメンバーのほとんどが男性だったせいか、「なぜ男性は育児休暇を取得しないのか」で白熱した議論を展開しました。その中で「子どもであろうが大人であろうが男性はまだジェンダーの呪縛から脱出できていないのではないか」と意見が出され、私はなるほどと思いました。頭では男性も積極的に育児参加しなければと思っているが、子ども時代に育まれたジェンダー意識によってその考えを行動に移せません。心の奥底でジェンダーが潜んでおり、何かと理由を付けて育児参加から逃げているのではないでしょうか。そう考えると、どんなに社会環境を整えても一人ひとりの意識が変わらなければ何の意味もあ

りません。ジェンダーにとらわれない教育を学校だけでなく企業や地域でも推進し、「各地で一人ひとりの自己改革を後押しする仕組みをつくるべきだ」と思いました。

4　一人ひとりの能力が全体を変える

　この調査で私は自分らしく生きるヒントを見つけました。それは「見えない能力を開花させること。またその能力を認めること」です。子どもたちと接して、彼らは勉強やスポーツなど今まで気付かなかった能力を認められると満面の笑みを浮かべ、さらにその能力を伸ばそうと努力を積み重ねていました。一人の人間として誠実に向き合わないと、隠れた才能は見えません。この考え方が浸透すれば、一人ひとりの生活がさらにいきいきすると思います。

　実際に、私はこの考え方を取り入れた市民活動に参加していました。2006年と2008年、2011年に行われた憲法ミュージカルです。興味深いのは、脚本と演出を手掛けた田中暢さんの「オーディションは一人ひとりの能力を発掘する場」という基本方針。田中さんは「やる気があるから応募してきたので、その時点で合格だ。私がオーディションで見たいのは一人ひとりのキャラクターで、『この人にはどんな役を任せるか』と考え、それを脚本の中に加えていく」と言います。つまり、一人ひとりが中心に位置しているのです。

　2011年の公演では4～79歳の市民98人が出演。5月8日の本番に向け、1月から毎週末、甲府市内の体育館などで練習してきました。当初は年齢層が幅広いため、出演者間のコミュニケーションが取れないと思っていましたが、実際は毎回明るい雰囲気でした。若者は経験を、高齢者はリズム感を、それぞれの抱える欠点を謙虚に受け止め、異世代から教えを請う様子が見られました。練習の中で個々の能力を尊重する気持ちが育まれた証しです。「一人ひとりの小さな力が結集すると、大多数に感動を与える大きな力になる」と、私は公演当日に舞台裏で涙を流しながら思いました。また大学在学中に山内先生が何度も口にしていた「量は質の変化をもたらす」の意味がやっと分かりました。個が変われば、おのずと全体も変わります。

　現在、新聞記者として各地を取材。2011年3月11日の東日本大震災以降は、生活再建のため東奔西走する被災者へのインタビューを続けています。津

波で家族や知人を失った人。原発事故で住み慣れた町を追われた人。さまざまな人と出会いますが、共通しているのは決して自分の存在や、社会とのつながりを見失っていないことです。津波で家や職場を流され、新天地で就農した男性は「いつまでも立ち止まっているわけにはいかない。今自分ができることを一生懸命取り組む」と言います。男女共同参画論の考え方に照らすと、個がやる気を起こさなければ何年たっても全体の復興につながりません。この気持ちを持続させ、また絶望感に陥っている人を少しでも前向きにさせるのが情報を伝える人間の役割だと、戦後最大の国難を機に自覚しました。

　厚生省のCMから始まった私の男女共同参画論は、周囲の刺激を受けて自分らしい生き方を考えるまで発展しました。試行錯誤を繰り返してきましたが、「男女共同参画論がこれからの世界を支える」という考えは今でも変わりません。思考過程でたくさんのすてきな出会いがあり、いずれも私を成長させてくれました。今後も私はまだ知らない男女共同参画論と遭遇し、いろいろな人の知恵を借りながら問題を解いていくでしょう。

　2012年8月、山梨県内の高校生や20代の社会人らで構成する演劇集団「チームWA！！！」が平和をテーマとした創作劇を甲府市内で上演しました。制作に当たり演出の黒部翔太さんは「生まれてから息を引き取るまで、誰とも関わらなかった人間はきっとどこにもいない。僕らのつながりから、観てくださる方へとつながりが広がって、それは大きなつながりになると信じている」。主役の古澤一平さんは「僕は人と人とのつながりは感謝の気持ちで結ばれていてほしい。世の中が『ありがとう』の言葉であふれることはとても平和なことだと思う」と、それぞれ話してくれました。つながりと感謝。これらは男女共同参画論に基づく社会づくりでもキーワードとなります。「引き続き謙虚さを忘れずに、自己研鑽に努める」と、改めて肝に銘じた出会いでした。

＊　＊　＊

　今の日本社会にとって男女共同参画論の考え方は必須ですが、教育基本法改正など個を生かす場が狭まっていることに危機感を覚えます。自分らしく生きる環境にないと欲求不満が募り、結果的に暴走し身を滅ぼします。また未だに「自分らしく生きることは、自分勝手に生きることと同じだ」と考えている人が多いことも不安です。日本国憲法には一人ひとりが自分らしく生きることと、

山梨憲法ミュージカル2011のラストシーン（長田幸子さん提供）

他者のそれを尊重する義務も明記されていますが、理解している人はどのくらいいるのでしょうか。
　人間の原点を扱う男女共同参画論を学ぶ者として私は社会に対し「再度日本国憲法を読み直し、また幼少期からきちんとした人権感覚を養ってほしい」と訴えます。

♪タイトル似顔絵・広瀬由季奈

第 3 章

教育現場でのかろやかな取り組み

子どものときから
一人ひとりが大切にされるように
男女混合名簿と「さん」呼び

天野 明美（元笛吹市小学校教諭）

自分らしく生きたい——ジェンダーフリーとの出会い

　私は、2011年3月に小学校教諭38年間をもって定年退職をしました。25歳で結婚し子育てをしながらの勤務でした。あこがれの職業に就き、仕事も大好きだったのですが、家族には「妻として、母として、夫・子どものために尽くさなければいけない」という後ろめたさもひきずっていました。

　ところが40歳ぐらいのとき、ジェンダーフリーの考え方と出会い、世の中の仕組みが男尊女卑や性別役割分業で成り立っていることを知り、この後ろめたさは、それに縛られているからだということに気づきました。

　学校現場をみていくと、短絡的に「男の列、女の列」とか「女子はこれを、男子はあれを」というように性別を使って指導することがありました。名簿に関しては、男女別が一般的で、「男子の後に女子」というものでした。このようなふつうの出来事に、何も疑問を持たないでいることが「男女区別・差別」を引き起こしている、ということを学びました。「まさしく差別とはそんなことからなのだ。」と気づかされたものでした。

　そして、妻・母でありながらも自分らしく生きたいと望むようになった私は、教えている子どもたちにも性にとらわれず、一人ひとりを大切にする教育をしていきたいと思うようになりました。

1　男女混合名簿導入の取り組み

「男女混合名簿の導入」は、1992年ころ、日本教職員組合（日教組）および山梨県教職員組合（山教組）の運動のひとつに取り上げられ始めました。

そして2006年以来、笛吹市内の小学校では混合名簿の導入が100％です。0％から100％になるまで、私が知り得る現場の教師たちの取り組みの様子、そのほかの性による無用な区別についての取り組みを報告したいと思います。

取り組みをはじめて16年後の2008年に、市内小中学校210人の教職員に実施した「混合名簿についてのアンケート」（笛吹市教育協議会「自立と共生」サークルによる）のデータも参照していきたいと思います。

(1) なぜ名簿からか

学校では、並ぶときや入退場のやり方、席を決めるとき、仕事や役割を割り振るときなど、子どもたちを「男子・女子」というくくりで分けてきました。さらに、名簿は男女別々のものを使い続けてきたことで、「男が先、女が後」「男が一番、女は二番」という観念を知らず知らずのうちに植え付けてしまった、ということです。「妻は夫の影を踏まず。」とか「女は三歩後ろを歩く。」などという習わしが思い浮かびます。

世の中男と女に分かれているのだから、便宜上のもので大きな意味もないとされてきました。しかし、私は仲間とともに、性別でなく、その人を見ていく意識をもち、無用な男女区別・差別をなくす手段として「男女混合名簿の導入」を目指しました。それは、男尊女卑や性別役割分業の意識がなくなり、「男女、ともに支え合う世の中」の実現の一歩につながると信じていたからです。

(2) ささやかなネットワークを頼りに

山教組女性部の委員会には各小中学校より選ばれた委員さんが集まり、「男女混合名簿を導入していきましょう」と、呼びかけられたことを、各委員さんは自分の学校に帰って女性の先生方に報告するのです。

男女平等といわれている教師社会のなかにあっても、管理職や教育活動の中

心的な役割を担うのは男性がほとんどで、そうなれば学校全般に関わる決定や運営は男性主導になりがちです。また、男性教師のほうが、勤務時間外でも積極的に働ける人が多いので、「女性教師は指示を仰ぐ」ということもありました。それとともに、私のような共働きをしている女性教師は、「幼い子どもさんがいるから。」「ご家庭が大切でしょうから。」という配慮をしてもらうと、性別役割分業につながっている、と感じながらも、仕事と家庭の両立のために甘えさせてもらうことになってしまいました。

そういう女性教師たちが、「男女別名簿」は男尊女卑や性別役割分業につながるものであることを投げかけても、現場では「思いやり」もあふれているので、説得力に欠けてしまうのでした。

しかし、女性教師のあいだでは、そうはいっても家庭や社会での男尊女卑や性別役割分業についての話題が上がるようになり、「男女混合名簿の導入」の実現に向けてのささやかな運動は始まりました。

(3) 意識づくりに向けた活動

学校現場は、混合名簿のことだけをやっているわけにはいきません。私は、毎日めまぐるしく子どもたちと関わっていると、「混合名簿」のことなんか知らなかったことにしようかな、という迷いもでてきました。しかし、一人でも同じ考えの人を増やし、多くの人に理解してもらえる方法はないか、などと、笛吹市教育協議会の研究会の一つ「自立と共生」サークル員たちと学習したり語り合ったりしていると、ここで引くわけにはいかない、という気持ちも湧いてきました。

① 4月の初回職員会議で

私は思い切って、1997年4月の今年度の学校体制を決める職員会議で「混合名簿」を提案してみました。案の定、新しいことに取り組むための応援は少ないものでした。

そのころ「混合名簿」を呼びかけられた側の人たちは、136ページ図1の「混合名簿についてのアンケート調査」(2008年8月実施)からわかるように、「どっちでもよい」というのが多かったのです。そこで、理念の浸透には欠け

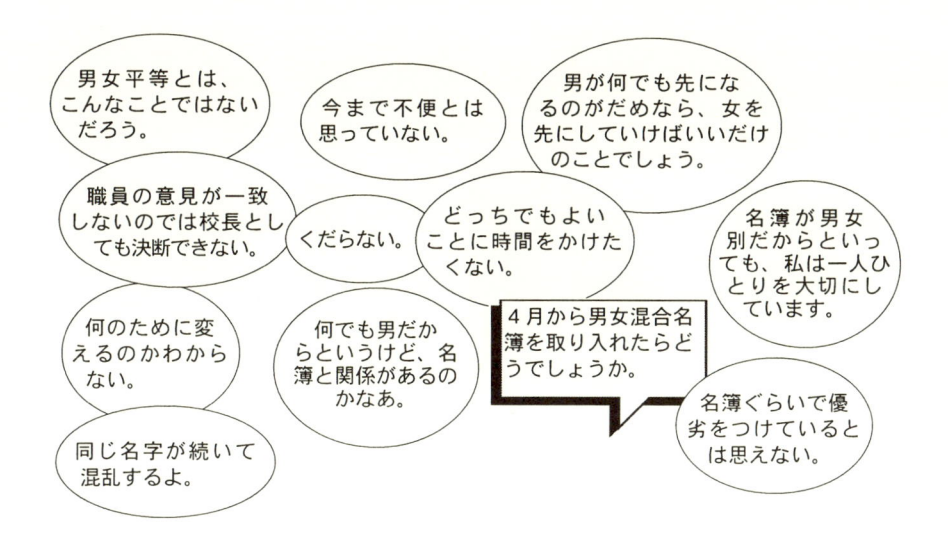

- 男女平等とは、こんなことではないだろう。
- 今まで不便とは思っていない。
- 男が何でも先になるのがだめなら、女を先にしていけばいいだけのことでしょう。
- 職員の意見が一致しないのでは校長としても決断できない。
- くだらない。
- どっちでもよいことに時間をかけたくない。
- 名簿が男女別だからといっても、私は一人ひとりを大切にしています。
- 何のために変えるのかわからない。
- 何でも男だからというけど、名簿と関係があるのかなあ。
- 4月から男女混合名簿を取り入れたらどうでしょうか。
- 名簿ぐらいで優劣をつけているとは思えない。
- 同じ名字が続いて混乱するよ。

ますが、「どっちでもよいのならやってみようよ。」とか、「こだわっていないのなら混合でもよいということですよね。」という言い方をしていくと、摩擦も少なく理解もでてきました。そして、次年度にも提案すると、「とりあえずやってみよう。」という方向にもっていけたのでした。

②導入に積極的賛成の女性教師は

　まだ学校全体にその気運が生まれていないとき、自分のクラスだけでも混合名簿にしてみた人がいました。そして、休憩時間や放課後などに雑談として「混合名簿は五十音だから便利。全校で実施している学校が増えているんだって。」と話題にしていました。

　また、学級活動（望ましい集団活動の実現を目指すための科目）や道徳（自立・信頼・公平・友情などの徳目に照らして学習する科目）の授業において、性によって差別や区別をしたり、されたりしていることに気づかせる内容のものを取り上げ、自分や他人を大切に思うことを教える授業公開や実践報告をしてきました。それによって性による区別は無用ということが伝わるのでした。

　積極的に混合名簿を使用したり、その考え方を授業のなかで見せることで仲間の理解が深まりました。

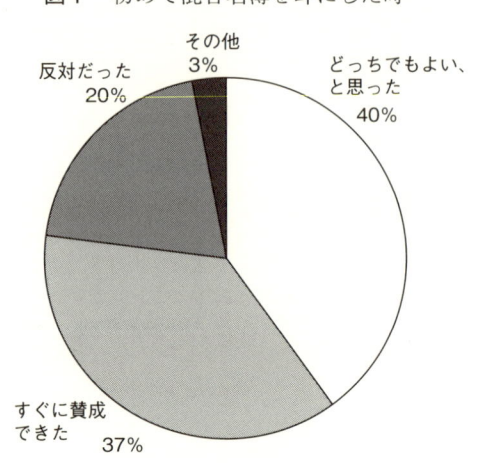

図1　初めて混合名簿を耳にした時

- その他 3%
- 反対だった 20%
- どっちでもよい、と思った 40%
- すぐに賛成できた 37%

＊「混合名簿についてのアンケート調査」（笛吹市教育協議会「自立と共生」サークル、2008年）

③管理職（金井幸則元校長）の考えで

　金井元校長は、当時（1998年頃）をふり返って次のようなことをおっしゃいました。

　「自分は子どもの可能性を伸ばす教育をしていきたい、と考えてきました。また、美術の教師として、授業を成り立たせるには、子どもたちが自ら行動したり考えたりするようにさせたいのです。そのためには、自分らしさを認めてあげる、ということが必要になるのです。自分らしさを認めてあげることと、性にとらわれないための混合名簿の考え方は一致すると思って賛成でした。確かに、校長の立場でトップダウンのように導入させることは簡単でしたが、女性の先生方の情熱から生まれてきていることで、応援しながら実現につなげたかったのです。」と。

　そして、教育委員会や保護者など外部へは、子どもを大事にする学校現場を理解してもらい、学校のことは学校に任せる、という信頼を築いてきたので、混合名簿導入についてもまったく外部からの支障はなかった、ということでした。

　つねに子どものことを考える教師のあり方や、子どもが自ら学ぼうとする授業づくりのための根底には「差別・区別」はないことが大切、という、トップ

にたつ人の考えの深さは大きかったといえます。

④人事交流をすることで
　理念は広まりつつあっても、なかなか慣習は変えられないものです。
　混合名簿を採用した学校から採用していない学校へ 2000 年に転任した私は、早々 1 年生を担任することになりました。すでに名簿も入学式の席もできていましたが、思い切って「混合名簿にしたいのです」と言ってみると、「いいですよ。パソコンですぐ直せますから」ということでスムーズに導入され、少々面食らったものでした。
　その年度は 1 年生だけ混合名簿を使い、集会での整列も男女混合背の順でやり、大きな差し障りはない、ということが証明されたので、翌年からは、全校で実施されました。理念は浸透していたので「さぁ、やりましょう」と声に出して引っぱる人が出てきたことで実現したのです。
　また、混合名簿導入率の高い笛吹市のことを知りたいと、学習会に招かれたこともありました。

⑤教職員組合女性部の取り組みとして
　組織があることで、以下のような取り組みを通して広めることができました。
＊他県や他郡市の混合名簿導入状況や実践報告について委員会で学習して、広報活動をしていった。
＊山梨県の男女共同参画センターからビデオ「学校から始まる男女平等への道」（財団法人東京女性財団・1995 年企画制作・37 分）を借り受け、輪番に全小中学校の職員全員で見るという取り組みをした（実施にはバラつきはあった）。

　ささやかな流れを作り出すために、組織は大きな原動力になりました。

(4) 時代の流れを追い風に
　1992 年に日本教職員組合の全国教育研究会で「混合名簿の導入」が取り上げられ始めてから、2006 年笛吹市内の小学校の「混合名簿」の導入率は 100 ％です。この約 10 年間で導入できたのは、「意外と早かった」と私は感じま

図2　混合名簿が実現された経緯

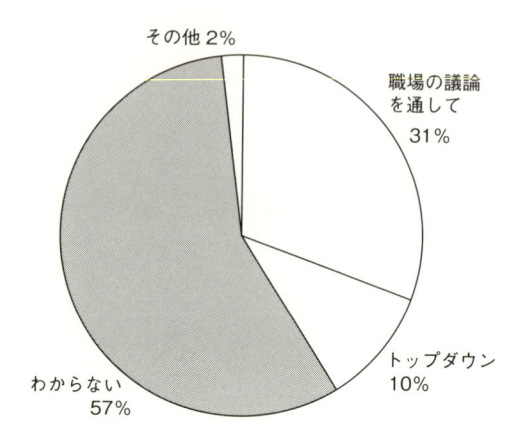

その他 2%
職場の議論を通して 31%
トップダウン 10%
わからない 57%

＊「混合名簿についてのアンケート調査」（笛吹市教育協議会「自立と共生」サークル、2008年）

した。それは、1993年からの細川、村山、羽田首相のリベラル政権の誕生が追い風になっていたと教わりました。(2008年「全国母と女性教職員の会」にて、ジャーナリスト竹信三恵子さん談)

政治は、遠くの出来事と思われますが、すごく大きな力をもっているということを思い知らされました。

さて、導入されて当たり前のようになってしまうと、「混合名簿」も形式のひとつになってきました。男女差別につながらないように、という理念をもちつつ、地道な取り組みによって導入してきたのにも関わらず、図2からうかがえるように、そのことを知らない人が多くなっていました。

せっかくの政治の追い風もあったのですから、時の政権によって逆流してしまわないよう、理念は忘れず根付かせておいてほしいものです。

(5) 混合名簿にしてみて

混合名簿は、「性にとらわれず一人ひとりのよさをみていく」ための手段です。これによって、男女別と混合の両方の名簿を使った経験のある教職員に、使用前と比べての変容についてたずねました（図3）。

図3　混合名簿にしてみて・使用前と比べて

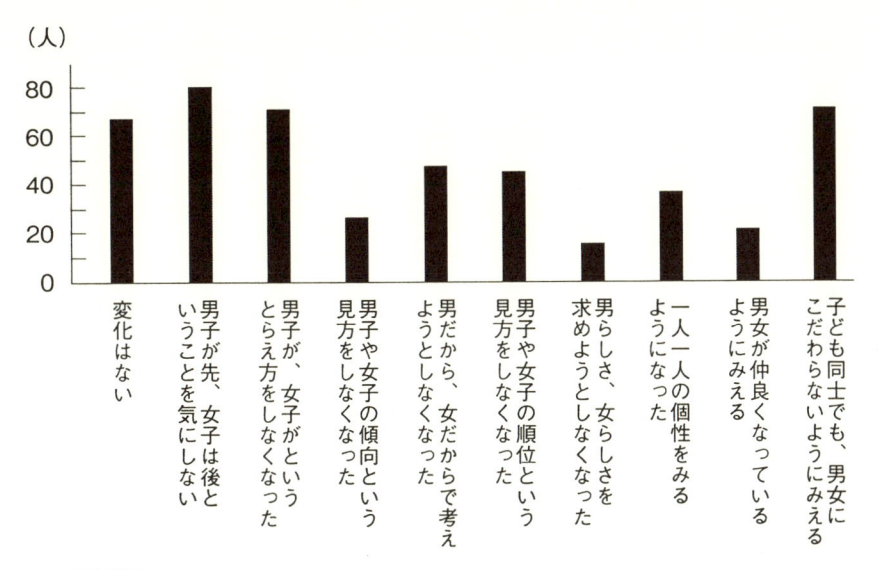

(人)
- 変化はない: 約68
- 男子が先、女子は後ということを気にしない: 約80
- 男子が、女子がというとらえ方をしなくなった: 約72
- 男子や女子の傾向という見方をしなくなった: 約27
- 男だから、女だからで考えようとしなくなった: 約48
- 男子や女子の順位という見方をしなくなった: 約46
- 男らしさ、女らしさを求めようとしなくなった: 約16
- 一人一人の個性をみるようになった: 約38
- 男女が仲良くなっているようにみえる: 約22
- 子ども同士でも、男女にこだわらないようにみえる: 約72

＊複数回答
＊「混合名簿についてのアンケート調査」(笛吹市教育協議会「自立と共生」サークル、2008年)

　回答から、教師も子どもたちも、性別でお互いをみないようになったことがわかります。児童会長などリーダーとなる役割は、適任と思われる人の立候補で決まり、力仕事だから男の役割とみられたスコップやリヤカーなどの用具は「やりたい人」が使うというようになりました。助け合う明るく温かい学級集団がつくられるようになり、これは「子どもの人権を認める。」という考え方とも一致しています。

　また、こういう光景を保護者など大人が見て、初めのうちは、「女のくせに生意気。」とか「男がだらしない。」というような声も聞かれました。しかし、男女という性を気にせず、子どもたちの明るく生き生きとした生活ぶりから「女の子も男の子も仲良くていいね。」とか「うちの子の良さをみていきたい。」という声が聞かれ、男女混ざり合った姿こそ自然なあり方と大人たちに映っていくのがわかりました。

2 男女とも「○○さん」と呼びましょう

「たかが名簿、されど名簿」の取り組みでしたが、性別で区別しないという考え方に照らし合わせてみると、男は「君」、女は「さん・ちゃん」という呼び方の区別もしないようにする取り組みがありました。

初めは、男女ともに「さん」をつけるのが恥ずかしいような、他人行儀のような感じが教師や子どもにもありました。しかし、耳に聞こえる雰囲気がちがってくることによって、図3のアンケート結果と同じような変容がみられました。

①トラブルの仲裁でも

たとえば、私のクラスでの体験ですが、子ども同士よくあるこんな出来事も、呼び名のやり方で話の進み方がちがってくることに気づきました。

男女別呼名をしていたころだと…

男子A　先生、B君がCちゃんの頭をたたいて泣かせてしまいました。
先　生　B君、本当ですか。
男子B　Cちゃんがぼくをにらんだからです。
先　生　Cちゃん本当ですか。
女子C　だってぇ…（メソメソ）
女子D　B君は、いつも大きな声を出したりして女子をいじめるんですよ。
男子B　いつもなんかじゃないだろ。
男子A　女子は何でも泣いて、先生に言いつけるんだからいやだよな。
先　生　Cちゃん、かわいそうに…。かわいい顔がだいなしだよ。それからB君、大声や暴力はよくないよ。

このように、男子は乱暴で女子ははっきり物を言わない泣き虫という既成概念での対決のようになっていき、一人ひとりの想いがわからなくなってしまうことがありました。

> 男女とも「さん」呼びにしていくと…

男子A　先生、BさんがCさんの頭をたたいて泣かせてしまいました。
先　生　Bさん、本当ですか。
男子B　Cさんがぼくをにらんだからです。
先　生　Cさん本当ですか。
女子C　だってぇ…（メソメソ）
女子D　Bさんは、いつも大きな声を出したりしてえばるからですよ。
男子B　いつもじゃないし、ぼくの声は大きいんだよ。
男子A　Cさんが、泣きやんだのでちゃんと言ってもらえばいいと思います。
先　生　Bさんにも理由があるようだから、ちゃんと言ってごらん。それから、Cさんの泣きたい気持ちもみんなでちゃんと聞いてあげましょう。

　微妙なニュアンスなのですが、先生も含めてみんなで起きた出来事の内容によって解決の糸口を見つけようとするようになりました。子ども同士というものは、些細なことでトラブルになると必死で言い合いをします。でも、お互いに「さん」呼びでやりあっていると、性別や力関係でなく、起きてしまった出来事そのものを見極めるようになっていることがありました。

②毎朝の健康観察でも
　以前のように、男女別の名簿では、男子全員を先に「君」、女子を後から「さん」と呼び、最後に「男子も女子も元気でした。今日もがんばりましょう。」と言ってしまいます。男女混合五十音順で、一人ひとりの名称を「さん」と呼んでいると、「全員元気でよかったです。今日もがんばりましょう。」というようにつながるのです。
　毎朝くり返していくうちに、先生がみんな同じように接していることが伝わり、子どもとの信頼関係が生まれてきました。また、私は自分のクラスの全体の人数は言えても、男女別の人数がすぐ言えなくなるくらい、こだわらなくなっていました。

③全校集会でも
　全校集会にて、どの内容でどの先生が呼ぶにしても、子どもたちの名前は、「さん」づけにしました。そして、そのことが耳に慣れ、あらゆる場面でふつうになっていき学校全体で一人ひとりが大切にされていることが伝わりました。

3　性別による不要な区別をしないように

　以上のように、できるだけ女・男にとらわれないようにしていこうという考えが広まってくると、ナンセンスな性別による区別に気づき、見直しがされてきました。それにより、さらに、その子一人ひとりをみていく意識が広がり深まっていきました。
　たとえば、
◎男女で違う色やデザインだった体育着を同じにした。
◎上履きに赤や青の色の線が入ったもので男女用を区別していたが、これを自由とした。
◎学用品の注文では、女用・男用と明らかにわかるようなものは扱わないようにした。
◎整列するときは、男の列とか女の列とかでなく、男女混合背の順やグループやリーダーを中心などの並び方をする。
◎授業（ときには、保護者参観や仲間との研究授業で）に以下のようなものを取り入れた。
　＊女の色・男の色、女の遊び・男の遊び、女の服装・男の服装、はあるか。
　＊将来になりたい仕事で、女だけとか男だけというのはあるか。
　＊家事は、誰がしなければいけないのか。
　＊「男らしく」「女らしく」「男のくせに」「女のくせに」と言われることについて。
　＊求人広告から男女区別・差別を読み解こう。
◎新築する校舎があるときは、トイレの壁とか表示などに、無用な色による男女の区別はしないよう、現場の声として要望した。
◎教職員のなかでも、仕事や役割を男の先生・女の先生でというようなことを

しなくなった。

など。

＊　＊　＊

　2007年現在、山梨県の男女混合名簿の導入率は約83％で、中学校は約28％です。中学校での率が下がるのは、子どもたちが思春期に入り異性を意識する発達段階になるから、高校入試など進路指導上煩雑になるから、とか言われています。すでに導入している中学校からは「問題はない。」という報告も出されているので、小学校から引き続いている自然な形式として導入されていければ、と期待しています。

　以上のような教育現場での取り組みでした。男女混合名簿が実現されれば性による差別や性別役割分業が解消されたということではありません。まだまだ、根強く残る慣習や風習はいっぱいありますが、「おかしい」と気づいていく教職員や父親・母親、一般の人も増えてきています。

　子どもたちの未来が、明るく希望のあるものにつながるよう、できることを仲間としてきた取り組みでした。

自立と共生を伝える「一人一実践」

朝夷孝一郎 （山梨県学校教頭）

はじめに

　私は1996年4月から2年間、山梨県立男女共同参画推進センター「ぴゅあ峡南」（当時は峡南女性センターという名称）に勤務しました。当時ぴゅあ峡南は山梨県で3館目の男女共同参画推進センターとして南部町に開館したばかりであり、地域の皆様の熱気も非常に高く、各方面からの厚い支援と理解に支えられながら、各種講座や事業に積極的に取り組んだことが懐かしく思い出されます。

　ぴゅあ峡南に勤務するまで、正直言って私は「ジェンダー」ということばも「エンパワーメント」ということばもまったく知りませんでした。もともと中学校の教員であり長く学校現場に勤務しながら、男女混合名簿の取り組みにもまったく関心がありませんでした（そんな取り組みがあることも知りませんでした）。

　そんな私がぴゅあ峡南に勤務し、皆様と一緒に学習する中で、今まで知らなかったことを知ることができたことは、まさに「目から鱗が落ちる」経験でした。それまで「男は男らしく」「女は女らしく」ということばに何の違和感も感じず、自分の息子にも「男の子ならめそめそするな。」などと言っていた私が、「男らしく、女らしくではなく、自分らしく生きることが大切なんだ。」「男女別の名簿や色分けから差別が始まる。」ということを学んだとき、自分

の視野が広がった気がしたのを覚えています。
　このような経験を経て、自分なりに男女共同参画社会実現に向けて着実に歩を進めていかなくてはならないという意識を、強く喚起させてくれるものでした。

1　南巨摩（峡南）の「自立と共生」部会の取り組み

◆「自立と共生」部会とは

　1998年4月、私は学校現場に戻り中学校社会科の教諭として勤務することになりました。そして南巨摩郡教育研究協議会の所属組織を決定するさいに、せっかくぴゅあ峡南で学んだことをもっと深めたいと考え「自立と共生」部会に所属することに決めました。
　自立と共生部会はもともと「女子教育」部会として発足し、長らく特別分科会として年一回開催されてきたものです。それが1990年から通年の部会に位置づけられ、1995年からはこの部会に人権教育や平和・環境教育の視点も盛り込んでふくらみを持たせたものとして、自立と共生部会が発足し、今日に至っています。

◆画期的な男性教諭の参加

　私が自立と共生部会に参加した1998年は、この部会にとって画期的な年でした。それまでほとんど女性しかいなかったこの部会に、男性部員が私を含めて3名加わったのです。特に声を掛け合ったのではなく、自然発生的に男性部員が加わり、それまでの女性中心の女子教育部会の延長から一歩踏み出した時期でした。
　なぜ男性部員が加入したのかはまったく不思議なのですが、当時話題を集める分野で関心が高まっていたということなのでしょうか。これ以降毎年必ず男性部員が加わり、2008年ではおおむね男性の方が多い部会となっていました。
　しかし、これは南巨摩だけの傾向であり、全県的には男性部員は少ないのが現状です。また、せっかく入ってくれても1、2年で抜けてしまう部員も多く、男性でこの部会に定着しているのは残念ながら、そう多くはないという現実も

あります。

　定着した男性部員は私同様、今まで自分が気がつかなかった世界に触れたことで、新たな視野が開け、非常に興味深いという感覚を持ってくれたようです。残念ながらそうでない男性にとっては、自分自身の持っている感覚からすると違和感のある、何かよくわからない活動をしている部会という風に映ったのかもしれません。この辺も取り組みを進めるうえでの課題だと思います。性差にとらわれず「自分らしく生きる」ことの大切さは誰もが共感できることだと思いますので、この部分をきちんと訴えていく取り組みを、ねばり強く進める必要があるかと思います。

　ぴゅあ峡南勤務から自立と共生部会に入った頃、それまで見逃してきたことに目がとまるようになりました。自分の子どもの保育所の上履きが、「なぜ女の子はピンクで、男の子は青なのだろう。」「なぜお遊戯会の演目が女子はバレエで男子は剣舞なのだろう。」とか、トイレの色分けの表示が気になったり、道行く小学生のランドセルの色に目がいくようになりました。いかに身の回りに知らず知らずのうちにジェンダーの刷り込みが多いか再認識できました。

　子どもたちも授業を通して、今まで何の疑問も感じなかったことがじつはおかしいんじゃないのかなと気づいたり、「あんなこともあるよ。」「こんなこともあるよ。」など、身の回りの事例に目が向くようになってきました。

◆「自立」「共生」をどうとらえ、どう生かしていくか

　当時の自立と共生部会の研究テーマは、「男女それぞれが主体となり共に生きる社会をめざすために—具体的な実践指導をとおして、自立をどうとらえるか—」に設定し、部員全員が「一人一実践」を行い研究を深めていくことになりました。

　この頃の研究は「自立」「共生」をどうとらえ、どう生かしていくか。進路指導をとおして職業観や労働意識をどう育てるか。男女混合名簿推進への取り組みなどが中心でした。

　混合名簿については、最初は「保健調査等の事務処理上大変」などという声が聞かれ、二の足を踏む現場も多かったのですが、実施してみるとなんら支障はないということがわかり、2007年現在では南巨摩の小学校の95.8％、中学

校の72.7％が男女混合名簿を使用しています（山梨県全体では小学校83.7％、中学校27.4％）。

　これは特に峡南地域は小規模校が多く、児童・生徒数が少ないことで実施しやすかったということもあるとは思いますが、やはり部員たちの働きかけが大きな役割を果たしたことは間違いないと考えます。組合の女性部などとも連携して、「まずやってみよう。」という声かけをして、小学校を中心に自分のクラスから始めたことが、少しずつ理解や賛同を得て静かに広がっていった気がします。混合名簿を実施したことで、「男の子は、女の子はというくくりでなく、個人として児童・生徒を見るようになった。」という声を聞きました。

　また、この10年間にほとんどの学校で、子どもの呼び方が男女を問わず「～さん」になったのも部会の取り組みの成果の一つの表れとして、教職員の意識の変化がみられた結果ではないかと、密かに自負しています。ただ、これらは声高々に叫んだ結果ではありません。草の根的に日常の何気ない会話や活動をとおして、醸成されてきたものです。

　とくに「～さん」呼びにしましょうと声高に主張した経緯はないのですが、これも誰かが始めたものが、「～さん」呼びのほうが「子どもたちが落ち着いて生活できる。」「言葉遣いが丁寧になる。」「男女を意識せず、大人として接することができる。」などの評価を得広がったものです。

　私も授業は「～さん」呼びに変えました。最初は奇異に感じた生徒もいたようですが、慣れてくると「自分を一人の大人として扱ってくれる。」と感じたようで、授業中の発問にもしっとりとして深く考えるようになった気がします。私自身も言葉遣いなど丁寧になり、授業に臨む心構えが高まった気がしました。

　最近ではマスコミの報道でも、子どもを男女を問わず「～さん」で呼んでいる場面をよく見聞きします。世の中に静かに浸透してきている気がして、うれしく感じています。それだけに確かなものとして根付いたように感じます。

◆ジェンダー・フリーが大きなテーマに

　その後数年は学校現場におけるジェンダー・フリーが大きなテーマになりました。実態調査等も行うなかで、幼児期の刷り込みが大きいこと、社会や家庭の影響が強いことなどが明らかになり、子どもたちの視野を広げる必要性を感

じ、校内研究のテーマに男女共同参画社会実現を目ざすことを掲げて、学校全体のカリキュラムに取り入れ、総合や各教科のなかで男女共生に係わる内容を取り入れたり、授業実践を家庭・地域・社会に広めるために、学級・学年「たより」の発行や懇談会、地区生活指導会議などをとおした発信を行いました。教職員や保護者向けのリーフレット作りなどの取り組みも行いました。

「〜さん」「〜くん」呼びについて考えたり、「お父さんの仕事・お母さんの仕事って決まっているの」「男らしさ、女らしさってあるの」などの授業内容や、私たちが学習会で学んだ内容を簡単に要約して報告しました。

また、児童・生徒、保護者、教職員はそれぞれどのような考えをジェンダー・フリーの活動に対して持っているか、学校現場ではジェンダー・フリーに関して何が問題となっているかなどをアンケート調査し、結果を報告したりしました。

児童・生徒は学校では男女の差別はあまり感じていませんが、家庭に帰ると「男だから〜、男のくせに〜」「女だから〜、女のくせに〜」と言われることが多いこと。特に祖父母と同居する子どもが多く言われる傾向にあること。保護者世代には「男らしさ、女らしさ」を肯定する意識が子どもに比べて高いこと。教職員は実態はともかく、意識のなかでは男子・女子で差別などはしていないと感じていること。など、納得できる様々な現状や課題が浮かび上がってきました。

これらを分析して、保護者向けには授業参観やお便りなどで「自分らしく生きる」ことの大切さを訴えたり、教職員にも日常の何気ない言動のなかで、どういうことが差別につながるのかをお便りなどで知らせていく大切さを確認しました。そして、何よりも日々の授業を充実させていくことの重要性について、みんなで共通理解を図りました。

さらに、当時は市町村で男女共同参画プランが多く策定されるなど、行政も比較的好意的であったため、行政との連携についても議論されました。女性議員をもっと増やす必要性や、各種審議会などへの女性の積極的な登用、男尊女卑的な古い考えをいかに打破するかなどについて建設的な意見交換が行われた気がします。

自立と共生部会としても、軌道に乗ってきたぴゅあ峡南と連携し、学習会や

講座への参加もたびたび行い、一番研究が充実していた時期だった気がします。池田政子先生や山内幸雄先生にジェンダー・フリーやその後のバッシングの背景や現状、DV、性同一性障害についてお話しいただいたり、山梨大学の栗田真司先生に「メディアを読み解く」と題する講演をいただいたことは本当に有意義なものでした。

◆**病気や障害を持つ人との共生へ──テーマを広げた授業実践**

　その後2003年から研究テーマが「一人一人が個性を発揮し、共に生きる社会をめざすために」に変わり、病気や障害を持つ人との共生も部会の大きなテーマとなりました。特に地元の身延町の元ハンセン病患者療養施設「身延深敬園」を取り上げた授業実践や、NHK特集・にんげんドキュメント「つがる　故郷の光の中へ」の番組を活用した授業実践は、この部会に新たな広がりをもたらしてくれました。

　身延町の元ハンセン病患者療養施設「身延深敬園」を取り上げた授業は、小学校の総合的な学習の授業として取り上げ、ハンセン病の病気の理解や不当な差別の歴史、身延町でハンセン病患者救済に尽力した綱脇 龍妙(つなわきりゅうみょう)さんの生涯と業績を調べました。さらに、綱脇さんを紹介した『ハンセン病の療養所をつくったお坊さん』（ルック、2006年刊）という本を著した、イギリス人のトレヴァー・マーフィーさんという方をお招きして、本を書いた理由や共生についての考えをお聞きするというものでした。数年前から取り組んでいたものですが、年々内容的にも充実し、国際的な視野を持つまでに発展していきました。

　NHK特集・にんげんドキュメント「つがる　故郷の光の中へ」の番組を活用した授業実践は、中学3年の公民の授業のなかで教材として活用しました。桜井哲夫さんという両手・両足の指を失い、眼球も声帯も摘出した元ハンセン病患者の方が、在日朝鮮人3世のキム・チョンミさんという方の介添えで、60年ぶりに故郷の津軽の実家に里帰りする様子を記録したドキュメンタリーなのですが、桜井さんの様子を映す映像の圧倒的なインパクトや、桜井さんの作る詩の素晴らしさなど、番組を見るだけでも生徒は大きな感銘を受けていました。共生社会を考えるうえで、本当に素晴らしい教材だと感じています。生徒の感想も障害に負けない桜井さんの生き方に感動したり、周囲の人々の人間

的な暖かさについて、しっかりとらえることができていました。
　これらの研究は山梨県教育研究協議会の研究会でも発表され、広く知っていただき高い評価をいただくことができました。これらの実践は、ただ単に障害を持つ人との共生だけにとどまらず、人同士の違いを認め、障害や男女、考え方などそれぞれの個性を認め、異質を排除するのでなく、違いを個性として認められるような広い視野や考えを持つ子どもを育てたいと考えて行ったものです。互いを認め合い尊重し合う姿勢こそ、男女共同参画社会実現に向けての根本姿勢ではないでしょうか。
　しかし、この頃から「ジェンダー・フリー」バッシングがおこり、ことば狩りのごとく「ジェンダー」ということばが忌まわしいもののように一部マスコミや教育関係者の間で、扱われるようになってしまいました。
　私たちはあくまで「ジェンダーバイアス・フリー」であるととらえ、「男だから女だからにとらわれるのではなく、自分らしく生きることの大切さをきちんと伝えなければならない。」と、部会内で再確認しました。現在にいたるまでまだ逆風は続いており、ジェンダーは触れてはいけないもの、危険な思想であるかのような風潮が見られることは残念でたまりません。一部の性教育のあり方や、極端な男女平等論（トイレも一緒など）がおもしろおかしく、そしてそれがすべての学校で行われているような報道がされましたが（そもそも本当に報道のようなことが行われたのか疑問ですが）、私たちはそれらに振り回されることなく、一人一人が生きやすい社会の実現のために、地道な取り組みを続けなくてはと考えています。
　先日、ある地域の「一日教育委員会」の記録を読んだときに、出席者の方が「男らしさ・女らしさを否定するジェンダー教育や、男女を問わず〜さんと呼ぶような、子どもにおもねるような学校の姿勢は正してほしい。」という発言をされたのを目にして、まだまだ事の本質が理解されておらず、個人の尊厳を重んじる男女共同参画社会の実現には時間がかかるのかなという感を持ち、寂しい気がしました。
　しかし、それだけに私たちが粘り強く取り組みを進めなくてはという決意も新たになった気がします。

2 「自立と共生」部会のこれから――「一人一実践」の継続を

このような風潮のなかで、私たちにできることとして、2007年度から「自立と共生部会たより」を発行しました。男女共同参画社会実現のために少しでも正しい情報を知ってほしいと考え、部会の研究内容や参考図書の紹介、学習会の要旨などを載せて、郡内の教職員に向けて発行しました。そもそも研究会の回数が年間6回程度と少ないうえ、それぞれ日々の校務に追われるなかでの発行ですので、回数的にも年1、2回程度で、内容もA4判裏表程度ですが、無理のない範囲で今後も継続していけたらいいなと考えています。また、長らく続けてきたぴゅあ峡南の学習会（出前講座）も、ピュア峡南の予算や人員削減のあおりを受けて、2010年度から開催できなくなりました。前述のとおり池田先生はじめ多くの先生方に貴重なお話を聞く機会が閉ざされてしまいました。残念ですがこれも部会独自で学習会を開くなどして研究を続けています。

そして、何よりも誇れることは「一人一実践」として、部員全員が毎年授業実践の提案を続けていることです（表参照）。これは本当に自分自身の力もつきますし、何よりも他の部員の実践例を見聞することで視野も広がり、自分も頑張ろうという意欲をかき立ててくれます。多忙化のなかですが、今後もぜひこの原則は続けてほしいと考えます。

表　自立と共生部会　2007年度研究レポート一覧（山梨県北部・中南部）

＊自立に向けての試み……中学2年生　学級活動
＊居心地の良い学級をめざして……小学5年生　道徳
＊外国籍児童生徒の進路について……実態報告レポート
＊平等な社会をめざして……小学6年生　社会・総合学習
＊大人になったら何になりたい？〜未来の自分を見つめて〜……小学6年生
＊ふれ合ってなかよくしよう……小学4年生　総合学習
＊無知による差別をなくそう……小学6年生　総合学習
＊性感染症の予防・エイズ……中学3年生　保健
＊じろじろ見ないで〜"普通の顔"を喪った9人の物語……中学3年生　道徳
＊わたしたちは家で協力する……小学5年生　家庭科
＊女の子も　男の子も……小学1年生　学活
＊グリコのおまけから考えるジェンダー……中学2年生　社会

◆自立と共生授業

　私が当時行った授業のひとつをご紹介します。

　授業では子どもたちは、自分自身に置き換えて、よく考えていたと思います。あらためて周囲を見回すと、根拠のない男の子向き・女の子向きが存在していることに気づいた気がします。

◎————◎

＊「自立と共生」授業記録（N中学校）＊

1　題材　グリコのおまけから考えるジェンダー
2　ねらい
　　グリコのおまけの「男の子向け・女の子向け」を通して、ジェンダーのすり込みについて考え、枠にしばられる愚かさや、自分らしさを大切にすることの重要性に気づく。
3　学年　2年生　男子18名、女子15名　計33名
4　日時　2007年9月5日　社会科の授業のなかで
5　授業の流れ

①（グリコを見せて）これは何か知っていますか。
　・グリコ（多数）　（1名のみ初めて見た子あり）
②グリコのおまけを知っていますか。
　・知っている　29名　・知らない0名　欠席4名
③グリコのおまけに「男の子向け・女の子向け」があることを知っていますか。
　・知っている　6名　・知らない23名
④（グリコのおまけの男の子向け・女の子向けのプリントしたものを配布して）男の子向けのおもちゃとしてはどんなものがありますか。
　・自動車、ロボット、飛行機、バイク、怪人、宇宙船、ホバークラフト、ヘリコプター、タンク、怪獣など　⇒総じて乗り物、ロボット、怪獣系
⑤女の子向けのおもちゃとしてはどんなものがありますか。
　・フライパン、鍋、ポット、カップ、調味料入れ、食器、アイロン、ミキサー、じょうろ、筆笥、滑り台、ブランコ、乳母車、カメラ、テレビ、時計、電話、ペンギン、人形など　⇒総じて生活用品、家庭用品、家電系
⑥グリコのおまけの男の子向けから考えられる男の子の好むものはどんなものだと思いますか。
　・乗り物やロボット、怪獣などかっこいいものを好む。
　・機械系がすき。
　・ゴチャゴチャしたものが好き。

・青や緑の色のおもちゃが多い。
⑦グリコのおまけの女の子向けから考えられる女の子の好むものはどんなものだと思いますか。
　・おままごとに使うようなかわいいもの。
　・日常生活で使っているもの。
　・お母さんが主に使うようなもの。
　・色はピンク系が多い。
　・明るいもの、スリムなもの。
⑧本当に男の子は男の子向け、女の子は女の子向けを好むのでしょうか。
　・一般的にはその傾向があると思う。
　・でも、隣のクラスには女子で飛行機大好き人間がいるから、女でも飛行機のおもちゃはほしいと思う。
　・女はままごとをやるものだと思っているようだが、私はままごとが好きではない。逆に男子でもままごとが好きな人がいるかもしれない。
　・女子でもヒーローものが好きな子は多い。保育園の頃〜レンジャーごっこをよくやった。ガンダムが大好きな女子もいる。
　・カメラはむしろ男の方が好きな人が多いのでは。（玉ちゃんのお父さんみたいに。）
　・電話やテレビは男女好みの差はないと思う。
　・篭笥や滑り台、ブランコがどうして女の子向けなのか分からない。
⑨グリコのおまけに男の子向け・女の子向けがあることをどう思いますか。
　・あまり意味がない。男の子と女の子に分けるほど中身の差はないと思う。
　・自分の好きな系統のものが買えるのであってもいいと思うが、男でも女の子向けがほしい人もいるかもしれない。そういう人は女の子向けと書かれていると買いにくいかもしれない。
　・男の子、女の子の趣味を決めつけてしまっているのでよくない。
　・必要ない。男女で分けられてしまうと買いにくい。
　・分けることは差別だと思う。
　・人それぞれの好みなので、〜向けと決める必要は全くない。
⑩（男の子向け・女の子向けの色の話をした生徒がいたことを確認して）夏季教研で池田政子先生が紹介してくれた、保育園児のトイレのスリッパの話（154ページコラム参照）を紹介して授業を終了。

【編集部注＊グリコのおまけについて】1962年から男の子用・女の子用に分けて製品に入れるようになった。1980年代には男の子用はSF、女の子用はメルヘン系が主流となり、その後男女の区分けがないおまけとしている。（江崎記念館ホームページ参照）

2008年度より南巨摩教育研究協議会は西八代教育研究協議会と合併し、峡南教育研究協議会として新たに発足しました。2012年度は、残念ながら部員が減ってしまい活動ができませんでした。

　自立と共生部会の研究テーマである「一人一人が個性を発揮し、共に生きる社会をめざすために」は、取り組まなければならない課題が山積しています。まだまだ根強く残る性別役割分業意識の解消や、学校における効果的な「自立と共生」の指導案づくり、学校から家庭や地域に発信できることは何かなどについて、焦らず、休まず地に足をつけた取り組みを進めることが求められると思います。

　今後の部会の発展を願い、校内研究に係わったり最新の情報を提供するなど、側面からの支援をしてゆきたいと考えています。

＊コラム＊ピンクのスリッパ

**トイレに駆け込んできた男の子
足踏みしていて中に入れない……**

なぜ？

ピンクのスリッパしかない！

　いつも青とピンクの2種類置いてあるトイレのスリッパが、ピンクしかなく、保育者が声をかけてもどうしてもトイレに入れなかった男の子。色のステレオタイプは、単に色のことだけではない。子どもの思考を硬直させ、からだのこと、生理的欲求さえも抑え込む「規範」となる。　　（池田政子記　カット／藤谷　秀・山梨県立大学教授）

女子学生がジェンダーを学ぶ意味
「山梨県立女子短期大学」が果たしたこと

池田 政子
（山梨県立大学 名誉教授・特任教授、
心理学／ジェンダー研究）

1 女性が学び、働く場をひらいた山梨県立女子短大

◆「農村の花嫁養成」学校として開学したが

　私の職場である山梨県立大学（2005年開学）の前身は、1966（昭和41）年に開学した通称「県短」、山梨県立女子短大です。当時県議会には反対の声もあったようで、開設を推進した知事は「農村の花嫁養成」を掲げて説得材料にしたといいます。それなのに（！）、創立当時の教員たちは、そして学生たち自身もそれに反発し、2年後には卒業生の9割以上が小・中学校教員、幼稚園教諭・保母（当時）、公務員、民間企業へと就職して、社会に巣立っていきました。当時、全国の短大の卒業生の半数は「家事手伝い」と称する「花嫁修業」を選んだ時代に……。

　開学当時、山梨県の女子高校生のうち、4年制大学への進学者は100人のうち4人、短大へは9人。およそ8人に1人しか高等教育を受けていません。女の子が「大学に行くこと」また「他県に出る」ことのハードルは男の子よりずっと高かった時代です。意欲のある女の子たちに学ぶ場と職業人としての自己形成の場を新たに開いた「県短」は、以降地域の中核となる多くの人材を送り出して、公立女子短期大学としての役割を終え、2006年3月に40年の歴史を閉じ、同時に男女共学の公立4年制大学という新たな学びの場を提供することとなりました。

◆働き続けられる環境と女性の活躍の場

　男女共同参画の視点からすると、「県短」は学ぶ場としてだけでなく、「働く場」としても女性たちに道を開いてきました。開学当時の事務職員のうち女性は3名（2割）であったのが、年々増加し、30年後には8割が女性となっています。一つは山梨県職員の採用で女性の割合が次第に増えてきたこと、そして家事・子育てと職業の二重負担を背負いながらキャリアを継続したい女性たちにとって、県庁の他の部署よりは残業などの点で比較的働きやすい職場だったことがあるでしょう。

　県短で初めての女性係長誕生は1971（昭和46）年、前年に県の行政職員で初の女性係長となった小川春子さんでした。以後係長ポストの複数を女性が占めるようになります。そして開学30年にして初の女性事務局長はまた、県行政職の部局長クラスへの初の女性の登用となりました。このように、山梨の女性たちに社会への参画と行政での活躍の場を提供してきたことも、県立女子短大が果たした大きな役割の一つといってよいでしょう。

◆女性教員の比率が高いのはなぜか

　さて、教員組織はどうでしょう。開学時には3割に満たなかった女性教員の比率も、30年後には半数に近づき、全国的にも女性比率の高い短期大学となりました。教員の採用に関しても、当時の大学としては進歩的だったと思いますが、「全国公募」を行ってオープンに審査・決定されており、「女性はとらない」というような意図的な差別は感じられなかったと思います。私自身は、開学から11年目に心理学を担当する教員として公募で採用され、幼児教育科に着任しました。

　当時の県短の学科主任の教授が東京の自宅に採用決定の連絡をくれました。そのとき、私には1歳になったばかりの長男がいたため、「子どもが入れる保育所がどこかあるでしょうか？」とたずねたら、電話口の向こうで"絶句"されたのです。まさか小さい子どものいる女性が応募してきたとは思いもしなかったようでした。しかし、その後事務局が手配をしてくれて、9月の着任と同時に、子どもは保育所に通えるようになりました。

こうして、まだ大学院生であった夫が車を飛ばして週に1回甲府に来るという、"子連れ単身赴任・通い夫"の生活が始まりました。幼児教育科には、家事・育児をこなす共働きの男性教員もいて、子育て真っ最中の私に理解とサポートをくれる職場でした。一世代以上離れた先輩女性教員たちは、「いいわね、結婚しても子どもがいても自分のしたいことができるなんて。私たちのときは、仕事を続けようとしたら、結婚なんて考えられなかったもの」と言いつつ、応援してくれました。育児休業などなかった時代です。
　これまで30年余りずっと職を離れずに保育者の養成に関わってこられたのも、こういう先輩方のおかげであり、短大全体としてそういう雰囲気があったからだと感謝しています。

2　「地域への目」と女性の自立を願って

◆生涯学習の先進的取り組み

　「農村の花嫁」養成を期待された出発でしたが、県短は創立当初から"地域への目"を持っていました。地方公立大学として「社会や家庭にあって自己教育に励む人々の学習権を保障する」ことを重要な役割と位置付け、1969（昭和44）年、全国的にも早い時期に「大学開放講座」を開始したのです。
　また、1980（昭和55）年には「特別受講生制度」を導入し、正規の単位は不要だが学びたいという県民に無料で授業公開が行われ、その後にくる「生涯学習時代」の大学の地域開放の先駆的形態となりました。まだ自治体の生涯学習講座が充実に程遠い時代にあって、「大学で学べる」ことの価値は高く、県民が若い女子学生たちとともに学ぶ光景が日常となったのです。
　一方で、授業とは別に開講される「大学開放講座」が早い時期から「男性も受講可」であったのに対し、同一教室での受講となると、「男性の受け入れ」には学内で異論がありました。1989年の募集要項で初めて受講資格を「18歳以上の女性」から「18歳以上の者」に改め、「女性のみ」とする科目は別に表示する形になり、1994年の要項では「女性のみ」の表示欄も削除されました。15年の静かな「闘争」の成果です（248ページ、参考文献7）。
　教授会を説得するために他県の大学の状況を調べたり、この制度についての

受講生と教員のアンケートを実施したりしたエネルギーを思い、また意識を共有してともに動いた教員仲間がいたことを思うと、目頭が熱くなります。

◆全国でも早い「女性学入門」開講と双方向型講座の実施

「県短」の特別受講生制度の開始とともに、私も自分の授業をできる限り公開しました。社会人の方にも満足してもらえるような授業展開を考えるということは、大学教員としてとても貴重な経験でした。またせっかくの世代交流の機会なので両者が意見交換できるような話し合いの時間をとり、双方向的な授業方法を心がけたものです。これが私自身の生涯学習への関わりの基礎となったように思います。

1990年からは「女性学入門」が教養科目として開講されました（もちろん、授業公開もしました）。「女性らしくなるにはどうしたらよいか」を学ぶ科目だと思って受講したという学生もいたくらい、全国的にも早かったと思います。

その後、「やまなしウィメンズカレッジ」の実施（平成2、8、9年）を経て、1998年から県教育委員会との連携のもとに2005年まで「男女共同参画アドバイザー養成講座」を8年間実施しました。同類の講座は全国で行われていたと思いますが、大学が中心となっての長期連続講座はおそらく稀なケースだったでしょう。"県短スタイル"といってもよい独特の講座運営の基礎を作ったのは、米田佐代子・現「NPO法人らいてうの家」代表でした。

当時一般的だった「聞かせるだけ」の講座ではなく、参加型・双方向型の学習スタイルとし、課題解決型のグループ学習を積極的に取り入れました。この方法を実施するためには、講師と受講生をつなぐコーディネーターが必要となりますが、その役割を私たち教員が担いました。これは私にとってすばらしいトレーニングの機会となりました。長期の双方向型の講座を運営することは、あらかじめ決まった内容を用意する講演や授業とは勝手が違います。社会人であり、県内各地から明確な目的（たとえば自治体の女性プラン推進委員としてどう活動したらよいかわからないので、勉強しようというような）を持って集まった、それぞれの地元でいろいろな実績を積んでいる女性たちの学びへの要求水準は高く、どんな意見や要望が飛び出すかもわからないし、考え方も様々、しかも自分より年配の方々も多い。そういう受講生を相手にしては、若い女子学生に

"教えて"いる「大学教員」としてのそれまでのアイデンティティではやっていけません。

あらためて、自分の所属する公立女子短大の地域での役割、そして何よりも自分の立ち位置を考えるようになった——というよりは、「あらかじめ定められていたこと」が自然に自分の中で形になって、意識されるようになったような、いまふりかえると、そんな気がします。

◆地域づくりのコーディネーターとして

「男女共同参画アドバイザー養成講座」の開始と同じ頃から、"乳幼児期からのジェンダー・フリー"に関する取り組みが幼児教育科を中心に始まりました。この二つの事業の経緯は前書『0歳からのジェンダー・フリー』(248ページ、参考文献1)に詳細に記録されています。

二つの取り組みは数年間並行して実施されましたが、その活動の中で、大学は地域づくりのコーディネーターなのだと思うようになりました(もちろん人口90万に満たず、大学数も少ない県の公立短大という性格にもよるのですが)。大学の持っているネットワークを活かして、人と人をつなぎ、学びの場を当事者である地域の人々と共に創りだすことによって双方向の回路を開き、実践と研究を統合し、課題解決に向けた新たなネットワークを築くことができる——そういう「実験」でもありました。

県立女子短大とその教員が地域に発信できる回路は驚くほど多様でした。若い女性たちに自分のメッセージを伝えられる、その女性たちの多くは保育者になって乳幼児やその親たちに接する、そうでなくとも自分が親になって子育てをする、保育所や幼稚園の先生方とのつながりもあるし、保育者や保護者の研修会の講師にもなれる、生涯学習の場を通じて多くの県民とふれあうことができる、県・市町村の委員会などで行政に対して意見を言うことができる、そういう委員の方々の研修も計画できる、行政の担当者ともやりとりできる——私はやっと、「なんと幸せな場にいるんだろう」と悟ったのでした。

◆幼児にとっての生と死・性

私自身は、着任後かなり早くから、「性」の問題を授業の中でとりあげてき

ました。学生時代にちょうど日本での「ウーマン・リブ」の運動がおこり、「私のからだは私のもの」という主張は、妊娠や結婚生活を経験して自分が自分の体にまったく無知であったことを実感した私にとって、素直に共感できるものでした。

　乳幼児期の性教育に関心を持ったきっかけは、2歳の長男の「死ぬってどういうこと？」という問いでした。私はあまり深く考えずに、「暗くて何もなくなっちゃうの」という感じで答えたのです。彼はそれ以上聞いてはこなかったのでしたが、ある日保育所に迎えに行くと、ニコニコの笑顔で「あのね、死んでもまた赤ちゃんになって生まれてくるんだって！」と言うのです。私の答えは彼の求めていたものではなく、きっと保育者に聞きまわって、やっと満足のゆく答えをくれた先生がいたのでしょう。

　それからが大変！　次々と問いを繰り出し、答えるとまた問いになります。「ぼくは生まれてくる前は誰だったんだろう？」「お母さんが死んでも、またぼくが産んであげるよ」。そして、「赤ちゃんはどこから生まれるの？」「どうやって生まれるの？」も。「ぼく、自分がどこから来たかって、ずっと考えてるんだ。気持ちが自分のもとだってことはわかるんだけど…」とか。寝かしつけのときに泣きながら「人間て、どうしても死ななきゃなんないの？」と聞かれたときは、この幼い子ほど、生きること、死ぬことを真剣に考えてこなかった自分を恥じたものです。

　そして、山梨県内の保育所を通じて、性や生・死について幼児が保育者や保護者にどんな問いを発しているかを調査しました（1984 年）。子どもたちは、男女の身体的な違いや赤ちゃんのこと、そして死のこと、様々なことについて問いを発していました。自分がどこから来てどこへ行くのか——つい少し前、あちら側からこちらにやってきた子どもたちの哲学的な問いなのです。子どもたちに問われて、保育者や保護者がどう対応したか。データを分析してみて、そういう問いへのおとなの態度が、幼い子どもたちのジェンダー意識やセクシュアリティ形成に深く、深く影響しているのだと実感しました。

　男女平等実現の一番深いところでネックになっているのは「性」の問題だという認識はあったので、乳幼児期からの性教育を保育者になる学生たちにも関心を持ってもらいたいという思いで、授業に取り入れました。全国の保育者養

学生たちが作った幼児対象の性教育人形

成校の中で、こういう授業をしていたのは、おそらく県立女子短大だけだったでしょう。

　教材とする性教育絵本の歴史を調べていくうちに、70年代の初め、北沢杏子さんがやなせたかしさんとつくった性教育絵本がマスコミに大きく取り上げられ、女児の外性器の呼称（当時は「われめちゃん」としていた）や父母の裸や卵子・精子のイラストなどへの批判、そもそも幼児に性教育とは何事だというような議論が起きたことを知りました。「本能だ、自然に体得」といいながら、家庭ではすでにそれと意識せずに様々な性や性別に関する情報が乳幼児のうちから与えられているのに…。

　私が幼児期の性教育を授業に取り入れ始めた80年代中ごろには、すでに保護者用ではなく、幼児を対象とした、直接幼児自身が手にとって見るための性教育絵本もかなり出版されるようになっており、学生たちの教材研究に役立ちました。ペープサートや紙芝居、絵本、人形などを手作りし、それを使った保育プログラムを考え、発表するという授業でした。

◆**性教育に接することがなかった学生たち**

　着任間もないころの、幼児期の性教育も取り上げた10人くらいの授業でした。授業の最後に「性に関して知りたいことがありますか」と聞いても、みんな下を向いて答えません。それで無記名で書いてもらうことにしました。そのなかに「赤ちゃんができないようにするにはどうしたらいいですか」というも

のがありました。30年前のことです。それから「避妊」について話すようにしました。

あるとき、冗談のつもりで「女性の下半身に"開口部"はいくつありますか?」と学生に質問しました。みんな顔を見合わせて、指を立てながら隣同士話しています。その中に2本指を立てている学生がいました。「二つと思う人、手を挙げて」というと、何人かの手が挙がりました。愕然とした私は黒板に図を描いて説明しました。

学生たちの無知は彼女たちが悪いのではありません。まともな性教育がされてこなかったからなのです。とくに女の子は、外性器に注目することを禁止されています。もともとその部位は名前さえないことが多いのです。前述の山梨の調査では、「女の子の外性器を何と呼んでいるか」という問いに対して、男の子の場合は「オチンチン」「チンコ」などが多かった。でも、女の子の場合は、「そこ」「あそこ」などの代名詞、また「名前はない」という回答がとても多かったのです。名前がある場合も、挙げられた言葉は男の子よりずっと多様でした。

つまり、男の子の外性器は口に出せる"共通語"があるけれど、女の子の外性器は"口にできるようなものでない"から、それぞれの家庭での言い方にとどまり種類が多くなるのだと思います。女児の外性器の呼称は、そのまま「性交」も意味していて(つまり、女性の外性器はあくまで男性の視点からしか位置付けられていず)、口にしにくいということなのです。そして女の子は「オチンチンの**ない子**」として位置づけられてしまいます。

だから、保育園に通う息子が「あっこちゃん(同じクラスの女の子)が**オベッチョのない子**はピンクレディー(女性2人組のアイドル歌手)は踊っちゃだめって言った」と訴えたとき、思わず快哉を叫びたくなりました。女の子が「オベッチョの**ある子**」と定義されているなんて、すごい!

でも、多くの家庭ではそうではありません。幼い子どもにとって、名前のないものは存在しないと同じことなのです。そのまま大きくなって、自分が知らないものを相手に任せていいのでしょうか? 女性の「性的自立」など程遠い話です。

このこと以来、毎年、学生に同じ質問をしてきましたが、つい最近も「二つ」

と思い込んでいた女子学生がいました。肝心な情報とメッセージが若い人たちに届いていないのです。男女共学になってから、「性」をテーマにして話すとき、同性の女子学生だけを相手にしていたときとは異なる配慮がいり、難しさもありますが、まだまだ発信が必要なのだとあらためて実感しました。

3　「ジェンダーに向き合う保育専門職の養成」事業から

◆「保育所保育指針」の改定

　2001年度文部科学省委嘱事業「0歳からのジェンダー教育推進事業」として実施された「やまなし『男女共同参画社会をひらく　乳幼児期からのジェンダー・フリー教育』研究・啓発事業」(248ページ、参考文献1)では、山梨の保育の場で「女の子らしく・男の子らしく」「女の子は〜・男の子は〜」というジェンダー・バイアスが意図的ではなくとも保育行為にかなり含まれていること、また幼児自身の言動にも表れていることが把握されました。

　そこで、養成校として保育者を送り出す自分たちの養成課程で、学生たちがジェンダーについて学ぶ環境がどうなっているか、ジェンダーに敏感な視点を持った保育者を養成するのに有効な学習環境となっているか、あらためて検証することにし、2004年度の日本保育学会課題研究「子育てとジェンダー」に幼児教育科の教員5名の共同研究として応募し、採用されました(「ジェンダーに向き合う保育専門職の養成」事業、2004〜05年)。

　男女共同参画社会基本法の制定された1999年には、**「保育所保育指針」**が改定され、「保育の方法」に「子どもの性差や個人差にも留意しつつ、**性別による固定的な役割分業意識を植え付けることのないように配慮すること**」と明記されることとなりました。

　このことは、日本の保育史において画期的なことです。そういう背景もあり、保育者と研究者が一堂に会する貴重な伝統のある日本保育学会で、初めて「ジェンダー」を学会の取り組むべき課題として取り上げたのです。ともに保育という分野での「ジェンダー問題」が"公認"されたという意味がありました。

　仕事量の多さから、応募をためらっていた私に、同僚の高野牧子さん(身体表現が専門)が「やりましょう！　私たちが出せば絶対通るから。だって実績

があるんだもの」と背中を押してくれ、学会から予算がくることになったのです。

　高野さんは県立女子短大に着任して初めて「ジェンダーの視点」にふれ、それまで幼い子どもの身体表現の指導で女の子には「かわいい！」、男の子には「かっこいい！」というほめ言葉を使っていたのが、そういうジェンダー・ステレオタイプを避けようとして、何と言ったらいいか戸惑いつつ、だんだん子どもたちの本当に素敵なところを見つけて具体的にとりあげ、ほめてあげるようになったといいます。自分より若い世代の同僚の、そういう変化はとても嬉しいことでした。彼女がいなかったらこの事業の実施は難しかったでしょう。

◆大学全体のジェンダー学習環境

　2000年度からは、このような「保育所保育指針」の内容を明確に表に出し「乳幼児心理学演習（保育とジェンダー）」という科目名称としました。

　日本保育学会の課題研究で調査したとき、幼児教育科の学生たちが受講できるジェンダー関連事項を扱っている科目は24科目にのぼりました。その内容は、保育者論、保育現場でのジェンダー・バイアス、人権問題としての性差別、男女共同参画社会、職業・恋愛・結婚とジェンダー、人種・性に対する偏見のない保育、ジェンダー・フリー教材を用いた身体表現、父親の子育てへの参画、幼児期の性教育、老年期の性愛、同性介護など多岐にわたっており、一人の学生が8～12科目以上の授業でジェンダーに関する学習内容に接していました。

　たとえ授業の一部であっても、ジェンダーというテーマにふれる機会が広範にあるということ、また、担当者に数人の男性教員が含まれていたことは、学生にとって大きなメッセージ性を持ったはずです。また小規模大学であるため教員との接触度も高く、子育てに積極的に関わる男性教員や様々な生き方を選択している女性教員自身が、メッセージを発する媒体になっていたでしょう。いわば"ジェンダーに敏感な視点"を育てる方向での「隠れたカリキュラム」が、当時の県短のジェンダー学習環境の背景となっていたのでした。

◆「不快」に意味が与えられて──ジェンダー学習がもたらしたもの

　入学前にはジェンダーに関心がなかった学生たちも、ほとんどは入学後関心

を持つようになります。「きっかけ」は圧倒的に「授業」であり、大学の授業の中でのジェンダー学習の提供が大きい影響を持っていることが確認できました。高校時代に関心を持っていた人は入学後いっそう関心を持つようになります。入学前の関心のきっかけの多くは学校、家庭、異性との関係の中での疑問や不快をもたらした自身のバイアス体験です。

* 高校時代、女が家事をするものと決め付けるのがおかしいと思うようになって関心を持った。入学後今まで自分が普通にしてきたことが、男女差別だったとわかった。
* 大学進学時に、弟は「男だから4年制大学に行かせたい」、私は「県内での進学」との条件にすごく不公平を感じた。それがきっかけで県立短大のジェンダーに関する取り組みに関心をもった。授業を通じて、子どもの頃からの意識付けが大事だと知ったので、どのように伝えていくかが今後の課題だと思った。
* ジェンダーの授業を受け、さらに女子短大に入ったから余計に関心をもった。実際に保育園に行ってみた時に「男なんだから〜」「女の子は〜」という声が子どもからも生まれていて、こんなちっちゃい時からジェンダーって始まっているんだと思い、子どもの中のジェンダーについて関心をもった。

大学の授業を受け、「ジェンダー」という枠組み・視点を知ることによって、

> ① 初めて自分の疑問や不快な体験に「意味」が与えられる経験をする。
> ② "Personal is political." が理解される。
> 「自分だけがおかしいと感じているのではない、これは社会的な問題なのだ。」

単に知識ではなく、新たな「視点」として提示されることが、学生にとってはインパクトとなっていたのだと思います。

保育現場での実習・観察体験の役割も大きいでしょう。「ジェンダーの視点」を知ったうえで実習に出ると、

> ① 授業で学習したジェンダー・バイアスが、保育者の言動、子どもたち自身の言動の中にあることを直接体験し、あらためてジェンダーについて考える機会となる。
> ② 一方、ジェンダーにとらわれていない子どもの姿やジェンダーに配慮している園での実習経験は、これまでの自分の認知枠からはずれる新鮮なものとして強い印象を与え、また現象によっては、それへの賛否について自分の態度を問われる経験となり、いずれにしてもジェンダーをより深く考える機会となる。

図1　ジェンダーへの関心と大学での授業の役割

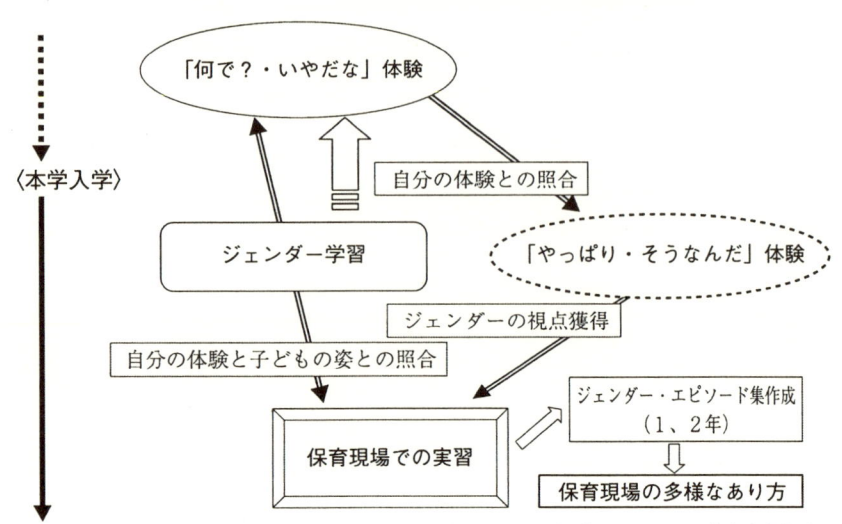

〈本学入学〉

「何で？・いやだな」体験

ジェンダー学習 ← 自分の体験との照合

「やっぱり・そうなんだ」体験

ジェンダーの視点獲得

自分の体験と子どもの姿との照合

保育現場での実習

ジェンダー・エピソード集作成（1、2年）

保育現場の多様なあり方

＊池田政子・高野牧子・阿部真美子・沢登芙美子・池田充裕「ジェンダーに向き合う保育専門職の養成」（2005年12月）『保育学研究』、43(2)、131-141より。

表　日本保育学会課題研究の実践プログラム

1. 幼教ゼミ（総合演習）／「子どもに伝えるジェンダー」分科会
   幼児に「ジェンダー・フリーを伝える」ペープサート（シナリオ、人形）の制作6場面：パパのお料理／しゅんはピンクが好き／みんなでサッカー！／どの楽器がしたいかな／今日のお迎えは？／日曜日のお洗濯
2. NWEC（国立女性教育会館）でのワークショップに参加
   「赤ちゃんだって、自分らしく生きたい！：0歳から始まる男女共同参画の地域づくり」
   幼教ゼミで制作したペープサートの示演と感想発表
3. NPO法人子育て支援センター「ちびっこはうす」での示演
   就園前の幼児（24ヶ月前後）とその母親11組／母親の感想・意見を聞く
4. 認可保育所チャイルドルームまみいでの示演
   5歳児13名／園長、保育士2名からの助言・指導
   子どもたちへの問いかけ　⇒　2種のカードによる子どもたちの意見表明
5. ジェンダー・フリーのリーフレット制作
   実習体験で収集したジェンダーのエピソードを材料に、保育者志望の学生対象リーフレットを制作（学生から学生へのメッセージとして）

ジェンダーの視点を知ったうえでの実習や観察は、ジェンダー・バイアスが保育者や幼児自身の言動の中にあることを直接体験するとともに、自分の生育史の中の体験との照合が行われ、あらためてジェンダーについて考える機会となるのです（図1）。

◆どんな学習をしたか

日本保育学会の課題研究では、大学内での学習のみでなく、学生自身が地域の現場へ出かけて行って、幼児・保護者・保育者と交流する前ページ表のようなプログラムを2004年7月から始めました。

◆幼児向け教材を作ってみて──学生の感想と気づき

＊みんなで作り上げたものをたくさんの人の前に立ち、発表することの楽しさを知ることができた。ジェンダーを子どもにわかりやすいように表現するのは難しかったけど、いろいろな伝え方があるのだと思った。
＊ジェンダーについてあまり深く考えたことがなかったので、どんなペープサートにするか話し合いをしたときに、今まで何気なく生活していた中で、たくさんのジェンダー・バイアスがあることに気づいた。

学生たちは、グループ作業の中で、頭では学習してわかっていると思っていても、自分の考えを形にして幼児に伝えることの難しさと作業の楽しさを味わい、その作業の中で、それぞれの経験を持ち寄って、話し合うことにより得られる気づきを体験し、ジェンダーについての意識化や課題化を深めていきました。

さらに、自分たちのペープサートを示演して感想発表したヌエックのフォーラムでは、ジェンダー問題に関心の高い全国からの社会人と出会い、様々な取り組みにふれるなかで、「ジェンダーの問題は、とても深い問題なのだ」と実感しています。

◆子育て支援センターでの示演および母親たち・支援者との話し合いで

＊お母さんたちが意外とジェンダー・フリーに対しての思いを持っていてびっくりした。それは「ちびっこはうす」でジェンダー・フリーを伝える活動をしていることも大きいと思う。やはり**少しずつでも伝えていくことが大切**だと思った。お母さん方だけがその思いを持っていても、夫や子どもの祖父母、幼稚園や保育園での影響がとても大きいことをあらためて感じた。自分が保

学生が演じるペープサートを見る母親と
子どもたち（「ちびっこはうす」にて）

育者として子どもに接するときに、隠れたメッセージのことまで考えた上での保育がとても大切だと思った。

　自分たちが保育者として接することになる子育て真っ最中の母親たちは、どんな意識を持っているんだろう？　自分たちが作ったシナリオはどう受け止めてもらえるんだろう？　学生たちは、心配を抱えながら演じました。
　NPO法人子育て支援センター「ちびっこはうす」は文部科学省の委託事業（248ページ、参考文献1）でも協働した子育て支援の場であり、宮澤由佳さんたちの取り組みが少しずつ日常的に浸透していたのです。「少しずつでも伝えていくことが大切」と、人々の意識を変えていくための活動の意義と効果を学生に実感させてくれた宮澤さんに感謝したいです。
　ここでの体験は、子どもたちのジェンダー意識には様々な場・人々の影響があることを感じ取り、保育の場、家庭を含む地域社会へと、ジェンダーを考える視野の広がりを学生にもたらしてくれました。

◆保育所で子どもたちにペープサートをやってみて
◎「いいお嫁さんになれるね」って…？
　　＊子ども達のたくさんの意見を聞くことができ、とても勉強になった。子ども達は本当に素直な意見を持っており、私達が予想もしなかったような考えが

たくさん出て驚いた。そして自分の今の状態や体験したことよりも、家庭や保育現場、メディアからの**ちょっとした情報**が、**子どもの無意識なところにジェンダーバイアスをかけている**ことを知った。少しずつ**家庭との連携をとりながら、多くのことを経験させてあげることの大切さ**を改めて感じた。
＊質問の場面では、園での努力があり、子ども達のジェンダー意識はそれほど感じなかったものの、シュートは男が決めた方がいいという意見が出た"サッカー"、男の先生がいたら一緒にしたいものにあがった"野球"や"相撲"等はテレビの影響があったり、家庭の影響もあり、ジェンダーが生まれてしまうのだと感じた。また、体験の重要性についても考えさせられた。

　チャイルドルームまみい（現・社会福祉法人成島　まみい保育園）も前回の事業で協働した保育園です。乙黒いく子園長が快く学習の場を提供してくれ、ペープサートを見て子どもたちの考えを聞く場面で意思表示をする道具として、リンゴとブドウの模様を描いたものを用意してくれました。
　子どもたちに理由をインタビューする場面で、とても印象的なことがありました。「みんなは、お手伝いをするかな？」と問いかけたときにある女の子が「お料理するとき、切ったりする」と答えてくれました。そのとき、学生は「いいお嫁さんになれそうね」と応じたのです。意欲的に授業に取り組む学生だったので、私もはっとしたのですが、学生自身が一番びっくりしたようです。

＊「いいお嫁さんになれそうね」と、コメントに困ってつい言ってしまったが、そうやってとっさに出てきてしまうほど、**自分の中に染みついている**のだと気づいた。**自分の中のジェンダー観を見つめ直すいい機会になった。**

　当たり前のことですが、子どもたちが様々な意見、考えを持っていることを直接的に確認したことは大きな意味があります。また、学習しているはずなのに、バイアスのある"常套句"を思わず言ってしまったことで、ジェンダー意識形成の深さについて実感したことは、学生にとってだけでなく、私にとっても大きいことでした。
　終了後、保育者との話し合いの場を持っていただきました。ジェンダー・フリーの取り組みをしていた園でしたが、サッカーを園でしたことがありません。それで、サッカーについては「シュートは男が決めるべき」というような考え

元気よくペープサートを上げて、自分の考えを示す子どもたち（チャイルドルームまみい〈現・社会福祉法人成島　まみい保育園〉にて）

が出てくるのだと、学生たちは了解しました。"女児・男児がいっしょにする"ことを経験していないことは、外部のバイアスの影響を受けやすいということを知ったのです。「体験」がとても重要であるという感想は、自分たちが見た子どもの姿の背景にあるものを補ってくれた保育者のコメントがあったからこそです。

　自分の考えを形にして幼児に伝えるための共同作業をし、子育て、子育て支援、保育の当事者である人々、子どもたち自身に、自分たちの考えた"ジェンダー・フリー"のメッセージを対面的に発信し、その当事者の多様な反応や感想・考えを直接受け止める経験によって、学生はジェンダーが、単に子どもと保育者、子どもと親の間の問題にとどまらず、より広い背景を持っていることに気づいています。そこから"社会"に対して視野が広がり、人々の意識を変えていくためには様々な立場の人との連携や幼い頃からの教育の重要性を感じ取っています。ジェンダー・フリーを目指して実践している人々と接することで、たとえわずかな変化であっても、行動することの意味を実感できたことは、学生が保育者としてジェンダーに敏感な視点での保育を自ら実践しようとするとき、大きな力になると感じられました。

◆リーフレットを作って──県立女子短大から県立大学へつなぐ

　実習中に学生たちが体験した子どもたちのジェンダーに関わる姿、保育者の保育行為を材料に、先輩学生から後輩へのメッセージとして、ジェンダー・フリーの保育を考えるリーフレットの作成をすることにしました。1年生の学生3人が編集をしてくれ、手書きの原稿が出来上がりました。「保育者になりたいあなたへ…　子どもたちは無限色　～ジェンダーフリーの保育をめざして～」がそのタイトルです。今でもこのタイトルを素晴らしいと思います。そうだよ

ね、みんな一人ひとり違った色なんだよね。

「大学生活の中で一番努力したものと言えるくらい、努力の結晶」と学生の一人は出来上がった達成感を述べています。2005年度の2年生は、山梨県立女子短大幼児教育科の最後の学生として、山梨県立大学人間形成学科の1年生を迎えました。新入生に配布し感想を求めたところ、「普段難しく考えてしまっていたが、身近にあるんだと気づいた」「今までおとなの問題としてジェンダーについて考えたことはあるが、子どもの目線でとらえることは少なかった」と保育者としての視点をもたらし、好評でした。

一方、2年の同級生からは、「これがジェンダーだとわかりやすくするためには、性別がわかりやすいほうがよいという矛盾点・問題点がある」という指摘がありました。イラストを描くとき、たとえば言葉で説明せずに男性保育者とわかってもらうためには、髪形やエプロンの色などを「男性」のステレオタイプに合わせて描かないとならないという現象です。こうした鋭い指摘ができることこそ、ジェンダーの視点でいろいろな事象について吟味できるような姿勢が形成された結果でしょう。

このリーフレットは、県立大学のオープンキャンパスなどで高校生に配布し、人間形成学科の新入学生にも配り、新設された科目である「保育とジェンダー」の教材にもなって、後輩たちに伝えられています。また私が近隣の長野県や静岡県、東京都ばかりでなく北海道や九州で保育者の方々の研修会を依頼されたとき、必ず配布し、紹介しました。学生たちの学習の成果が、山梨県以外でもいろいろな立場の人々に手にとってもらえることは、とても嬉しいことです。

◆ジェンダーを学ぶことの意味

このようなジェンダー学習をした学生たちに、自分が「保育者」になったらどんなことに配慮したいかをたずねたことがあります。多くの学生が、「バイアスを含む言葉かけをしない」「教材の色、整列や席、作業などを男女で区別しない」ことを挙げていましたが、さらに課題意識を深め、次のように書いた学生もいました。

＊子ども同士のバイアス発言を見逃さない。
＊遊びを性別で決めつけず、どんな遊びもみんなでやりたい。

＊保育室にバイアスを含んだものを置かない。
＊子どもに将来の夢について話すとき、性別にとらわれない教材を使う。
＊家庭への要望を母親のみでなく、父親にも必ず伝える。
＊「お母さんに洗濯してもらおう。お弁当を作ってもらおう」などと言わない。
＊性別より、個性を尊重する。
＊普段の生活の中で子ども一人一人の気持ちを受け入れていれば、性別で区別することはなくなる。

　それぞれの学生が具体的な保育行為を想定しながら自己確認し、父母への態度もジェンダー・ステレオタイプを子どもに伝えてしまうことがあることに気づいたり、「個性」や「一人一人の子どもの尊重」というような、より普遍的な原則へと気づきを昇華させている点が重要です。

　学習の中で自分の成育歴もジェンダー視点で振り返る機会を得たことは、学生たち自身の生き方について、どんな影響があったでしょうか。もともと保育者を志望する学生たちは伝統的な性別役割観が強いと言われていて、私も自校の女子学生たちにそういう傾向があると感じてきました。「お母さんが働かなければならない、かわいそうな子どもたちを自分がみてあげる」というわけです。

　山梨県のある短大の保育系学生の調査結果では、99％の学生が「仕事と家庭の両立」を希望せず、結婚・出産で退職し、子育てが終わったら再就職というキャリアパターンを希望し（84％）、専業主婦希望者も28％ありました（澤井論文、248ページ・参考文献8）。それに対し、県立女子短大の学生は、34％が就業を継続する「両立」パターンを希望し、子育てで中断・再就職が38％、専業主婦13％であり、他大学の学生よりは職業志向が強く、選択肢が多様でした。

　「子どもが小さい時は母親が家庭で育てないと問題が起こる」という「三歳児神話」が「神話」にすぎないことを示す実証研究のデータを授業で紹介してきましたが、学生たちへの刷り込みは根深いものがあります。ジェンダー学習をすることによって、保育者として子どもや保護者に対してはジェンダーの視点から配慮する意識が形成されているのに、自分自身の生き方を考える視点として学生自身のエンパワメントに活かされるためには、もっと深い学習が必要

なのです。

4 保育の現場に出てみると

◆卒業生の職場体験座談会

　恵まれた（？）ジェンダー学習環境で学んだ学生たちが、保育者として実践の現場に出ていきます。そこでどんな体験をするのでしょうか。学んだことは、現場で活かされているのでしょうか？　私たちは2001～04年卒業の同期生4グループ（計16名）に座談会形式でインタビュー調査をすることにしました。

　「県短て、ジェンダーとかやってるんでしょ？　私は、ジェンダーなんて大っ嫌いなの」と面と向かって年長の先輩に言われた卒業生もいます。せっかくの学びを活かせるかどうかは、一つには当然のことながら、出ていった「現場」のあり方に大きく左右されていました。

①**ジェンダー・バイアスに無関心な職場では──**
　＊年配の先生、力がある先生ほど「男なんだから、そんなことしないの」なんてすごく口にします。でも1年目だし、その場で「いや、男だからというのはよくないじゃないですか」とはとても言えないです。だから自分は言わないようにしようと思っているけれど、ジェンダー・バイアスのある言葉がいつも耳に入ってきて、だんだんありふれた言葉になっていて、《耳慣れて》しまうから、言わないようにしようと思っているのに、ポロッと言ってしまったりするんです。
　＊例えば、ある男の子が「男の子だから泣いちゃダメよ。」などと言われた時、私の所に助けを求めに来たら、もうこっそり、「泣いてもいいよ」と…。その程度の反抗しかできないです。
　＊私が女の子から「お名前は？」と聞いたら、主任の先生が「先生、違う。男の子から」と言われました。
　＊体育着と制服があるのですが、体育着が女の子がえんじ色の体育着で、男の子が紺色の体育着です。制服もリボンの色が違って、女の子がえんじ色のリ

ボンをして、男の子が紺色のリボンをしているというのがありました。結構、そういう色の違いなどで疑問に思っている先生はいました。「これはおかしいよね」という話は出ますけれども、「それはもう園長が決めているところだから、そこら辺はしょうがないよね」という話でした。

何十年の慣習はあらためて考えるべきことではなく、"決まりごと""当たり前"として見過ごされています。しかし、キャリアの浅い保育者がこうした慣習について真正面から反論はできず、「自分の意識だけは持ち続けよう」と努力している様子がうかがえました。

②ジェンダーに関心の高い職場では──
* 「男の子、女の子、並びなさい」というのは、ただ保育者の立場から、子どもをいかに早く動かせるかというような、こちらの都合ではないですか。ただの理由というか。押しつけみたいな感じで……と、職場に出てみて思いました。うちの保育園は人数が1クラス12～13人なので、「男の子並びなさい」と言っても3人ぐらいなので、1列に並んだほうが早いです。
* 男の子だから、女の子だからというのはなくて、一人一人の子どもを見るということで、普通に私服で登園しています。そのほうが、「あ、あの子だな」というのがすぐわかります。スモックを着ていると名札を見ないと、「あれ？」と。みんな似たような格好になってしまうけれども、私服だとその子がわかるから。
* 保育を高める研修が毎月あって、順番でいろいろなことをテーマに取り上げています。私が担当の時、ジェンダーのことをみんなで学ぼうと思って、大学の時の資料をコピーしてやりました。園長先生にもチェックシートをやってもらう中で、やはり保育者全員、園長も同じ意識で「ああ、こういうことは、いけないんだね」と言いながら話し合えたのはすごくよかったです。

最後の例は、卒業研究もジェンダーをテーマにした学生です。保育現場は多くが少人数の職場であり、園長や主任の考え方に左右されるところが大きいのです。園長がジェンダーに関心が高い園では、性別を子どもたちを動かす道具

として用いないことが園の方針として定着しています。さらに園環境を見直し、ジェンダーについて園内研修を実施するなど、積極的に保護者への働きかけもしています。

◆管理職や保護者とのやりとりで

　ある卒業生は、園長と個別面接をしたとき、「大学でやってきたことも、この園に入ってギャップがあると思うけれど、長く続いていると流れができてしまうことがあるので、先生のそういう新しい考えは持っていいんだよ」と言われ、自信を持ったと語っていました。

　ジェンダーに限らず、管理職が新しい知識を取り入れたり、人材を育てる意識を持つことによって、個々の保育者は大学での学びを自由に実践に活かし、また実践から学んだことを見直したり、深めたりすることができるのです。卒業生の実践を支援するためにも、大学は保育現場や地域への発信を続ける必要があります。

　管理職や同僚との葛藤以外に、保護者への対応に悩む卒業生もいます。その中で、保護者に働きかけて「味方」にし、現場の「先例」を突破してしまう卒業生もいました。

* 保育の中では結構実践できつつあるので、今度は保護者の方に対してももう少し強気に出られたらとふだん思いながら、まだだめです。例えば、「男の子だから、やっぱり車が好きなのよね」とか、男の子がキティちゃんのものをほしいのに、お母さんが「あなた男の子だから」というふうに強く言ったり、「うちの子はピンクが好きで困るんですよ」という時、お母さんたちはとにかく強いので、「まあ、いいんじゃないですかね」ぐらいしか言えない。もう少し強気にいけたらな、うまく言葉をかけてあげられたらなと思います。
* 運動会の衣装の色など、就職1年目は自分だけの判断ではいかないので先輩の先生に相談すると、「そうね、男の子は青で、女の子はピンクがいいじゃないね」とさらっと出てくる。2年目で主担任になった時には、若いお母さんたちはあまりそういう意識はないので、さりげなく「でも、色もいっぱい使いたいので、子どもたちやお母さんたちに選んでもらうといいと思います」

と先生たちに言ったら、「ああ、それもいいわね」と。6色ぐらい作って「ここに置いておくから選んでください」というと、いろいろな子がいろいろな色を着ていました。結局、「いっぱい色も使って、かわいかったわね」とお母さんたちも喜んでくれて、主任の先生もそう言ってくれたので、よかったです。

おわりに

「保育するというよりも行事のために何かをする方が多くて。そんなことやってられないんだよ」とある卒業生は語っています。保育現場は今、多くのことを要求されています。子どもだけでなく、多様な「家庭への支援」もしなければならない。日々の対応に追われて、なかなか保育の慣習を見直す機会も作れないというのも、また現実なのです。

それでも卒業生たちは、自己改革だけに留まらず、保護者の方への対応、さらに園内研修で同僚や園長先生へ、家庭で夫や家族へ、趣味の仲間へと、大学での学習をより広く伝えている状況が頼もしく、保育者の養成校として果たしている役割の大きさを再認識させられました。

一方で、新人の保育者がすでに慣習となっているジェンダー・バイアスを指摘して、保育行為や環境を園全体の問題として変革していくことは、「男女共同参画社会」の実現への確実な一歩ではあるけれど、他の章にも書かれているとおり、強い意志と大変なエネルギーが必要です。知識の学習のみでなく、ジェンダーの視点を一人の人間として、女性として、広く自分の生き方に関わる問題、社会のあり方の問題としてとらえられる意識形成と、それを集団の中で具体的な変化に結びつけていける発信力やリーダーシップ、他者とのコミュニケーション力といった基礎的な力を育てる教育をしなければならない——これが、日本保育学会の課題研究を終えたときの、私たちの結論でした（248ページ、参考文献9）。

♪似顔絵作成　米山実夏（山梨県立大学人間形成学科）

【保育園の現場から】

子どもの成長には「待った」はない
ジェンダーを考え続ける保育園で

乙黒いく子（社会福祉法人成島 まみい保育園園長）

まみい保育園の概要

所在地……中央市成島1072-1
園児数……定員90名（在園児114名）
職員数……22名
理　念……地域の中で、その子らしさを大切に養護と教育を行う
保育時間……午前7時30分～午後7時（延長保育時間含む）
子育て支援……ひろば型、2か所

　JR甲府駅から車で南西に30分、周りは田んぼや畑が広がり、富士山も南正面に見える、自然豊かな場所にあります。近年は、わずかながら人口増の地域であり、園児数も増加傾向にあります。

1　園全体で取り組んだジェンダー研修

　共働き家庭を支援したい、と一保育士だった私が1985年に開設した認可外保育園「チャイルドルームまみい」が認可園となったのは2001年。そのころ「ジェンダー」という言葉はもちろん知っていましたが、自分の園とどうかかわるか、はあまり考えていませんでした。
　その「ジェンダー」にかかわる事業に私が協力するようになったのは、2000年の山梨県立女子短期大学（現・山梨県立大学）での男女共同参画アドバイザー養成講座で、受講生のための託児保育者という立場からです。

ちょうどそのとき、私は社会人学生として短大にお世話になっていました。社会の変化のなかで保護者や子ども、家庭のあり方が変わりつつあることを保育現場で感じていた私は、今の養成校の学習内容に興味を持っていて、「もう一度学びたい」と思っていました。

　また、保育士資格はあったのですが幼稚園教諭免許の取得もしたいと思っていました。そのような背景もあり、2001年、文部科学省委嘱事業「0歳からのジェンダー事業」を「保育園の立場から一緒にしましょう」と池田政子先生からお誘いを受けました。

　2001年度に園で行った事業は9つ。思いつくことを手当たりしだいやる、という状況でした。すぐに私が行なったことは、園児の持ちものの観察や、園内の様子や物品を写真に撮ること。すると、男の子はブルー系、女の子は赤やピンク、と色がきっぱりきれいにわかれているのです。園内の子どもたちの紹介掲示物の紙や文字の色も男の子は青、女の子は赤で書かれています。日常何気なく見ていたものを、写真に撮ったり、意識して観察することで、ジェンダーバイアスがいかにかかっているか、とてもよくわかりました。

　また、寸劇やペープサートを使った性別役割分担への気づきなどを、保育士研修や保護者向けのワークショップでやりました。（『0歳からのジェンダー・フリー』、本書248ページ・参考文献1）

2　父親の参加を促す手法

　もともと私は父親の育児参加は当然であると考えていました。保育参加や保護者間の交換日記などをいち早く取り入れていましたが、十数年前はまだまだ、母親中心の育児でした。父親たちが保育園に出向き保育士たちと話したり、我が子だけでなく他の乳幼児の様子も知ってほしい、と考えました。

　そこで、父親たちの本音を引き出すために「父親と保育士の懇親会」を開いたり、その成果もあって「パパ友の会」が発足し事業の企画をしました。そして、親子ボーリング大会やバーベキュー会、ママお出かけ・パパ守番などを実施してきました。それらの事業は伝統になり、今も継続されています。2013年の今の様子ですが、「パパ友の会」の事業が定着し、新入園児パパたちも、

父親の育児参加や園への行事参加は園の方針として受け入れられているようです。

3　継続が大事

2001年の「0歳からのジェンダー事業」で、子どもたちが、大人の何気ない言葉や仕草、また、視覚的環境からも「男の子らしさ」「女の子らしさ」を刷り込まれていくことがわかってきました。当園は開園のときから男女の隔てなく保育をしているつもりではありましたが、意識されていないジェンダーバイアスもあったことは事実でした。

この事業後、はっきりと「保育方針」に「ジェンダーフリーの保育園」という一文を入れています。保育士は日々、「これはジェンダーバイアスがかかっていないか」と注意しながら保育をしています。

先日も生活発表会で「一寸法師」の出し物をすることになりました。台詞に「僕は男だ、強いんだ」という言葉があり、「この台詞は（ジェンダーの問題として）どうだろう」という意見がありました。「物語に忠実に」という意見もありましたが、「私たちは男の子だって女の子だって強くていいことは承知している。しかし、観ている子どもや保護者には、男＝強い、というメッセージとして伝わるのではないか」ということになり、「僕は賢い、知恵がある」と台詞を変えました。

もともと、子どもの世界はジェンダーフリーだと思います。女の子が鬼役を望んだり、男の子がピンクの服を着ることに抵抗がありません。保護者にも、このような子どもの様子を見ていただきながら、さりげない啓発活動を続けていく、発信していくことは大切です。長時間子どもと生活を共にする保育士は、ジェンダーを意識して子どもへの刷り込みに注意した保育を心がけるべきでしょう。

4　男性保育士とジェンダー

保育士としての男女の性に関する部分になると、迷路に入ってしまう感じが

あります。

　当園に7年勤務の男性保育士が一人おりますが、彼は男性保育士の採用を願っています。過去には当園にも何人か男性保育士がいたのですが、それぞれの事情で退職しています。退職理由の一部に女性の私には考えにくい、教育の現場には不適切な行動も含まれます。「園児への受け狙い」なのか、プライベートゾーン（水着で隠す部分）を露出する、といったことです。

　また、性的嗜好の問題もあります。先日は県内の男性保育士が児童ポルノ提供の容疑（保育園の子どもの写真ではなかったが）で逮捕されました（児童買春・児童ポルノ禁止法違反。児童福祉法に基づき県による保育士登録の取り消し）。このような事件が起こると、一部の人が犯した犯罪とはいえ、残念ながら男性保育士の採用には躊躇せざるを得ません。女性保育士によるこのような事件の例を知りません。

　そのような心配はあっても保育の現場に男性保育士は必要と思っています。子どもたちは男性保育士が好きですし、園内に男性保育士の姿や声がすると保育園という小さな社会のなかで人的なバランスがあるような安心感があります。

　また、父親たちは「懇親会や行事で男性保育士がいると保育園との距離が近いように思える」と言います。職員会議で父親でもある男性保育士から「お父さんたちは、こう考えるのではないか」というような意見も貴重です。

　私たち女性保育士は、そこで男性保育士を同僚・専門職として接しているのですから、性的嗜好まで理解できるはずもありません。ときおり、性的な犯罪報道を知ると戸惑うだけで確かな対策や予防の術がわからない状態です。だから、保育の現場から男性保育士を排除するということにはならないでしょうが、リスクにはなります。

　そのように考えると、男女共同参画社会における保育士という仕事のジェンダーフリーはあるのでしょうか。男性保育士に理性だけを求めることにより解決するのでしょうか。

　保育の現場では、言葉ですべてを訴えたり、拒否行動が完璧にできない乳幼児はとくに性的被害から守られなければなりません。

　リスクを負ってでも男性保育士がいて、保育の現場でも男女共同参画が実現されたほうがいい、という確信・理論が見つからず、堂々巡りをしている園長

先生方は私も含めて大勢いらっしゃると思います。

　また、男性保育士に女の子のオムツ交換をしてほしくない、という母親もいます。感情として受け入れられない思いがあるのでしょうか。

5　共働きと子育て

　十数年前に比べ、経済状況がますます厳しくなってきました。保護者の方々は「男女共同参画」とか「ジェンダーフリー」などと声高に言わなくても、多くの夫婦は経済的に助け合わなければ家庭が維持できない状況にあります。妻が外で働くと夫は必然的に家事や育児に関わらなければなりません（そうでなければ、離婚の危機）。むしろ、夫が妻を気遣うあまり、妻が自分で解決できることも依存したり、少し、妻に我慢が望まれるような例もあります。

　たとえば、妻が休暇を取り映画や食事会に行くといったリフレッシュは大変よいことと捉えています。ですが、妻が休暇の日に、仕事を終えた夫が息せききって暗くて寒いなかをお迎えに来たり、子どもがお迎えを明らかに待ち望んでいるようなとき、「お母さん、息抜きも大事だけど、ちょっとだけ早く自分の時間を切り上げて、余裕の時間に子どもを抱っこしてほしい」と現場にいる保育士は思うのではないでしょうか。

　夫婦ともにキャリアを捨てずに頑張るカップルも多くなりました。保育園は延長時間保育で保護者の仕事時間を支援していますが、保護者が忙しさや心のゆとりのなさから、子どもが荒れたり自信を失ったりする姿をみると、生活をともにする親と子ではない保育士は関わりの限界を感ずると同時に、夫も妻も頑張っている社会のなかで子どもの心の叫びや寂しさをどのようにケアしたらよいのだろう、と悩みます。

　夫婦は忙しい生活のなかで、子どもの心の状態に気づきながらも、しっかり話し合う時間がないのか、議論やバトルを避ける傾向にあるのか、子どものことが解決されず先送りになっています。仕方がないことなのでしょうか。「奥さんの言うとおりにしていれば、喧嘩がなくていいですよ」と、言った父親がいましたが、子育ての責任は妻一人の方針（言うとおり）でいいのでしょうか。

6　ジェンダーフリー保育をつづけることで

　保護者を巻き込み園全体で取り組んだジェンダー研修は、保護者も保育士も意識改革ができたと思います。会社を辞めて自営業を営みながら、妻の仕事を支援し子育てと家事に積極的に取り組むようになった父親もいますが、子どもの送迎も楽しそうです。保育士たちも自分の人生設計を見つめなおしたり、園児にジェンダーの刷り込みを行わないよう言動に注意するようになりました。

　保護者は子どもの卒園・入園を繰り返すことにより入れ替わりますが、ジェンダーフリーの保育園としての事業や啓発の継続は非常に大切です。

　行事や保育参観、保育参加などのとき、我が子の姿から「うちの子は男なのに女の子とばかり遊んでいて心配」「うちの子は女なのに鉄砲や刀のオモチャが好きなのですが、ヘンですよね」などの声が、保護者から出ます。

　そのようなときこそ、ジェンダーに気づき考えていただくよい機会です。ジェンダーについて丁寧に説明し、卒園後もジェンダーバイアスのない視点で見守ってほしいと思います。

　保育園内だけでなく、家庭内でも、子どもたちに自分の好きなことを自分らしく発揮できる環境を整えてあげることを大切にする保育園でありたいと思います。

　男女共同参画社会はめざすべきことであり、心身ともに頑張っている父親・母親はたくさんいます。それは、素晴らしいことですが、あまりにも子どもが負担を強いられているのではないか、と思えるとき、私たち保育士は子どもの健全な育ちをどのようにして保障すればよいのか戸惑います。乳幼児の心の成長にとって、親と過ごす時間やコミュニケーションの量はある程度必要です。保育士の立場からは、両親どちらかが仕事をセーブする勇気を持って子どもと向き合う時間の確保も必要に思えます。

　ワーク・ライフ・バランスが重要と言われて久しいですが、社会全体で取り組まないと進みません。男性の育児休業制度もあるのに利用しにくい原因を検討したり、ワークシェアリング制度の導入を検討したり、積極的に子育てしている夫婦が安心して仕事をセーブできる社会制度を早急に作るべきだと思いま

す。今、育っている子どもたちに「待った」はありません。

　男女共同参画社会は、成熟した社会制度を整えつつも、男女が同じようにしなければならないのではなく、相手の意見・考え方を聞いたり自己主張したり、引いたりしながら、ともに思いやりの心を持って自分自身の人生を生きていく社会なのだと考えます。

　保育士の立場から、子育ても大切な男女共同参画事業、と思い社会に発信しつづけます。

第4章

研究者と大学がつくる男女共同参画推進の舞台

共学開始で新たな「男女共同参画」の教育・実践へ

池田 政子
　　（山梨県立大学 名誉教授・特任教授、心理学／ジェンダー研究）

不条理からの脱却と念願の男性保育者の養成——はじめに

　2005年、山梨県立女子短大と県立看護大学が統合されて、4年制共学の山梨県立大学が開学しました。この地域で県立女子短大が女性の教育に果たした役割はもちろん大きい。しかし、かなり以前から私たち教員は4年制大学への移行と共学化を望んでいたのです。様々な理由がありますが、ジェンダーの視点から言えば、「女の子は短大、男の子は大学へ」という不条理からの脱却があります。

　女子短大時代に男女の「ふたご」の女の子が入学してきました。男の子のほうは東京の私立の4年制大学に「出してもらえた」といいます。男の子なら無理しても県外の私立大学に入学させるが、女の子はお金のかからない県立の短大でよい、という考え方はごく普通にあったと思います。

　もう一つ、男性保育者の養成は念願でした。保育・幼児教育という分野に圧倒的に女性が多かったのは、もちろん「子育ては女性のやること」という性別役割観の反映です。男性保育者が増えることは、父親の育児参画を促すためにも一つの突破口になるでしょう。

　一方で、卒業生の座談会では男性保育者の職場適応の難しさが語られてもいました。女性が多い職場の中へ単独で入っていく緊張感もあるでしょう。また、受け入れ側が、男性保育者に対して求めること、期待することにジェンダー・

バイアスがかかっていないか。このことは共学化した山梨県立大学での保育者養成校の大きな課題となっています。開学から2012年までの8年で、人間形成学科に入学した男子学生は20人、毎年1割程度に過ぎません。「男が保育者になりたいなんて」と入学する前に周りの人に言われた学生もいるし、また実習や観察で保育現場に行ったときに、すでに様々な反応を経験しています。

たとえば、「夏祭りの準備で、高い所が苦手なのに、登らされた」「男性だから、もっと大きな声出して！」「男性だから、いっぱい外で運動してくれるよね」など、その学生の保育者としての資質とは無関係に、「男性である」ことによる「期待」が向けられてしまうのです。

現在、4期生までの卒業生を送り出しています。保育者の道を選んだ男子の卒業生が、現場でどのような問題にぶつかっているか、いないのか──送り出した側の責任としても、確認する作業が必要と考え、卒業生の男性保育士へのインタビュー調査を始めています

1　事例集づくりでジェンダーをめぐる現場を学ぶ

◆教養教育で「ジェンダー論」を

山梨県立大学の開学に奔走し、大学の基礎づくりに貢献したのは、阿部真美子さん（現・青山学院女子短期大学教授）でした。県立女子短大の幼児教育科は保育者養成の場として県民に評価されていたこともあり、他学科が大きく再編されたのに対し、幼児教育科は「人間形成学科」としてこれまでの実績を継承し、人間福祉学部の学科として「社会福祉士」の受験資格も取得できるよう4年制の保育者養成の特色を打ち出して存続することになりました。

教育課程の構成にあたって、教養教育には「ジェンダー論」が県短時代の「女性学」に替わって置かれ、「保育とジェンダー」という科目が独立して新規開講されました。全国の多くの保育者養成校の中でもこういう専門科目を持っているところは稀でしょう。

人間形成学科の学生のほとんどが教養教育で「ジェンダー論」を履修し、その後3年生のときに「保育とジェンダー」を履修するようになっているのです。下記は授業内容を紹介するシラバスの一部です。

【科目の目的】
　子どもは、いつから自分を「女の子」あるいは「男の子」と認識するようになるのだろうか？　またどのようにしてそういう認識が作られるのだろう？　こういう意識は子どもの発達にどんな影響を与えているのだろう？　乳幼児のジェンダー化の過程を知り、発達への影響について理解しよう。保育施設や教材（絵本や童話、手遊びなど）、テレビなどのメディア、地域の子育て環境や日本社会に内在するジェンダー・バイアスを認識し、アンチ・ジェンダー・バイアスに向けた保育実践の具体的な対応方法を考えてみよう。

【授業内容】
・「保育」という分野とジェンダー：「保育所保育指針」と男女共同参画社会
・乳幼児期のジェンダー化の過程と自己形成に与える影響
　　①幼児はどんなジェンダー意識を持っているか
　　②家庭とジェンダー
　　③保育現場とジェンダー
・「隠れた」ジェンダー・カリキュラムとアンチ・ジェンダー・バイアスの保育実践
・子育て支援とジェンダー
・私のジェンダー・フリー保育を創る（保育プログラム、教材）
・発表と話し合い

【教育方法】
　各種の事例やデータ、実践のビデオなどを使って、話し合いや作業を中心に進めます。後半はいくつかの研究や制作のテーマを自由に選んで研究・作業を行い、その成果を発表します。

　保育所や幼稚園での実習の際に学生たちが見聞きした幼児や保育者のジェンダー意識や行動を持ち寄って、事例集を作り、それをもとに話し合う方法は短大時代と同様に続けていますが、意識されないジェンダー・バイアスがまだ存

在するという事実とその深さをあらためて実感させ、一方でジェンダーにとらわれない子どもたちや保育者の姿も印象づける効果的な教材です。

　2000年、山梨県内での事例として学生たちにも、生涯学習の講座でも紹介してきた「おまえは女なんだから、だまってろ！」という5歳の男の子のセリフは、2010年の実習でも（残念ながら県内の保育現場ですが）、ある学生がまだ「生きている」ことを確認してしまったのです。

　以下、学生たちの2010年の事例集から見てみましょう。

◆ジェンダーをめぐる子どもたちの姿

　4年制大学となって、学生の出身地も山梨以外の全国にちらばっており、本県あるいは出身地の保育現場で様々な場面に出会っています。下記はその一部、典型的な事例です。

---

①ジェンダー・バイアスがかかった言動

＊お絵かきをする時に、子どもたちが口々に好きな色を言っていた。その時、男の子が「オレ、黒がすき！　ピンクなんて大嫌い」と言っていたためどうしてか尋ねると「だってピンクは女の色だからダセーもん」と言っていた。

＊ピアニカは「女→ピンク、男→青」なので、置くときには子どもたち自身が色分けしたがる。

＊おままごとに男の子が参加することを喜ばない女の子が多い（年長・年中児）

＊「何でも好きな絵を描いてね」と言われた子どもたちの絵を見てまわると、女児のほとんどがハートの形だった。一人の男児がハートの絵を描くと、それを見た一人の女児が「○○くん、男の子なのに、ハート描いてるよ」と言っていた。

＊おもちゃを片付けるとき「男は強いから、男が運ぶ」と言って女の子と男の子が対立していた。男の子の発言に女の子は「女の子だっていいんだよー」と言っていた。

＊男の子がプリキュア（漫画・アニメ）やスージー・ズー（動物イラスト）のお箸やハンカチを持っていると、周りの子ども（男女とも）が「それ女の子のなんだよ」と言っていた。

＊連絡帳を出すのは来た順だが、一人の男の子は毎日「男と女で分けるの！」と言っていた。また、その子は連絡帳を男女で分け直したり、その子が出す時までが男女に分かれていないと「出せない！」と言って怒りながら、男女に分けていた。

> ②性別にとらわれない姿

＊女の子はおままごと、男の子はブロックで遊び始めるが、時間が経つと男の子がおままごとをしたり、女の子がブロックしたり好きなもので遊んでいた。(年長)
＊プリキュアも仮面ライダーもゴセイジャー（注　戦闘アニメ）も、男女共通の話題になる。
＊好きな色の画用紙を1人1枚選んで持ってくるとき、ピンクをもらえた女の子は自慢げに見せてくれる。また、そのとき青を選んだ女の子に対し「お前なんで青なんやって！」と言っていた。それに対し女の子は「だってうち青好きやもん」と言い、それを見ていた男の子が「べつにいいんやよー」と女の子に同調していた。
＊男女関係なく一緒に遊んでいる姿が多く見られ、遊び別に男女に分かれることはなかった。男の子でもお絵かきをしている子も多く、女の子で外で走り回っている子も多い。
＊好きなメダルの色を選ぶとき、女の子は必ずしも赤やピンクを選ばず、青や緑も選んでいた。
＊給食や製作のときに5～6人で1テーブルを使うが、男の子の集団の中に女の子が一人いたり、その逆もあるなどフリーな部分が多い。

　①は、子どもたちのジェンダー・バイアスのかかった言動です。色、キャラクター、遊び、性別による「らしさ」特性、性別で「分ける」こと——10年前と同じような場面が子どもたちの日常に続いているのです。でも、②の事例のように、性別にとらわれない子どもの姿は、確実に増えているようです。それに、男の子のバイアス発言に、女の子が「女の子だっていいんだ」とか、「私はそれが好きだ」というような主張をきちんとし、それを別の男の子が支持している事例も、学生たちは見逃さないで取り上げています。
　もちろん、まだまだ保育者の保育行為の中にジェンダー・バイアスが認められ、それは子どもたちの姿に反映されています。しかし、一方では、色やほめことば、「分ける」ことについて、性別を用いないような工夫や努力がされるようにもなってきているようで、この10年の間に少しずつではあっても、現場が変わってきている実感はあります。

◆ジェンダー視点で見た保育環境と保育者の保育行為

①ジェンダー・バイアスがかかった事例

＊連絡帳入れが男の子は青、女の子はピンク。体操着が男女で青赤に分かれていた。
＊ロッカー入れが男女別の並び。整列が男女別。
＊ロッカーの名前プレート（色画用紙で作られている）が、男の子は青、女の子はピンクで作られていた。
＊製作でストローを使用する時に、はじめから男の子は青、女の子は赤と決めて配っていた。また完成したものを見て、「やっぱり女の子の方が上手だよね」と保育者同士で話していた。
＊物を使うときに「男の子から先に」「女の子から先に」という言葉を使っていた。
＊鬼ごっこをして遊ぶとき、保育者が男女別のチームに分けて、「まずは男の子が鬼だよ」と男女別で遊びを進めていた。
＊マーチング練習の時、先生に注意された男の子が泣き出してしまった。その子に対して「なんでそれだけで泣くの？　○○くんは男の子でしょ」と、ほかの子ども達の注目も集まる中で、言っていた。
＊朝の会で返事の練習をするとき、ほめ方が女児の場合は「かわいい」「きれい」、男児の場合は「かっこいい」が多かった。
＊男の子には「強いね、力もりもりだね」、女の子には「かわいいね」という言葉がけが多い。
＊給食の時間にバスの運転手さんと一緒に食べた日があった。Ｃちゃんが「○○さん、もう食っちゃったのー!?」と言うと、運転手さんは「こら、Ｃちゃんは女の子なんだから、そんな言葉使いをしちゃダメだぞ。男の子に嫌われちゃうぞ」などと言っていた。
＊連絡帳などに手紙やおたよりを挟んである時に、担任の先生が「お母さんに必ず渡してね」と言っていた。

②ジェンダーにとらわれていない環境

＊名簿は男女混合であった。（ロッカーや下駄箱等も）
＊男女で交互に並ぶようにすることが多かった。
＊製作で折り紙を使うとき、自分の好きな色を選ぶよう促す。（男の子がピンク、女の子が青等は当たり前。誰も気にとめる様子はない）
＊ロッカーに物を取りに行くときはグループごと。（「姿勢がかっこいいグループか

ら」など）
* 製作で色を決めるときは、前に全色を並べて「赤色がいい人、手挙げて」というように声をかけ、子ども自身が選べるようにしていた。
* ほめる時は男女ともに、「かっこいいね」または具体的に「～で上手だね、素敵だね」だった。
* 保育者からジェンダーに関わる発言は聞かず、クラスを2つに分けるときも赤組と白組で分けたり、子ども達に自由に選ばせたりと、男女で分けることは無かった。

◆学生自身の実習中の言動

　実習に出た学生たちは、自分のできる範囲でジェンダー視点に配慮して子どもと接しようと努力していますが、学習をして、"頭"で「是」とすることを、これまでに深く根付いた意識が裏切ってしまうことも多いようです。しかし、学ぶことは、それをきちんと認識できる自分であることも気づかせてくれます。

①ジェンダー視点を配慮した言動

* 責任実習の「ミッキーとミニー」のゲームをした時、二人ペアで行うが男女関係なくペアを作るようにした。（年長児）
* 折り紙をしようとした時に、子どもが「先生はこれね。」と言って青色の折り紙を渡してくれた。「でも、ピンクの方がいいかな？」と言ってきたので、「先生は青も好きだから大丈夫だよ。ありがとう。」と言って、色に対する男女による意識を持つことがないように気をつけた。
* プレゼント作りの時、青・緑系と赤・ピンク・紫系を組み合わせるようにした。
* 氷鬼やドロケイをする時に男女関係なく、やりたい子どもを誘った。

②無意識にでてしまう・思ってしまったこと

* お弁当がおいしそうな時「お母さんが作ってくれたの？」やお迎えの時「お母さんが来てくれるの？」等の発言をしてしまった。
* 布団を男・女で交互に並べる時に、つい赤やピンクは女の子、青や水色はというように思って並べていたら、女の子が青の布団を使っていた。
* 女の子がお兄ちゃんのお下がりの〇〇レンジャーのプールバッグを使っていて、

それを見て私は「あれ？　女の子なのに……。」と思ってしまい、自分自身がジェンダーバイアスを持ってしまっていると思った。
＊手作りのものは「ママに作ってもらったの？」と聞いてしまっていた。
＊男の子だから…、女の子だから…、等の声かけはしないように意識した。しかし、女の子がキャラクターのハンカチを見せてくれると「かわいいね。」、男の子のハンカチには「かっこいいね。」と言ってしまうことがあった。

2　ジェンダーに敏感な視点で「私の保育」を創る

◆グループ研究でジェンダー・バイアスに対抗力をつける

　授業の最後には、自分たちが関心のあるテーマでグループ研究を行い、子どもたちがジェンダー・バイアスに対抗するための力をつける具体的なプログラムや、保護者に理解を深めてもらうための働きかけなどを考えて発表する作業を入れています。

　たとえば、保護者にジェンダーについて園

＊こんな時には…？

「男の子は強いから男が運ぶ」

　おもちゃを片付けるときの男の子の発言です。この発言によって男の子と女の子が対立してしまいました。

　園では…お片付けの時、何かを運んでもらいたい時などには、男の子たちだけでなく、男女混合で運んでもらうよう促しています。

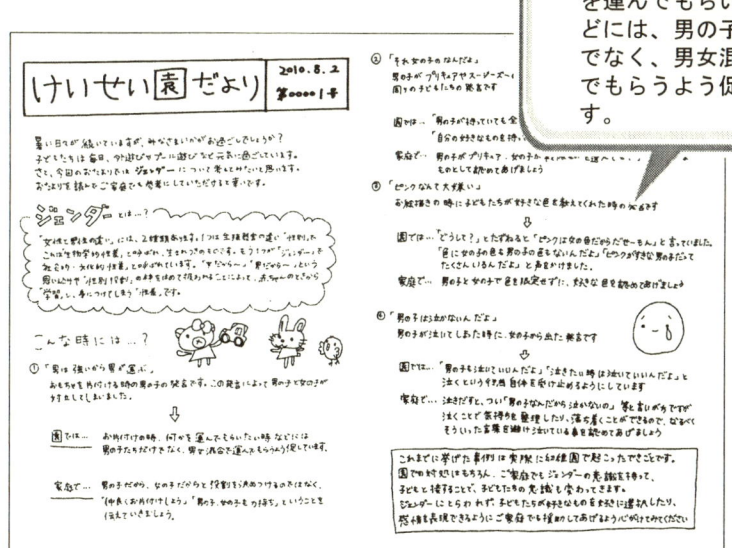

第4章　研究者と大学がつくる男女共同参画推進の舞台

の考え方を伝える「園だより」を作ったグループもあります。

◆私にとっての"ジェンダー・フリー"——自分の言葉で語れるか
　授業では、毎回必ず「私の"今日のポイント"」として授業についての感想や疑問を書いてもらっています。ジェンダー問題は学生一人ひとりの人生に関わる価値観や生き方の問題でもあり、単に教員が知識を講義して終わりということにはならないからです。どんな受け止め方を学生がしていて、どんな疑問を持っているか、それを確認しながら進めてゆかなくてはなりません。
　本質的と思われる疑問が発せられたときには、次の授業でそれをテーマにしました。また重要な感想はワープロで打って次の回に配布し、説明していきます。一人の疑問は一人では終わらないこと、また気づいていない学生にもそれを共有してほしいからです。
　以下、「私の"今日のポイント"」から、学生の声とそれに対する私からの投げかけ（以下ではQの部分）を拾ってみます。

◆「保育所保育指針」を学んで
　①　間接的なジェンダー・メッセージについて
＊「園からの手紙はお母さんに見せてね」という当たり前のように使っていた一言が、ジェンダー・バイアスを生み出すきっかけになっていたかもしれないということに初めて気付きました。気をつけてはいても、気付かずに使っている言葉が他にもあるかもしれない…ということにゾッとしました。また、自分で気をつけて対応することが求められているだけではなく、保護者の対応についても意識し、変えていかなければならないとのことだったので、高度なことが求められるなと思いました。
　Q：たとえば、こういう保育者の発言は、だれにどんな影響があると思いますか？

　②　固定的な役割分業意識について
＊「夫は外で働き、妻は家庭を守る」という考えに対して日本を含め4カ国すべてが女性よりも男性の方が賛成が多いとのことだった。私自身は、はっ

きり賛成とも反対とも言えないなと思った。現在はまだ、女性が家庭を守っている形態の方が多いと思う。
　Q：「共働き世帯」と「専業主婦世帯」とは、どちらが多いでしょうか？

＊"固定的分業意識"について意識が変化してきていることが国際比較調査の表からわかりました。私は、男が働き、女が家庭を守るという考えは賛成ですが、必ずこうでなくてはならないとは思っていません。ひとり親家庭や不規則な仕事をしている共働き家庭など、難しいこともあります。ですが、収入や育児のことを考慮すると、女性より男性が収入は多いし、母乳の出る母親が子育てをする体制が最良だと思いました。
　課題：なぜ、収入が女性より男性の方が多いという実態があるのか、考えてみましょう。
　Q：男性労働者の1時間あたりの平均給与額を100とすると、女性労働者の平均は、どのくらいだと思いますか？（パートタイム労働者は含まず）

＊性別だけでなくさまざまなことに対する偏見をなくしていくという部分が、普段意識をしていなかったので、ハッとしました。また、**子どもから子どもへの関わりや言葉かけに、必要があればきちんと介入し、ジェンダーをなくしていく**ということも、とても心に残りました。
＊グループディスカッションで出た環境構成についてはとてもよい意見だと思いました。私が実習に行った園では、ロッカー、グループ分け、すべて男女混合でした。しかし、私の小さい頃は、ロッカーやげた箱などは男女で真っ二つに分かれていました。10年以上もたつと、いろいろ変わるのだなと思いました。
Ⓜ（池田のコメント）ただ時間がたったから変化したのではありません。変えていこうとする人々がいたからですね。

③　身近な所にたくさんあるジェンダー・バイアスと私たちの無意識
＊ジェンダーのある環境で、それを当たり前に育ってしまうと、子どもによくないということだけではなく、「なぜだめなのか」を理解することが大切で

すね。そこがしっかりしていないと、こどもたちの「どうして？」にも答えられません。こどもたちのために、自分の意識から変えていきたいです。自分の場合、名簿は男女混合、ランドセルも全員同じ色などと、いろいろ思い出しました。中学で男女別になった時、違和感があったのを覚えています。そうやって「当たり前」「これが普通」の状況を作らないようにすることが、固定観念を作らせないようにするために重要なことだと思いました。

＊男の子、女の子と書くときに、**自然と男のほうが前に来ている**というのは、自分の中に自然とそういう感覚が身についてしまっているということが分かりました。自分自身で考え直してみることが必要だと思いました。

Ⓜ 「自然と」が、ほんとうは「自然と」ではないということですよね。

＊**必要な区別・不必要な区別の境目がわからない時がある**ので、とても難しく感じました。男の子・女の子とはっきり区別してほしい子もいれば、してほしくない子もいると思います。授業で見たビデオで、名前を呼ぶ順番を男女どちらを先にするか決めるために、じゃんけんをしている場面や、女の子の手が挙がらないときに「女の子はどうしたの？」と声をかけるようにしているという話を見たり聞いたりして、少し**違和感**を感じました。**子ども一人ひとりとしてとらえていれば、その発言もなくなるのでは**と思います。

↓

Ⓜ 「ジェンダー」と「ジェンダー・バイアス」の区別をしよう。

＊「違い」に配慮すべきことは何だろう？
＊「違い」を生む仕組みを改善すべきことは、何だろう？
＊性別によるグループとしての「違い」と一人ひとりの「個人」を見る視点の両方を養おう！

---

④ 「女の子／男の子は、～～じゃなきゃ」を
　　　　　　　　　　　　　みんなで思いつくだけ言ってみて…

＊「女の子は～じゃなきゃ」というのを自分に当てはめて考えると、実際は違う部分が多いことを感じた。しかし、女の子らしさのイメージとして挙げら

れたものは、みなほとんど納得ができ共感できるものばかりだったので、イメージというのは不思議だと思った。「〜じゃなきゃ」という理想が性別によって違うこともジェンダーなのかなと感じた。
Ⓜ　もちろん、これはジェンダー・バイアスですね。
＊女の子らしいイメージというのは、私の思い描く理想の自分像でもあったので、まだまだ自分の中にジェンダーは潜んでいるのだと思った。
Ⓜ　女の子らしさとして挙げられた特性自体が否定的にとらえるべきということではありませんよね。たとえば料理が上手というのは生きていく上での力になりますよね。でも、それは女の子だけでなく、男の子にも望ましい力ではないでしょうか？　上の方が書いてくれたように、期待される特性が女／男と全く別々であるということが問題なのだと思います。

3　先輩たちが固めた地で格闘する学生たち

◆言葉にすることの大切さ

　学生たちは自分のこれまでの意識と新たな知識、考え方とのギャップやずれと格闘し、なんとか自分で「ジェンダー」について語ろうとしています。「男女共同参画」やジェンダーの問題を伝えようとするとき、言葉はとても大切です。

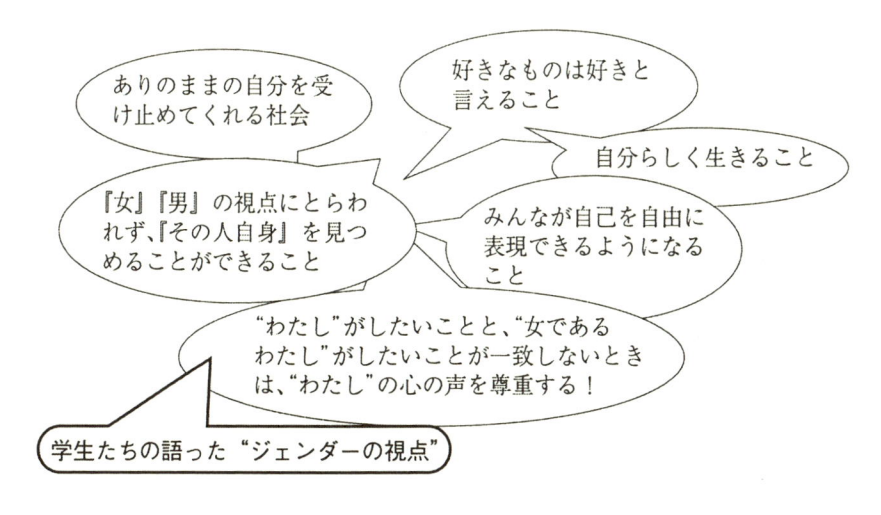

- ありのままの自分を受け止めてくれる社会
- 好きなものは好きと言えること
- 自分らしく生きること
- 『女』『男』の視点にとらわれず、『その人自身』を見つめることができること
- みんなが自己を自由に表現できるようになること
- "わたし"がしたいことと、"であるわたし"がしたいことが一致しないときは、"わたし"の心の声を尊重する！

（学生たちの語った"ジェンダーの視点"）

文部科学省の事業をする中で宮澤由佳さん（NPO法人子育て支援センターちびっこはうす理事長）が自分の言葉として生み出した「～～じゃなくてもいいんだよ」というフレーズは、学生たちにも「ああ、そうなんだ」と届きます。それぞれの学生たちが、自分自身の言葉で語れるようになって初めて、「ジェンダーの視点」が内在化されるのだと思います。
　学生たちが見出した言葉が、保育現場での営みの中で、そしてそれぞれの人生の中で、具体的な意味を獲得し、育っていってくれればと願います。

◆**教師・保育者の養成にジェンダー教育を**――新たなる取り組み
　2008年、ジェンダーの視点を持って教員養成に携わっている研究者十数名が集まって研究会を立ち上げ、「教師教育におけるジェンダー視点の必要性」というテーマを、日本教師教育学会に課題研究として認めさせました（代表・鶴田敦子聖心女子大学教授〈当時〉、現・東京学芸大学教授）。教員・保育者の養成や教師教育において、ジェンダーに関する学習を正当に位置づけることをめざした取り組みです。
　本書にもあるように、これまで学校現場ではジェンダー平等教育に関する取り組みが行なわれてきましたが、教員養成の段階でジェンダー学習を教育課程に取り入れている大学は多いとはいえません。もちろん教員免許取得の必修科目にはなっていません。
　私も保育者養成の立場からこの研究会に参加していますが、乳幼児から高校生まで、対象の年齢段階を超えた保育者養成・教員養成の立場の人々の研究・実践ネットワークの形成は初めてのことであり、大きな意味があります。
　2012年秋に、これまでの研究成果を報告書にまとめました（248ページ、参考文献10）。大学でジェンダーについて学習した学生たちが保育者になったとき、現場の状況をどうとらえ、どのような保育実践を行なっているか、山梨県立大学になってからの卒業生にインタビュー調査も行なっています。
　保育所や幼稚園という組織の中で、問題を感じても、まだキャリアが2、3年の卒業生が従来の保育内容と異なる新しい提案をしにくく、ジェンダーというテーマ自体を保育現場に持ち込みにくいこと、自園の保育について十分話し合う時間もとれないほどの多忙さが、大学での学びを実践することを阻んでい

る現状が、今回も明らかになりました。

　このインタビュー調査から、ジェンダーについて学んだ保育者がその視点で新たな実践を創り出すために、私たちは次の3つの条件が必要と考えました（248 ページ、参考文献11）。

①ジェンダーについて語り合える場、ネットワークの形成
②行事に追われる現状、上下関係による「言えない」状況など、職場としての保育現場のあり方の見直し
③男性保育者の不在の改善

　教育課程にジェンダー学習を入れて卒業生を送り出す養成校としては、①は卒業生へのサポートという意味だけでなく、それを通じて地域の保育全体の質の向上に貢献することにつながります。
　②や③はさらに大きな問題を含んでいますが、いずれにしても大学と地域の保育現場、そして教育・保育行政との連携が必須です。養成校としての大学は、大学教育と現場、そして行政をつなぐ責任があります。
　ジェンダーについて学んだ学生たちが、職場の構造や保育のあり方を変える主体となっていくことを願い、「保育」や「教育」を通じての、時間はかかっても確実な変革を信じようと思います。

大学教育と地域で性と生殖の
ヘルスエンパワメントを拓く

伏見正江
　　（山梨県立大学、母性看護学・助産学／ジェンダー研究）

1　女性の語りから学ぶ当事者参加授業

◆ケアリングの学習として

　私は山梨県立看護大学短期大学部時代の 2001 年度から、看護基礎教育における当事者参加授業を行なっています。

　当事者参加授業の目的は、妊娠・分娩・育児を体験した母親（女性）の語りからケアリングを学ぶことにあります。女性の看護学におけるケアリングは、女性自身が生き方や生活を変化させながら健康を獲得することを支援するための技術となります。したがって具体的な目標は、これまで女性が受け身であった医療のパターナリズムへの問題提示から女性を理解し、ライフサイクルにおける一人ひとりの女性の生活をアセスメントする力を養うことにあります。

　女性の語りから学ぶ当事者参加授業は、山梨県立看護大学短期大学部の授業で 8 年間継続して行いました。この授業の取り組みは、平成 17 年度文部科学省「特色ある大学教育支援プログラム（略称・特色 GP〈Good Practice〉）」採択プログラム「主体的・創造的な学習の促進をめざす地域と連携した教育方法の工夫」（249 ページ、伏見参考文献）の成果の一つとして取り組んだものです。

　当事者参加授業の意義は地域社会に生きる当事者の語りに共感し、その生き方から学ぶことによって、学生は「人間」「社会」「看護の学習者」としての課題に気付き、地域社会の一員としての自覚と責任を再認識したうえで、育児支

援などボランティア活動への積極的な行動につながることが期待できました。この参加授業は、学生にとって臨地実習に次ぐインパクトをもった体験学習であり、ケアリング学習に効果的な方法として取り組んだものです。毎年、授業の学習効果を検討し、すでに女性の健康という側面から捉えた対象理解と、主体的に女性に添うケアリング学習効果について報告しています。

【2003年度・当事者からの感想】
　（前文省略）……声をかけていただいた時は、私の話で、学生の真っ白な知識に変なイメージを作ってしまうのでは、夢が崩れてしまうのでは、と思いましたが、変な人も、これからの看護の道の中で、何人も会うであろうし、いろんな人に会うことが、**学生の体験となり、生きた知識**となるのかなあなんて良い方に考え、参加させていただきました。同封されていた出席カードをまとめられたものや出席カードを見させていただき、**少しばかりお役に立てたのだ**とうれしく感じました。講義で得た知識を、私という個人の中から感じ取り、また、**私個人から得たものを、講義では学べなかった個別性としてとらえていること**がよく伝わってきました。

　（中略）参加する前は、あんまりボロが出ないようにだとか、ちゃんとしなきゃだとか思っていました。しかし、**自分は自分なんだし、ありのままを伝えることが一番必要とされていることなんだろうな**（生の妊婦）と思い、少し肩の力をぬいて、学生へ話すための準備をしました。いざ、学生の前に立つと、いろいろ考えていたことがすっかりとんでしまい、あがっていました。伏見先生と対談のように、質問していただいたことに答えたり、学生の質問に答える時には、**楽しくて、時間がすっかり過ぎていたのに気づきませんでした**。長い30分だなあなんて思っていたら、1時間たっていたんですね。講義が終わって、自分の言いたいことが伝えられたかなあ、うまく話せなくて申し訳ないなんて、少し落ちこんだり、終わって、ほっとしました。それ以外に、**2回の妊娠について、漠然としていた出来事（マイナートラブルや身体、精神の変化）を話したことで、学生に伝えた以上に、自分自身に伝わり、再認識とか、再確認とかいうレベル以上に、自分の中に落ちてきて、自分の妊娠を大切に受け入れ、いとおしく思えるようになりました**。特別な体験ではないけれど、私の妊

娠は私にしかない特別なこと。身体が辛かったり、様々なトラブルがあったり、時には妊娠を終わって、いっそ楽になりたいなんて思うこともすべて、自分自身におこることは、他の人には、同じようにおこっても、けっして同じでない、というあたりまえのことに気づくことができました。それなので、少しへこんだ気持ちはすぐに復活したのです。

　学生の感想を読んで、少しの時間でこれほどまでに多くのことを学んだり感じたりしたのだとびっくりしました。伝えたいことが伝わったよろこびや、自分が思いもよらなかったことが心に残っているんだななんて驚いたところもありました。話をした後は、終ったという自己満足でしかないけれど、学生の反応がわかると、良い反応であろうと悪い反応であろうと、安心します。良いことがたくさん書いてあったので、非常にうれしかったです。うれしくて、夫にも読んでもらいました。話のネタにしたことは知っていたので、夫も学生に感心していました。私の話の中から、様々なことを感じたのは、学生1人1人に私を知るための準備状況があったからだと思います。事前に授業で、知識を得ていたことが良かったのだと思います。

　私も、学生時代に体験談を聞く授業があったら、本の中の言葉がイメージ化しやすかったかなあと思います。

　（中略）切迫早産になったにもかかわらず、予定日を過ぎてしまい、誘発分娩になりましたが、無事出産を終え、忙しい育児をスタートすることができました。学生に会え、そして話をしたことは、私の心の支えになっています。（以下略）

2　地域と共につくる思春期の性のヘルスプロモーション
　　　──ピアカウンセリングの実践から

◆女性のための研究へ

　私は、1995年、山梨の女性団体代表15人の女性たちと第4回国連世界女性会議（北京）NGOフォーラムに参加しています。この年は、山梨県立看護短期大学が開学した年でもあります。

　世界女性会議では、「地球規模の疫病」と名づけられた女性への人権侵害は、

性と生殖の健康を脅かす重要な問題であると一致し、その解決に向け、国連は行動綱領12項目を採択し各国に勧告しました。その勧告は、性と生殖に関わる専門家及びその教育機関に対して、「女性の権利は人権である（Women's rights are human rights）」を基盤に、女性のヘルスケアについては、生涯をとおした性と生殖における健康と人権のヘルスエンパワメントケアを求めています。

　世界が女性の健康課題に取り組む歴史的瞬間に立ち合えたことは、短期大学部と改組されてからの母性看護学教育の基本的目標である、「ジェンダーの視点と性と生殖における健康と権利」の教育実践への力となりました。さらに、立脚点を同じくする教員と共に、女性についての研究（research on women）ではなく、女性のための研究（research for women）、社会的に構築されるジェンダーに注目した研究アプローチを展開できました。このアプローチによって、大学が地域に拓かれたことで、性と生殖の健康と人権に関する基本計画策定、思春期の健康支援におけるピアカウンセリング活動、女性の健康支援グループのサポート、出前講座など、学生と共に、豊かな地域社会の人間関係を創造する役割の一端を担うことができたのです。

　とくに、2000年より学生たちと取り組んだテーマ「自分のからだの主人公になろう！」のピアカウンセリングは、山梨県立大学看護学部のボランティア活動・ヘルスプロモーションクラブに受け継がれ、地元の中学校・高校ですでに100回以上実施するまでに成長しています。その活動は、全国大学ボランティア助成事業で表彰され、地元新聞には20回を超える掲載記事、テレビでは特集で取り上げていただきました。

◆ピア・プレッシャーのコントロール

　現代では、早期に性行動を勧める規範がピアを通じて与えられます。「初めての性体験を早く済ませよ」という性行動にたいする規範は、圧力となってまだ性体験のない若者にせまるのです。ピアからのこのような圧力は、英語でもピア・プレッシャー（peer pressure）と呼ばれて性教育のキーワードの一つになっているほどです。

　性教育の現場では、このピア・プレッシャーをコントロールする方法を伝え、

早期化する性体験をなるべく遅らせることによって、性感染症をはじめとする思春期に遭遇しがちな危険から身を守ることを教えています。
　思春期の健康的な過ごし方がその人に強く影響を及ぼせば、のちのライフステージにおいて自らのセクシュアリティをどのように受け止め、行動していけるかという心身の健康度につながっていきます。思春期の男女間の非対称的なジェンダー規範を反映したピア・プレッシャーをはねのけることは容易なことではありません。
　しかし、その力となる性の自己決定権を同じピアや社会のさまざまな場からのサポートによって自らのものとするとき、思春期を通りすぎたあとのセクシュアリティやジェンダーに関わる問題、たとえばセクシュアル・ハラスメントやドメスティック・バイオレンスなどの性的被害への解決能力につながる力ともなるばかりか、性の自己決定権を支える根本的な権利である人権の意識の高揚にもつながる力となるのではないでしょうか。
　思春期は、疾病の罹患率がもっとも低く、ライフサイクルの中でも健康力の溢れた時期です。その一方で、思春期は二次性徴が発現し自我が確立し、セクシュアリティが発達・形成される時期でもあります。そのため思春期は「性の健康」にとって、重要な時期なのです。思春期の性の健康問題は、ライフサイクルにわたって影響を及ぼしていくことからも、健康なライフスタイルに向けて、思春期にある人々のヘルスニーズに添った支援が大切でしょう。

◆思春期保健におけるピアカウンセングの位置付け
　WHOは、「性の健康」を生殖に関する健康の権利（リプロダクティブ・ヘルス／ライツ）を包括する概念として、人間が生まれながらにもっている自由、尊厳、平等に基づく普遍的な人権として定義しています。
　厚生労働省は、思春期の「性の健康」に関して、「健やか親子21」の第1課題に「思春期の保健対策の強化と健康教育の推進」をあげ、2014年までに性感染症や人工妊娠中絶を半減させる目標を掲げています。さらに、2007年4月「新健康フロンティア戦略」は、「自分のカラダを知ろう」キャンペーンにおいて、性のヘルスプロモーションの実行性を高めるために、健康力戦略としてピアカウンセリングの実践を強調しています。

これまでの私たちの研究から、思春期の性意識・性行動は、ジェンダー・アイデンティティに影響されていること、また若者たちは悩みに共感できる当事者世代を通して、性に関する情報を得ていることが明らかになっています。ピアカウンセリングは、WHOも思春期保健の重要な手法として位置付けているように、まさに同世代に生き、価値観を共有する「仲間」が性を語り合いながら、互いに「性に関するスキル」をつけていくアプローチなのです。

　私たちは2000年より県下で初めて本学の看護学生によるピアカウンセラーを養成し、県内の中学生、高校生を対象に「自分のからだの主人公になろう」をテーマに、ピアカウンセリングを実施し効果をあげています。参加者の感想からは、性意識の表出ができ、正しい知識を得たことで、「判断力」「性の自己決定力」「仲間教育」などへの自信が窺われました。10年以上にわたるこの実践から、思春期の「性の健康」支援における、より地域に拓かれ、発展性あるピアカウンセリング活動の重要性が明らかになっています。

　学生たちのこのヘルスプロモーション活動は、大学の地域研究交流センターより2008年度・10年度学生優秀プロジェクトに選択され、評価されています。2011年は「デートDV予防パンフレット」を作成し、高校の出前授業や卒業

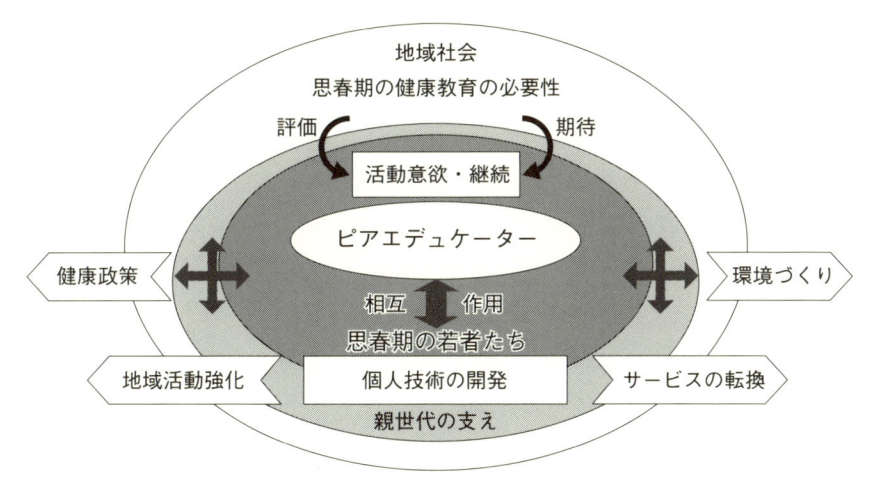

図1　本学ピアエデュケーション研究における概念図

＊森越美香・伏見正江「思春期のヘルスプロモーション〜看護学生によるピアエデュケーションの実践〜」第25回日本思春期学会学術集会発表、2006年、大阪

を間近に迎える時期の中学3年生を対象に、デートDV予防にも取り組んでいます。

【2007年度の大学生の感想】

　私は今回性感染症を担当しました。ピアカウンセリングを行うにあたって、まず、自分が知らないことがまだたくさんあることや、世の中は常に変わっているということを実感しました。ピアカウンセリングは仲間で行うものですが、正しい知識を提供するということも大切です。そのため、私たちピアメンバーが正しい、また新しい情報を持っていなければいけないので、調べることから活動が始まりました。知れば知るほど自分のため、パートナーのためになることばかりでした。

　私は自分が知ったこと、またピアメンバーが持っている情報を高校生にも知って欲しいと思いました。また、現代の高校生は「性」についてどのように思っているのかということを知りたいと思いました。とても楽しみでした。しかし、ピアカウンセリング＝性について話すとなると、なかなか上手くはいきませんでした。何が知りたいのか、どう思っているのか、現状はどうなのか、私が知りたいことはたくさんありましたが、「性」というあまり人とは話さないような内容を、知り合ったばかりの人と話すことは難しいということが分かりました。私たちは、上手く話せていたのか、実際に私たちが話した内容が、どの程度心に残ったのかということが不安でした。しかし、ロールプレイングを行うあたりから段々高校生と関係ができてきて、自分のことを話してくれる人や、質問をしてくれる人がでてきました。また、ロールプレイングでは、私たちが話していた内容を自分なりに考えて役を演じてくれ、自然と正しい知識が高校生の口から聞かれたり、「今日来られなかった友達と話したいと思います」などと言われると、行って良かったと思いました。

　ピアカウンセリングは同世代ということがとても良いことだと思います。高校生と来られた先生の話にもあったように、先生がどのように話してよいのか分からなかったり、生徒が先生には話しづらかったりということが多いと思います。また、学校では教える＝教育という形になってしまいがちですが、ピアカウンセリングでは「皆で考える」という形なので、自分なりに考える事がで

きると思います。これからも多くの人に「性」について考えて欲しいと思います。そのために、私達ができることをこれからも行っていきたいと思います。

【高校生の感想】
＊若い人達が学校の授業より詳しく教えてくれて分かりやすい
＊いろいろと衝撃を受けた
＊学校よりピアカウンセリングのほうが深くて良かった
＊一つ一つのことを詳しく教えてくれて知識が深まった
＊堅苦しくなく楽しく学べた
＊みんなで楽しく話を聞くことができたし貴重な体験ができた
＊学校の授業よりも身近で近い視点で話ができた
＊学校の保健は先生が男性でちょっと照れながらやっているのではっきり言って気持ち悪かったけど、今回のピアカウンセリングは分かりやすくて、しかも男性も女性もいたので両方の意見を聞けてよかった
＊普段聞き難い事をオープンに話し合えて楽しかった
＊話し合うことでいろいろな刺激があった
＊授業では具体的治療方針を学ぶのが主だが実際に高校生と話ができてよかった
＊ロールプレイングや実践を通して新たな学びになりわかりやすかった
＊知らないことがあり知っていても身近なものだと思っていなかったことが多く改めて思い知った
＊分からないことや自分の考えが改めて分かった
＊こんなことまでするのだと思ったがすごく勉強になった
＊今後のために役立つピアカウンセリングだと思った
＊今後もこのような企画を行っていってほしい

3　科目『性のヘルスプロモーション』開講

◆ヘルスプロモーションとは
　ヘルスプロモーションとは、健康にかかわる決定や行動ができるように個人

や集団に働きかけ（enabling）、健康にかかわる決定や行動を自らコントロールできるようになること（empowerment）、それに自ら参加できる（participation）ことです。1986年、WHOのオタワ憲章で提唱されて以来、世界の健康増進の活動の潮流となっています。

これらは公的部門や専門家が住民に働きかけを行なうことで、住民の主体的な参加を促し、健康増進活動を進めるうえでの決定と行動をコントロールできるようにするボトムアップ型の健康増進運動です。

具体的な働きかけとして4つの要素があります。①個人あるいは集団に対して行なうスクリーニングや予防接種などの病気予防、②健康教育と情報提供、③公的ヘルスプロモーション、社会、環境からの健康促進活動、保健サービスのアクセスの改善、④地域の活性化、個人の技術、知識、ソーシャルネットワーク開発を個人ができるようにするなどです。これらの住民主体型アプローチは、住民の自己意識や自尊感情、エンパワメントなどをつけていくことであり、ヘルスプロモーションの重要な鍵となっています。

とくに、女性の健康は生殖に関するアセスメントのみでなく、女性をとりまく環境を含めて心やからだを理解し、経済的な問題、教育、健康政策、文化、個人の価値など多様な要因を考慮し健康を維持、増進できる取り組みが重要です。

先行研究では、女性の出産におけるヘルスプロモーションのアプローチとして、リラックスしたお産と、緊張をさけられない集約化された環境下のお産では結果に違いが出ることが報告されています。自然なお産がしたいという女性は全国的にも増加しています。日常を暮らす身近な地域で、安心で安全な出産を望む女性の選択権の保障は、国連北京行動綱領、リプロダクティブ・ヘルス／ライツ（性と生殖における健康と権利）につながっています。少子時代に伴い女性たちの求める「主体的に産むお産」に対して、個人の価値観に合った助産ケアが求められているのです。

◆大学でヘルスプロモーションを学ぶ

このようなニーズに応じ、妊産褥婦への細やかで継続的なマタニティケアを提供するデザインが望まれています。そのマタニティケアデザインの再構築の

キーとなるのは、地域において主体的に活動している助産師ではないでしょうか。

　山梨県立大学看護学部では、2009年より助産課程履修教育の必須科目として新しい科目名称で「性のヘルスプロモーション」「助産学概論」「助産地域活動論」が開講しています。とくに「性のヘルスプロモーション」は、人間にとっての性をリプロダクティブ・ヘルス／ライツの視点から捉え、ライフサイクル各期の性と生殖における身体（形態・機能的）変化、心理・社会的側面の健康、およびその課題について理解を深められるようプログラムを組んでいます。特別講師として女性専門外来医師、女性の産む力を育む開業助産師、地域で子ども虐待予防に取り組む講師などを招き、授業を展開しています。

　性の健康プログラムの作成と実践としては、ピアカウンセリングの体験者から話を聴き、教材は新聞記事などの身近な話題を提供し、生涯にわたる性の健康におけるライフスキルの向上を目指す、具体的なヘルスプロモーションへの支援を行なえる学習に取り組んでいます。とくに教員が直接に体験したカナダの女性の健康支援や、世界一と言われる「バースセンターニュージーランドの助産師事情」は、学生のモチベーションを刺激しているようです。

　そのカナダの取り組みを紹介しましょう。

◆カナダの取り組み～女性の健康支援に向けて医療と地域のコラボレーション

　2002年、私はNPO法人である「女性の安全と健康のための支援教育センター」主催の「医療関係者のためのカナダ研修」に参加しました。性暴力被害者支援システムで先進的な、カナダのChildren's & Women's Health Centre of British Columbia（以下、B.C.Women's）の医療活動の実際は、DVに関する深い認識のもと、女性への細やかな配慮や具体的なケア、医療者のパラメディカルとのネットワークでした。

　時代とともに変化する健康政策の中で、B.C.Women'sでは女性の健康について研究的視点を基盤に変革が行なわれていました。

　女性の健康を考えるうえで、①女性（その人）が考える自分の健康を尊重すること、②女性の地位を高めること、③女性の話を傾聴し、体験を大切にすること、④性、貧富や宗教、人種（人口の5％の先住民であるアボリジニの人々）、

教育などの差別を是正、女性を尊重し、安全性を確保するという徹底的なwomen-centered care（女性を中心としたケア）の概念が採用されていました。

2001年は性暴力被害者207人のケアが行なわれています。ケアは医師・看護者・MSW（医療ソーシャルワーカー）・警察が関わる多領域のチームアプローチです。B.C.Women'sには性暴力被害者に対する支援として、Sexual Assault Service（SAS・性暴力被害者支援）、Woman Abuse Response Program（WARP・女性暴力対応プログラム）の2つの支援プログラムがあります。それぞれに責任をもつ心理専門職のコーディネーターが、他職種・地域の関連諸機関と調整し、医療従事者に対するトレーニングや教育、コンサルテーション、政策的な視点での研究に取り組んでいます。

SASは1982年に設立され30年の実績があり、毎年200人を超える女性に丁寧なヘルスケアや包括的な法的情報、支援カウンセリングを提供し、医療とカウンセリングを通してきめ細かい全人的なケアを行なっています。

「女性暴力対応プログラム」は1996年に設立され、BC州立女性病院とヘルスセンターのスタッフと共に、暴力を経験した女性を中心としたケアを実施しています。カナダでは女性の25％は、パートナーから身体的、性的暴力を受けています。性暴力を受けている女性への「中心的な実践ガイドライン（Core Practice Guideline）」を作成し取り組んでいます。

B.C.Women'sの性暴力被害者支援におけるプログラムは、医療機関として日本よりもはるかに進んだ性暴力に対応した支援が行なわれています。プログラムは、被虐待児に対する診察とケア、乳幼児期に虐待を受けた女性の出産を含めたその後の日常生活と健康への支援、被害女性をケアしていくうえでケア提供者が陥りやすい二次受傷、薬物依存、嗜癖問題、HIV感染者、障害者、高齢者、先住民の女性たちのケアなど、あらゆる女性の健康をめぐる諸問題に対応する専門職の活躍があるのです。

カナダの病院の取り組みは、まさにGender-Specific Medicine（性差を考慮した医療）のきめ細かい実践であり、日本の男女共同参画基本計画が目指す、生涯にわたる女性の健康支援に向けて、未来の助産師もその実践から学び、アクションにつなげることを期待するところです。

学生たちには、地域に参加型で説得力のあるウェルネスアクションを浸透さ

せるソフトパワーを担ってほしいと願っています。

4　被災者を支える女性の力

◆新たな取り組みを必要とする分野における男女共同参画の推進

　多くの命と生活を奪いつくした2011年3月11日の大震災。福島原子力発電所の事故は、原子力発電は、いったん事故が起これば放射能物質汚染による甚大な影響が広範囲の住民、地球的規模におよぶ倫理的に受け入れがたいシステムであることが明らかになりました。地震国日本が原発に頼ることは、さらに女性と子どもの命を危険にさらすことになるでしょう。見えない放射線に囲まれた暮らし、いつ終わるのか、将来へどんな影響が出るのか、形のない不安を抱えながら被災地の人びとは暮らしているのです。

　暮らしやすい社会を目指すには、男性中心だと経済効率優先になる傾向があるので、子育てや介護を担ってきた女性の視点は不可欠でしょう。女性は災害弱者ではありますが防災のリード役にもなれると考えます。

＊女性たちが自ら声を上げて避難所を改善する
＊同性なら気軽に要望をだせる：下着のサイズ・化粧品などを親身に調達。スーパーに相談に行く「デリバリーケア」
＊被災地でDVや子育て不安など女性の悩みの増加。女性専用のホットライン、大型スーパーで女性相談室、女性サロンの開設
＊子どもたちの心を支える支援の場：つらさを訴える子どもを1対1で受けとめる。激しい言動も変わらぬ態度で寄りそう。子どもたちが表に出さなかったつらい感情や体験を表現させる。癒やしにつなげる。ストレスチェック。カウンセラーによる個別対応や医療機関への受診が必要な子を見極める。大人は潜在的な悲しみ、不安、ストレスがあることを理解する。子どもが互いに支え合うのを支援する。
＊「市民の権利」：避難先と避難元のふたつの地域で心が帰属する自治体と新しい関係を紡ぎ出す。市民の権利を保障する具体的な制度づくり。
＊自主避難の妊産婦は行政支援がなく民間頼み
＊慢性疾患を持つ高齢者への対応の充実。ストレス原因の早期死を防ぐ

国では2005年の防災基本計画に続き、男女共同参画基本計画に防災分野への女性の参加推進を盛り込んでいます。しかし、理念は広がらず、都道府県防災会議の女性比率は4.5％（『平成24年男女共同参画白書』）にとどまっています。子育てや介護を担ってきた女性が担い手に加われば、多様な意見やアイデアが反映され、より災害に強い社会がつくれるはずです。

　災害や復興は男性の分野で、女性は不得意との固定観念がありますが、今回の震災では支援する側に立つ力を備えていることが認識されつつあるのではないでしょうか。

　山梨県では「県地域防災計画」を修正し、防災会議に自治会や女性団体などのメンバーを入れることになりました（「山梨日日新聞」2013年1月11日）。さらに、女性の視点から防災力を高めたいと見直す市民の活動があります。「ぴゅあネットやまなし」が生活協同組合パルシステム山梨などの協力を得てつくられた『防災 女の手帳』、母親支援の「NPO法人あんふぁんねっと」は南アルプス市協働事業として『自分も家族も生き残る必読・防災ノート』を作りました。

　私は、2012年8月に3度目となる岩手県陸前高田市と大船渡市を巡りました。今回は北杜市のウイメンズヘルス研究会の女性たち二人が一緒です。日頃、森の中で花々の香りやハーブティなど地産地消の資源活用でリラックスできる健康づくりをしているメンバーです。

　山梨から抱えられるだけのハーブの花々を包み、現地を訪ね、コサージュづくりをしました。ほんのひとときですが癒やされる香りとお茶、呼吸法とタッチでリラックスされた女性たちがいました。災害後、「こんな状況だから自分は我慢しなければ」と、治療を中断してしまった方、流産された悲しみを話してくださった方、人びとが健康を取り戻す環境や経済システムにはまだまだたくさんのソフトパワーや政府の行動が求められています。

◆いのちの復興は不可能！〜環境の危機と女性の健康、持続可能な豊かな社会へ

　山梨県の観光振興の視点でも、ハードからソフト重視へと重点施策の質的な転換の重要性が指摘されています。住んでいる人々が、誇りや愛着をもち、生き生きと暮らしている地域は、体温のある人と人のつながりで訪れる人々をも

温かく迎え、交流し、社会的なネットワークへと広がっていきます。
　とくに地域資源の活用や、ゆるやかなネットワークの形成に女性の声を活かす視点がようやく求められ、反映させるチャンスの時代となったのです。
　ノーベル平和賞受賞者のケニアのワンガリ・マータイさん（2011年9月死去）は、ケニアで草の根の植林運動「グリーンベルト運動」を30年以上続け、貧困に苦しむ女性たちを動員して森林の再生に取り組みました。植林を通じた持続可能な資源保護が紛争防止に大きく貢献し、平和・希望の種となることを自らの活動をとおして世界に訴えたのです。
　森は生命の循環を支えるパワーの源です。第4回国連世界女性会議NGOフォーラムでは、その持続可能な暮らしが蝕まれ、人々の生きる基盤（ライフ・サポート・システム）が失われてしまった女性たちの嘆き悲しみの声をたくさん聴きました。
　女性たちは何世紀にもわたり、経験や観察からつくられた内なる知恵に耳を傾け、食料や飼料や燃料、住まい、養育など生活を営み、社会の基本的ニーズを担っています。自然と調和した開発、自然を生きているシステムとして大事にし、敬い、扱う文化です。
　しかし、弱肉強食の開発システムは、女性を周辺化し、力を剥奪し、自然と人間を搾取し、あらゆるレベルで格差をひろげ、あらゆるところで階層性をつくりあげ、世界に災難をもたらしています。貪欲と不正義に基づく開発は、資源、意思決定の中央集権化、経済的にも政治的にも独立性や自律を失い、生存が脅かされているのです。女性たちは命がけで「母なる大地」、安全な水、燃料の供給、保健衛生を維持する土地や森や川を守ること、環境汚染、軍事化反対運動の先頭に立ち、持続可能（サスティナブル）な地域社会の構築を目指し闘っています。
　女性が中心となった環境運動は、リオデジャネイロ国連環境開発会議（地球サミット）で採択された「アジェンダ21」から「北京宣言及び行動綱領」へと、持続可能な開発と地球環境保全に果たす女性の中心的な役割が明文化され、今日の男女共同参画施策においても、生活者の視点から女性が切り拓く地域の可能性として大きな期待が寄せられているのです。

女性たちとの出会いが憲法研究を男女共同参画に近づけた

山内 幸雄（山梨学院大学、憲法学／ジェンダー研究）

1　男女共同参画との出会い

◆学問と男女共同参画の関係

　私は、大学の法学部で「憲法」を教えている憲法学者です。

　憲法を研究してきて、「研究の到達点は？」と尋ねられたら、「それは男女共同参画です」と答えます。いま、私は、女性政策から男女共同参画への過去から現在にいたる一連の活動にのめりこんでいます。

　これまで女性問題または女性政策と呼ばれていた時代から、自治体のプラン策定に関わってきました。1997年には、憲章条例モデル案「男女平等基本憲章条例」を友人たちの協力を得て作成し発表しました（220ページ参照）。その後、県内各所の市町村の条例づくりに関わっています。学問研究の世界に閉じこもらず、現実世界にも足場を築いて活動しています。

　男女共同参画の活動は、私が長年にわたって研究してきた憲法学が目指す方向と同じ方向であることも気に入っています。学生時代から反戦の気持ちを持ち、平等と民主主義を追求するうちに、愛する心を持ちしかも残虐な言動を行うことのできる「人間」の不可思議にぶち当たりました。男女共同参画に関わって、この活動が、「人間の性」や「個人の尊厳」の問題と深く関わっていること、そして人間という謎の多い存在そのものをトータルに理解できるということがわかったのです。

男女共同参画の推進活動は、国家が男女共同参画に付け加えた欠陥（「平等」を意図的に回避しようとしてきたことを意味する）を凌駕して、すべての女性と男性を社会的抑圧から解放し、あらゆる個人が自己の居場所を見つけ、その持つ能力をいっそう開発向上させ十分に発揮できるようにする活動です。実に魅力的な活動です。日本国憲法に規定する「個人の尊重」（憲法 13 条）や「男女平等」（憲法 14 条・24 条）が求める方向と同じです。

◆男女共同参画へ導いてくれた女性たち
　消費生活センターの依頼を受けて各所を講演して回っていた頃です。県庁女性職員（当時・次長）が研究室を訪ねてきて、女性職員もこれからは法律を学習していく必要があるので、「花水木会」（県庁女性職員有志の会）の講師になってほしいとの依頼を受けました。私はその、覚悟のある真剣さに心を打たれました。花水木会の法律勉強会は月 1 回実施し、その後、13 年間続きました。同会から課長・センター長・局長などが輩出され、後進が次々と新たな上級職位に到達していきました。彼女たちは、仕事の疲労にもかかわらず熱心で質問も鋭かったので、やり甲斐のある時間でした。
　彼女たちの推薦もあったのだろうと思いますが、県の女性プラン推進懇話会のメンバーになり労働部会長になりました。この就任が女性政策との正式な出会いです。哲学で「存在が意識を規定する」といいますが、まさにそのとおりで、プラン懇話会の活動を通して女性が置かれている状況が本当によくわかり、女性政策の必要性と重要性が真に理解できるようになり、私の意識が高まりました。山梨の女性たちはよく働くという評判どおりで出産の間際まで仕事をしている女性も多かったのですが、出産を機に退職を迫られるケースが続いていました。
　上述の憲章条例モデルを発表したのがこの頃です。県下では、女性プラン策定および推進の活動がかなり活発でしたが、法律の学習の必要性についてはまだ理解されていませんでした。ただ、女性センター館長や県女性団体連絡協議会会長や女性政策を共に歩んできた大学教授は、法律学習（リーガル・リテラシー）の必要性を理解してくれていて、女性にとっての法律学習の必要性を訴える講演会を企画して私に講演依頼をしてくれたりしました。

県下3館ある男女共同参画推進センターの企画担当者が私にいろいろなテーマで繰り返し講演依頼をしてくれたのも、私にとって大きな影響でした。センター内外での講演活動を通じて、そこに来ていた自治体職員が自市での講演を企画し私に講師依頼をしてきてくれました。その頃には、女性たちのエネルギッシュな活動に触発されて、私自身、山梨を他県よりも先進的な取り組みができる県にしようと強く思うようになっていました。

　旧石和町の推進委員さんたちとヌエック（NWEC・独立行政法人国立女性教育会館）でワークショップを開いたのも貴重な経験です。

　私は、男女共同参画の推進活動をする多くの女性と出会いました。そしてたくさんの新しい視点・生き方を学びました。今では、自治体の男女共同参画担当者の心意が本気なのか仕事上なのか読み取れるようになりました。自治体の担当職員が本気で男女共同参画を推進しようとしている地域は男女共同参画が進みます。これは経験に裏付けられた真実です。あとはそれぞれの自治体の首長の姿勢次第です。男女共同参画推進条例の出来栄えの優劣で、その自治体の首長の姿勢がわかります。

◆男女共同参画と私の役割

　男女共同参画の推進における私の役割は、推進の現場にいる市民や行政職員のそばにいて、男女共同参画に対する正しい理解と情報を提供し、彼ら・彼女らの推進活動を理論的に正当づけることだと、考えています。男女共同参画の推進を進めていくと、必ず推進に反対する人が現れてきますので、そのようなときに、理論的にきちっと説明できるようにしておくことが必要で、私の役割はそのための準備をすることです。

　また、自治体の首長の中には、自己流の男女共同参画論（たいていテレビなどからの情報を基にしていて正しい学習をしていない）を持っていて間違った認識を滔々と語る人がいますが、厄介な場面の一つです。このような形で一般市民が受けとった男女共同参画のイメージを正すのも、私の役割と考えています。

◆ジェンダーの怖さ

　男女共同参画のターゲットであるジェンダーは得体の知れない魑魅魍魎（ちみもうりょう）のような気がします。ジェンダーについて勉強すればするほど、これが私たちの脳みそや身体や生活にべったり張り付いているのがわかってきます。だからこそジェンダーによって自分の思考が歪められ行動が影響を受けていることを「敏感に知ること」が重要なのです。

　ジェンダーの理解は知識の多寡とは関係ありません。ですから、権威（オーソリティ）と呼ばれる学者や教養人の多くの知識は、それ自体では意味を持ちません。「どれだけ時間をかけてジェンダーを見つめたか」が重要なのです。知識人の多くは「ジェンダーによる歪み」を受けています。このタイプの知識人は、女性たちが彼らに追いつくまでは平等意識を持っていますが、いったん、彼らと並ぶぐらい力をつけてくると彼ら自身を上位とする上下関係を作ろうとします。しかも、彼ら自身、そういう行動の変化に気がついていないことが多いのです。論理的に思考する裁判官も同じくジェンダーに影響されてしまいます（📎日産自動車事件・東京地判 S.46.4.8.）。ハードな努力に裏打ちされた自負心が自分と他者とを差別化してしまいます。そこにジェンダー・バイアスが存在する余地ができるのです。

　ジェンダーは、それについて敏感になった人だけが、その歪み（影響）を中立化することができるのです。

> 📎**日産自動車事件**（東京地判 S.46.4.8.）では以下のようなジェンダー・バイアスのかかった判決を出した。
> 　「一般に女子の生理機能水準自体は男子のそれに劣り、女子50歳のそれに匹敵する男子の年齢は52歳であり、女子55歳に匹敵する男子の年齢は70歳ぐらいになる……」（金城清子『ジェンダーの法律学』第2版、有斐閣、2007年、6ページ）

2　平等と男女共同参画

◆男女共同参画と個人の尊重

　男女共同参画は、個人の尊重を基盤として、3つの基底的な概念を持っています。①男女平等、②参画、③個人のエンパワーメント、です。これが男女共同参画社会基本法では5つの基本理念になります。

　「個人の尊重」（憲法13条）はとても魅力的な概念です。もちろん、「一人ひとりを大切にする」という意味ですが、とても奥深い意味があり、人間としての存在や生きがいに繋がります。人間は、頑張って努力の末に成し遂げたことが評価されればこの上ない喜びを感じますし、生き甲斐を実感するものです。ですから、一人ひとりの人間が持つ能力の可能性を信じることに繋がります。その人が持つ能力を十二分に発揮してもらうということも「個人の尊重」は含むのです。

　「一人ひとりの人間を大切にする」という考え方は、社員力、住民力、市民力、地域力などという呼ばれ方で展開される場面に登場しています。私たちは、この考え方を発揮できる場面をどんどんと開発していくべきです。こういう意味の個人の尊重が、男女共同参画のベースにあるのです。

◆平等は「みんな異なっている」というところから始まる

　平等の前提は、「一人ひとりの人間を大切にする」ということです。つまり、人間はみな違う存在だからこそ平等に取り扱わなければならないというわけです。「一人一人がそれぞれに固有の価値を持っている、という認識に立って、それぞれの人が持っているそれぞれの価値を等しく認めあっていこう」（浦部法穂『憲法学教室』全訂第2版、日本評論社、2006年、40ページ）という考え方です。

　日本の経済リーダーや政治リーダーたちは平等を回避する傾向にありますが、そもそも、戦争によって壊滅的に疲弊した日本が戦後経済復興から高度経済成長に至る一連の成果を支えたのは、財閥解体や農地解放などの経済的平等であったし、均一の教育水準を持った大量の労働者を輩出した教育的平等でした。

平等は日本社会の発展に大きな貢献をしているのです。現在でもまた、平等は優れた人材や優れたアイデアを偏見なく吸い上げる企業に利潤をもたらしています。企業業績（儲け）を伸ばしている企業に対する研究では、ワーク・ライフ・バランスの導入に加えて、均等待遇を実施してこそ企業が伸びることがわかりました（佐藤・武石編『人を活かす企業が伸びる』勁草書房、2008年、参照）。

また、平等は平和と結びつきます。世界人権宣言および国際人権規約はそれぞれの前文で、平等が世界平和につながる旨を規定し（「前文」）、「婦人の地位向上のためのナイロビ将来戦略」にも、平和は男女平等・経済的平等・基本的人権の享有により促進されると規定しているのです（「第13項」）。

このように、平等は個人の成長だけでなく社会の発展や人類の平和に至るまで、様々な所で人類にとって重要な役割を果たしています。私たちは平等の価値をきちんと正しく理解しなければなりません。

◆日本国憲法の3つの平等と性的存在の3要素

日本国憲法は3つの平等を持っています。
（1）同じに取り扱うという形式的平等
（2）事実の違いに応じて取り扱いも異ならせるという相対的平等
（3）格差の存在に着目して格差を是正して同じに待遇されるようにするという実質的平等

です。形式的平等が基本的な平等で、ポジティブアクション（積極的格差是正措置）の根拠になるのが実質的平等です。相対的平等は、女性の生理休暇、少年に対する少年法の適用、所得に対する累進課税制度などがその例です。

次に、性を持って生きる存在としての私たち自身と平等との関連を見ておきましょう。人間を性的な存在としてみたとき、3つの側面があります。
①生物学的な性差（セックス）
②社会的文化的につくられた性差＝社会的性別（ジェンダー）
③性的欲求・性的衝動（セクシュアリティ）

です。セックスには相対的平等が適用され、生理機能などの生物学的な性差を理由にして取り扱いを異ならせることは合憲です。ジェンダーには形式的平等が適用され、ジェンダーを理由に取り扱いを異ならせることは違憲となります。

【憲章条例モデル】（抄）

　　　　　　男女平等基本憲章〈通称・女性憲章〉
　　　　　前　文
　　山梨県民は、日本国憲法の精神に則り、男女が互いに、次のことを宣言する。
　　人格の尊厳を重んじ、多様な生き方を尊重し、異なった生活習慣・価値観への寛容性を培養し、狭隘なる排他主義と戦い、多種多様な個性の存在を認め、政治・経済・社会および家庭生活においてまたその他のいかなる場面においても男女の平等を図り、実践する。

　　　　　第１章　民主主義と男女平等
第１条【平等の確保と民主主義】
　①　男女が同等に意見を述べ参画する機会を与えられなければならない。
　②　前項の意見および参画は、性の違いを問わず、同等に評価されなければならない。

　　　　　第２章　平和と男女平等
第２条【戦争の否定】
　　　人は、性を問わず、人間として戦争を否定する。
第３条【戦争における力の論理の否定】
　　　女性は、筋力および生理を理由として男女間に不平等を生じさせる『力の論理』を否定する。

　　　　　第３章　性差別の禁止、個人の尊重
第５条【性による差別の禁止】
　①　何人も、性を理由として、差別されない。
　②　男女の性に基づく固定的な役割分担は、各人が持つ種々の能力を抑制するものとして否定されなければならない。
第６条【個人の尊重と男女平等】
　①　各人は個人として尊重され、男女の平等はこの個人の尊重の上に成り立つ。
　②　何人も、各人が持つ顕示の能力および黙示の能力を尊重しなければならない。

　　　　　……＜＜中略＞＞……

> 第26条【商工自営業における平等】
> ① 商工自営業に従事する者は、男女を問わず、等しく取り扱われなければならない。
> ② 商工自営業に従事する女性は、商工業の発展への貢献、地域活動への参加等、地域の活性化への貢献において、男性従事者と異なった評価をされてはならない。

3　憲法の人権視点で
　　政治や政策を見つめる目を住民に持ってもらう活動

　私は、条例づくりの指導や講演活動のほかに、仲間とともに直接に住民への働きかけも行なっています。男女共同参画社会基本法の基本理念に「男女の人権の尊重」と規定されていても、それらの人権をきちんと理解してもらわないと、この社会の実現はおぼつかないわけですから、男女の人権を根拠づけている日本国憲法を住民にちゃんと理解してもらうことが大切と考えたのです。

　ところが、抽象的な憲法の人権保障規定を具体的に生活の中で理解してもらえるようにするのは難問です。人権といえば命に関わる暴力を思い浮かべる程度の人権啓発しか行なわれていない現状では、平等権を含め、プライバシー権、自己決定権、人間の尊厳といった人権もきちんと理解してもらうことが大切です。

　私は、男女共同参画の推進活動を通じて知り合った人たちとともに、私の願いを共有してくれる仲間集団、「憲法の理解を広める会」を作りました。同会は二層構造です。①「広める会・本会」は、日本国憲法の視点で現代社会を読み解く能力を養うための学習を中心とした会です。②「広める会・地域ユニット」は、「本会」で学習している人たちがそれぞれの地域に戻って一般住民を対象にした講座を企画開催するなどの実践的な人権学習支援活動を中心とした会です。その一つが「広める会FFU」（笛吹ユニット）です。

　「本会」も「地域ユニット」もそれぞれ月一回の例会ですが、憲法の視点で

憲法の理解を広める会笛吹ユニットの公開
講座のチラシ（一瀬三記子さん・作）

　現実の社会を見たとき、政治や政策の真実が見えてくるのを各人が実感しています。例会では、会員は、「判例付き六法」と「憲法図書」とを携行し、それを見ながら各自が調べてきた事件や出来事を発表します。議論もします。これらの発表と議論を通じて、憲法の規範基準（違憲審査基準）を具体的に理解していきます。

　「本会」では、ここへ来れば「日頃は得られない事柄を知ることができる」とか「語り合える人がいる」などの声が聞こえます。時宜にかなった事項、たとえば、大阪府職員基本条例の逐条検討を行なったり、震災における被災者の生存権の実現方向なども話し合いました。また、FFU では、「小林美佳さんの性犯罪被害体験」を人権問題として考える会を開いたり、「六法を読んでみよう！」講座（チラシ参照）を開催したりしています。参加者から「生活の中に法律の学習が必要なことがわかった」などの感想が出されました。

第5章

ワークシートで推進条例づくり

山内幸雄

第1節　条例づくりの基本ポイント編

1　「立法事実」による条例づくり

　本書で紹介する条例づくりの方法は「立法事実」に着目した作り方です。これまでは、条例づくりというと、法律知識を持っている一部のエリートが作るものでした。行政職員でもこの作業に関わった人はごくわずかです。本章で紹介する「立法事実」に着目した条例づくりの方法は、法的知識がなくても、①男女共同参画に関する基本的な知識と、②生活者としての皮膚感覚と、③議論する努力のできる人なら誰でも、集まって条例づくりに参加できる方法です。条例づくりを一部のエリートの手から庶民の手に引き寄せた方法です。

　「立法事実」というのは、言葉は難しそうですが、なんのことはありません。つまり、条例という法によって、人の行為に一定の規制（行為への縛り）をかける時、その規制が必要であることを根拠づける身の回りの事実（社会的・経済的な事実）のことです。男女共同参画の阻害要因となる事実のことです。例えば、未成年者が飲酒や喫煙を禁止されています（未成年者飲酒禁止法・未成年者喫煙禁止法）が、脳や精神が成熟の途中にあってその成熟を阻害するためです。この阻害するという事実が立法事実です。

　さて、立法事実に着目して条例をつくる場合、次の3種類のワークシートを使用します。それらのワークシートは、条例づくりのそれぞれの段階に対応したものです。①素データから立法事実を読み取ろうとする段階、②立法事実から論点整理を行おうとする段階、③論点整理から条文参考例を作り条文の文面化を図ろうとする段階、の3工程です。なお、この他に、条例づくりの実際の工程には、素データを収集する初工程と、条例案の整序・文面整理をする最終工程とが3工程の前後にあります。全5工程です。

　素データは「問題となる事例」という名前で収集しますが、収集方法・注意点その他については今回は省略します。

【シート1】素データから立法事実を読み取るためのワークシート

集められた事実	何がどんな風に問題なのか	論点整理に向けて

【シート2】立法事実から論点整理を行うためのワークシート

集められた事実	条例によって改善したい現状	論点整理	関連する問題点

【シート3】論点整理から条文の文面化を図るためのワークシート

条例によって改善したい現状	論点整理	関連する問題点	条文化(条文参考例)

　3種類のワークシートの項目名は、その折々の作業内容が条例づくりに参加している人たちみんなにもわかりやすいように、変えてあります。上記3種類のワークシートの相互の関係は以下のとおりです。

①ワークシート

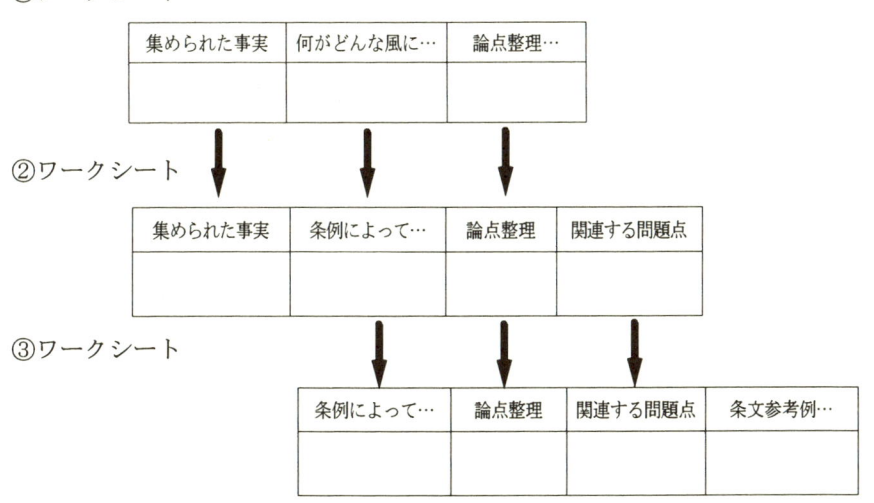

集められた事実	何がどんな風に…	論点整理…

②ワークシート

集められた事実	条例によって…	論点整理	関連する問題点

③ワークシート

条例によって…	論点整理	関連する問題点	条文参考例…

2　良質な条例づくりの条件

(1) 良質な条例の2条件

　良い条例をつくる上で大切なポイントは、「意識は行動によって変わる」ということを念頭において、意識を変えようとするのではなく「行動を変える」を目指すことです。つまり、条例により、男女共同参画的な行動をとってもらううちに意識が変わっていくという仕組みです。

　「良い条例」の条件は、①具体性、②適切性の2つで、これらが特に大切です。

> 【ポイント】人々の行動を「具体的に」かつ「適切に」規律すること
> 　　　　　（あるいは）そのための基準がきちっと明示されていること

(2) 具体性の要件

　どのような行動が条例によって求められているのかがはっきりする程度に具体的でなければなりません。

(3) 適切性の要件

　多くの人々が「できる」あるいは「できそうだ」というものでなければならないということです。適切な表現だとして高い評価を受けた条文を1つ紹介しましょう。「事業者等が町と工事請負などの契約を希望し業者登録をする場合は、男女共同参画の推進状況を届け出なければならない」(旧福間町〈現福津市〉「男女がともに歩むまちづくり基本条例」6条3項)という規定です。この規定は事業者に対し男女共同参画の理解を求める工夫です。事業者等に求める行動の縛りは「男女共同参画の推進状況の届出」だけです。届出書を作成していく中で、自然と、社内の男女共同参画の状況や男女共同参画で求められている視点や基本に関心が向いていきます。この程度の行動の縛りには事業者等も従うことができるのです。

　逆に、男女共同参画にとっては大きな推進に繋がるけれども、適切でない例を挙げます。「入札における判断に資するため、事業者等が町と工事請負などの契約を希望し業者登録をする場合は、男女共同参画の推進状況を届け出なければならない」という規定です。ここでは届出書の記載事項が入札結果に影響

します。入札は会社の死活に関わる重大事ですから、事業者等から反対されてしまいます。行動の「縛り加減」に無理がない程度を考えましょう。

3　条例に盛り込んではならない表現

「男らしさ女らしさを否定することなく」とか「男の特性、女の特性を尊重して」という表現は、条例に盛り込んではいけません。実例を示すと、旧U市では基本理念として「男女が、男らしさ女らしさを一方的に否定することなく男女の特性を認め合い、互いにその人格と役割を認めるとともに、尊厳を重んじ合うこと、男女が性別によって法の下の平等の原則に反する取扱いを受けないこと、男女がその特性と能力を発揮する機会が確保されることその他の男女の人格的平等が尊重されるよう努めること」と規定してしまいました。同様の規定は旧R町でも基本理念の中に見られました。これらの表現は、ジェンダー差別の現状を追認し、それを法により固定化してしまうので、条例に盛り込んではいけないのです。

第2節　実践ワークブック

ここでは、素データから立法事実を取り出し論点整理をして、条例の条文化に至るプロセスを実践してみます。

1　「問題となる事例」の収集

(1) 作業のフローチャート

それでは、実際に条例づくりの作業に入ります。まず、作業の流れを改めて確認しておきます。

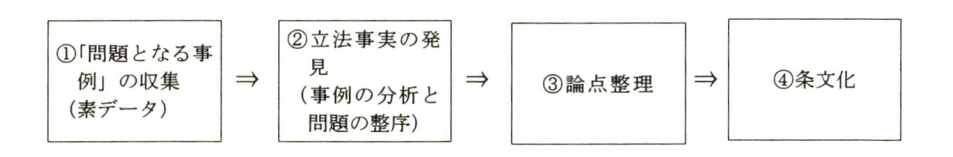

①「問題となる事例」の収集（素データ） ⇒ ②立法事実の発見（事例の分析と問題の整序） ⇒ ③論点整理 ⇒ ④条文化

(2)「問題となる事例」の収集

まず、「問題となる事例」の収集からはじめます。

「問題となる事例」とは、男女差別の事例や男女の不当な取扱事例、あるいは一般的に男女共同参画の視点から"これは問題だ"と人びとが思う事例のことです。この事例が素データとなります。この段階におけるポイントは、提示してもらう事例から問題の真相が読み取れるように、できるだけ詳しく記録してもらうことです。曖昧だと、問題の真意をはずしてしまい、次のステップの「立法事実」の発見の段階で役に立たなくなります。

> 【ポイント】「問題となる事例」は、できるだけ具体的に・詳細に提示してもらう。

「問題となる事例」の収集方法は、①住民・推進活動者・事業者などを通してのアンケートや、②本格的な住民意識実態調査や、③対面でのインタビューなどを通して収集するのが一般的です。実施協力者として、その地域の女性団体や各種住民団体、女性活動拠点施設(男女共同参画推進センター)を利用している団体にも協力を求めたりします。

「問題となる事例」の数(サンプル数)については、経験的には、40〜130サンプルで、それぞれの自治体の事情によって異なります。素データの数は多いに越したことはありませんが、要は**その自治体の問題の実態が具体的・立体的に把握できること**が大切です。つまり、男女共同参画の視点からみて、具体的にどんな場面で(職場・家庭など)、誰が(主体)、誰に対して(客体)、どんなことを(行為の内容)、したのかができるだけわかることが望ましいのです。ただ、経験的に言えば、一般住民から収集する場合、雑駁な回答が戻ってくる傾向があります。

> 【ポイント】サンプル数の多寡は問題ではない。
> 収集された「問題となる事例」が真実を反映しているか?
> 場面・誰が・誰に・何を、を明確に!

「問題となる事例」は素データですから、生の素材なので多くの要素が混在していて、それゆえ貴重ですが、極めて個人的な印象であったり、極めて稀な事例であったり、視点が違っていたり、事実として間違っていたりします。この点、留意しておくべきです。また、次の段階の立法事実に該当するものも含まれていたりします。

2　立法事実の発見

「立法事実」は、法として人々の行動を規律する場合に、行為の規制が必要であることを根拠づける事実のことで、素データを検討して、その真相を明確に抽出したものです。つまり、「条例によって改善したい現状」のことです。

集められた素データは、水面に出ている氷の一角と同じで、水面に隠れている姿を知ることが真相に接近する道です。ですから、素データを、背景を含めてよく見つめ、その実相を具体的につかんでいきます。問題として出された素データの何が、どんなふうに、問題なのかを見極めます。この作業はとても大事で、ときにはたくさんの素データが同じ根っこから出ている場合があるのです。

例えば、どの自治体の条例づくりの時にも出てくる素データが、「夫が妻を『お～い』と呼ぶ。名前で呼んでほしい。」というものです。多くの夫婦の間でよくある行動ですが、夫婦というあまりに近い人間関係の中で起こる行動です。ここでのポイントは、「名前で呼んでほしい」という点にあり、「名前」の持つ意味を考えます。そうすると、たとえ夫婦という寝起きを共にしている身近な間柄であっても、むしろだからこそ、自分を一人の人格を持つ自立した人間として扱ってほしいという要望であることがわかります。夫の方は「お～い」と呼ぶことが親密さの証と思っているかもしれません。もしそうだとすると、こうした夫の誤解を解くという方向で解決していくことが望ましいでしょう。妻の側からはっきりと「名前で呼んで」と頼んでみると解決するかもしれません。しかし、妻の真意を理解しない夫なら、「そんなことどっちでもいいじゃないか」と一笑に付されてしまうかもしれません。「名前で呼んで」と頼むことの正当な意味づけが条例にはっきりと言葉で説明されていたら、夫も分かっ

てくれるでしょう。

　それでは、実際に、さまざまな自治体でごく一般的に出される素データを使って、立法事実づくりをやってみましょう。ここでは、上記に記したように素データの真意を見極めていく様子をご覧ください。ジェンダーの色濃く残る場面に対応して、条例検討委員会を3つの部会（家庭部会・地域社会部会・職場部会）に分けて、収集された素データを、部会ごとに整理しておきます。もちろん部会制をとらず、全体会で行うのもよいでしょう。

　収集された素データは、それ自体が立法事実であるものも含まれていたり、いくつかの問題事例は根っこが一緒だったりして1～3個の立法事実としてまとめあげることができたりします。

　なお、この立法事実を読み取るという作業段階では、「論点整理に向けて」欄は基本的に空欄にしておきます。ただし、立法事実を見つける議論の中で解決上の重要な問題点が出てきた場合には、論点整理欄の空欄を使ってメモ書きしておくことにします。便宜のためです。

【シート・1】 素データから立法事実を読み取るためのワークシート

部会名	問題となる事例 （素データ）	何がどんな風に問題なのか （立法事実）	論点整理に向けて
家庭	① 夫が妻を『お～い』と呼ぶ。名前で呼んでほしい。	① 妻は夫から自立した人格を持つ存在として見られていないように思える。まるで、お手伝いさんのようだ。名前は特定の一人の存在を表すものだ。	
家庭 職場	② 男性に子育てに関わる時間が少なく、女性に負担が多い。	②-1 夫婦共働き世帯でも、男性側に固定的な性別役割分担意識が強い。 ②-2 夫婦共働き世帯で、職場において男性に課される労働がハードすぎる現状があるため、子育てを女性が担うことになる。	② 問題点 　育児のストレスから児童虐待に繋がらないようにしなければならない。
家庭	③ 女性が男性より家事（食事の支度・洗濯・掃除・食事の後片付け）で差別を感じている。	③ 上記に同じ。	
家庭 職場 地域	④ 子どもは母親が育てるのが当たり前という固定観念がある。	④-1 男性も女性も、子どもは母親が育てるのが当たり前という根強い固定的性別役割分担意識を持っている場合が考えられる。 ④-2 夫または妻のどちらか一方でも固定的な性別役割分担意識を持っていれば、結局のところ、この意識に反対していても、性別により役割分担をせざるを得ない。	④ 問題点 　育児のストレスから児童虐待に繋がらないようにしなければならない。
家庭	⑤ 介護の負担が女性に集中している。	⑤-1 介護においては女性がすべきという固定的な性別役割分担意識がある。女性一人に介護を任せると、介護のストレスで参ってしまう。 ⑤-2 介護は自分も関わるという意識を持っている男性であっても、その関わり方が問題の場合がある。つまり、男は仕事をバリバリして介護のためのお金を稼ぐことで関わったつもりになる。結局、「妻は介護にあた	⑤ 問題点 固定的性別役割分担意識によって、介護の支援を男性がしないことが多い。

部会名	問題となる事例 （素データ）	何がどんな風に問題なのか （立法事実）	論点整理に向けて
家庭		る人」という観念があり、固定的な性別役割分担と同じ状況になる。	
家庭	⑥ 家庭内の財産はほとんど夫名義である。	⑥ 夫婦が力を合わせて得た収入・財産は、本来、夫婦名義のもの。それなのに夫名義になっているのは合点がいかない。	⑥ 問題点 これは条例に盛り込むべき事項だろうか。話し合い？
地域	⑦ 地域社会の自治会活動の中で、女性だけまたは男性だけで活動している場面がある。	⑦ 地域の自治会活動には様々な活動があるが、基本的には、どの活動にも「男女がいる風景」を作るのが男女共同参画の考え方。実際に、お祭りの炊き出し等の「食」は女性が担当するケースが多い。女性部があるところはなおさらである。	
地域	⑧ 地域社会の多くの役職が性別によって決められている。例えば、自治会役員（区役員など）は男性、愛育会役員・日赤奉仕団は女性。	⑧ 地域社会の役職が輪番制で回っていても、役職が暗黙の中で性別によって決められているので（例えば、自治会役員は男性、愛育会役員・日赤奉仕団は女性。）、女性は最初から自治会長候補から外されている。チャンスさえない。	⑧ 問題点 未婚既婚に関わらず、自治会長（区長など）が輪番制で回ってくる男性と異なり、女性は大変な「長」と名のつくものはできるだけ受けたくないと思っている。
地域	⑨ 地域社会での役職の仕事に関して、「実際は妻、名簿上は夫」というようになっていても不自然とは思わない。むしろ役職をこなすことのできない夫に代わって妻の名前で役職を受けることはほとんどない。	⑨ 役職を受ける人とそれを実行する人が異なる実態があることがわかる。次期役員を頼まれて、断り切れずに引き受けた夫と、その役職の仕事を結局は処理する羽目になる妻。名簿上の人物と実際に実行する人物が異なることを不自然と思わないというのは、妻としては夫の後ろにいて夫を助けるのが妻の務めと合点しているからだ。妻自身は自らの名で役職を受けない。固定的な性別役割分担意識と実態とがある。	⑨ 問題点 女性の名前を役員名簿に掲載した時、夫がいないと思われたり、女が出しゃばってと陰口を叩かれたりする。

部会名	問題となる事例 （素データ）	何がどんな風に問題なのか （立法事実）	論点整理に向けて
家庭 職場	⑩ 夫は外で働き妻は家庭で家事育児という考え方は、当市でこの考え方を持つ人の割合が全県平均より低い比率になっているとはいえ、まだ根強く残っている。	⑩ 家庭や職場において、固定的な性別役割分担意識を改善する必要がある。	
地域 職場	⑪ 地域社会や職場での男女共同参画の推進を図るため、行政と役割分担を行う必要がある。	⑪ 住民による推進活動がともすれば、行政の下請けのような活動関係になってしまう。	問題点 市民と行政の連携の形成
職場	⑫ 育児や病気などの時、男性よりも、女性の方にそのための時間的制約の負担がかかる。	⑫ 中小企業等では、能力主義であり、男女に関係なく、子育てに時間を割きたいと言えば、責任ある仕事に就かせてもらえない。そのため、結局、賃金が低い妻の方が、育児のために労働時間を割くことになる。	
地域	⑬ 女性の方が男性より男女の人権が互いに尊重されるような社会であることが望ましいと考えている。	⑬ このような男女差が確かにあるのか、真偽を確かめる必要がある。（直近の住民意識調査などで）	

＊「立法事実」欄の各記述は、分析が明確になるように工夫した筆者の記述

3　論点整理

　論点整理の段階になると、これまで立法事実と表現していた言い方を「条例によって改善したい現状」という言い方に替えて記述します。その方が、次の論点整理に向けて整理しやすいからです。「条例によって改善したい現状」に対して、男女共同参画の立場からどのような改善策が考えられるか、これをまとめて書いたのが「論点整理」です。

> 【ポイント】男女共同参画の立場からの改善策の考案
> 　　　　　（だから）何が「男女共同参画の立場」かを正確に
> 　　　　　　　　　　把握しておくことが大切

　「条例によって改善したい現状」欄を見ながら、みんなで議論して、男女共同参画の方向で、条例によって現状を改善したらこんな結果になるという結果をイメージして、その結果イメージを論点整理として記述するようにすればよい。もちろん、一人で論点にまで高めて明確な形にするのは、なかなか困難だが、条例検討委員同士で議論し合えば論点として明確になってくるものです。
　それでは、立法事実から論点整理にまでまとめ上げる作業に移ります。ここでは、「立法事実から論点整理を行うためのワークシート」を使用します。「条例によって改善したい現状」欄を見て、男女共同参画的方向での論点整理に立ち向かってください。
　事例②〜④は同じ根っこから生じている事例です。「条例によって改善したい現状」欄に、共働き夫婦を前提にして、現状をクローズアップしました。その上で、事例④については、特に女性から女性に対する批判を改善したい現状として取り上げました。いわゆる「女の敵は女」・「女の足を引っ張るのは女」という現象を改善対象とした場面です。

【シート・2】 立法事実から論点整理を行うためのワークシート

素データ (問題となる事例)	条例によって改善したい現状(立法事実)	論点整理	関連する問題点
① 夫が妻を『お〜い』と呼ぶ。名前で呼んでほしい。	① 妻は夫から自立した人格を持つ存在として見られていないように思える。まるで、お手伝いさんのようだ。名前は特定の一人の存在を表すものだ。	① 夫婦は本来、自立した個人の集合であって、結婚しても「私は私」です。「私」を表す言葉つまり名前を呼ぶことは、夫婦であっても互いを特定の一人の人格を持つ存在として認めあうことになる。身近な間柄なればこそなおさら「特定の人」との意志を表すために、名前で呼ぶようにしなければならない。 　ちなみに、名前に関する最高裁判所の判例がある。「氏名は、人が個人として尊重される基礎であり、その個人の人格の象徴であって、人格権の一内容を構成するもの」(最判 S.63.2.16) と判示している。 →	最高裁判所判決
② 男性に子育てに関わる時間が少なく、女性に負担が多い。	②-1 夫婦共働き世帯でも、男性側に固定的な性別役割分担意識が強い。 ②-2 夫婦共働き世帯で、職場において男性に課される労働がハードすぎる現状があるため、子育てを女性が担うことになる。	②-1 夫婦共働き世帯でも、男性側に固定的な性別役割分担意識が強い。共働きの夫婦間では、互いに仕事を持っており、その仕事は互いに重要なものである。子育ては男女が二人で行うものとの認識に立って、男女の役割分担を固定的には捉えないようにする。(特に、男性の固定的性別役割分担意識の解消) ②-2 職場においても、共働き夫婦にとって男女が共に子育てを行えるように、事業主・同僚に理解してもらえるように働きかける。行政の働きか	②-1 育児のストレスから児童虐待に繋がらないようにしなければならない。 ②-2 事業主の理解、同僚の理解。リストラの進んだ職場におけるワーク・ライフ・バランスの実現余力の有無が問題。

素データ (問題となる事例)	条例によって改善したい現状（立法事実）	論点整理	関連する問題点
		けが重要。（働きやすい職場づくり）	
③ 女性が男性より家事（食事の支度・洗濯・掃除・食事の後片付け）で差別を感じている。	③ 上記に同じ。	③ 上記に同じ。	
④ 子どもは母親が育てるのが当たり前という固定観念がある。	④-1 男性も女性も、子どもは母親が育てるのが当たり前という根強い固定的性別役割分担意識を持っている場合が考えられる。 ④-2 夫または妻のどちらか一方でも固定的な性別役割分担意識を持っていれば、結局のところ、この意識に反対していても、性別により役割分担をせざるを得ない。	④-1 「女が子育てをして当たり前」と考える女性は少なくない。この考え方自体を男女共同参画は否定する。男女が共に子育てに真正面から関わることの意義・重要性を、住民一人一人に理解してもらうようにする。 ④-2 また、事業者に対しては、均等待遇とワーク・ライフ・バランスとの両方を組織内へ取り込んだ企業は、企業業績を伸ばしていることを知らせる。（企業経営の側に立った詳細な男女共同参画的情報提供と啓発活動）	④ ・育児のストレスから児童虐待に繋がらないようにしなければならない。
⑤ 介護の負担が女性に集中している。	⑤-1 介護においては女性がすべきという固定的な性別役割分担意識がある。女性一人に介護を任せると、介護のストレスで参ってしまう。 ⑤-2 介護は自分も関わるという意識を持っている男性であっても、その関わり方が問題の場合がある。つまり、男は仕事をバリバリして介護のためのお金を稼ぐことで関わったつもりになる。結局、	⑤ 介護には、子育てのような可愛らしさや喜び・夢を見出すのはなかなか困難である。介護を受ける人も人間であり、「個人としての尊厳」や人格を尊重されなければならない。他方、介護する側の「自分らしい」生活・生き方を維持することも重要である。介護を一人の者に任せるとその者が先につぶれてしまうので、実際の介護を夫婦が力を合わせて行うのが望ましい。デイケアやデイサー	⑤ ・固定的性別役割分担意識によって、介護の支援を男性がしないことが多い。 ・男性が一人で介護する場合。 ・施設に入所させることに対する周囲の批判的な目。

素データ (問題となる事例)	条例によって改善したい現状（立法事実）	論点整理	関連する問題点
	「妻は介護にあたる人」という観念があり、固定的な性別役割分担と同じ状況になる。	ビスなどの社会福祉の支援を受けて、介護するものと介護されるものが向き合っていくことが大切である。	
⑥ 家庭内の財産はほとんど夫名義である。	⑥ 夫婦が力を合わせて得た収入・財産は、本来、夫婦名義のもの。それなのに夫名義になっているのは合点がいかない。	⑥ 夫婦がお金を出し合って獲得したものとして、例えば、土地・家屋といった不動産が考えられる。民法の夫婦別産制によって結婚以前から所有している財産は結婚してもそれぞれ別個のものである。夫婦が協力し合って得た財産は夫婦の財産である。行政が色々な場面を世帯主を中心として把握しようとするので、おのずと世帯主である夫の名前が名簿上の名前として記載されてしまう。世帯主中心を改めて、可能な限り、個人別の名簿にすべきである。	⑥ ・これは条例に盛り込むべき事項だろうか。話し合い？ ・行政側が効率や便宜のための道具としての「世帯主」を使わないようにする。
⑦ 地域社会の自治会活動の中で、女性だけまたは男性だけで活動している場面がある。	⑦ 地域の自治会活動には様々な活動があるが、基本的には、どの活動にも「男女がいる風景」を作るのが男女共同参画の考え方。実際に、お祭りの炊き出し等の「食」は女性が担当するケースが多い。女性部があるところはなおさらである。	⑦ 「食」も含めて自治会活動は様々な事業を展開しており、そのそれぞれの事業活動に「男女が共にいる風景」を作るようにする。そのためには、活動の段階においての男女共同参画を確保すること、および、お互いの人権を尊重し合い、人格を傷つけないように配慮する関係を作り上げることが大切。	⑦ ・自治会の女性部をなくすのも、一つの方法。 ・「食」の事業に男性の積極的参加を促し、「食」以外の事業に女性の積極的参加を促す。
⑧ 地域社会の多くの役職が性別によって決められている。例えば、自治会役員（区役員	⑧ 地域社会の役職が輪番制で回っていても、役職が暗黙の中で性別によって決められているので（例えば、自治	⑧ 自治会などの地域組織の新規役員の決定にあたって、男女共同参画の視点を入れ込んで、「男女が共にいる風景」を作	⑧ ・未婚既婚に関わらず、自治会長（区長など）が輪番制で回ってくる

第5章 ワークシートで推進条例づくり 237

素データ （問題となる事例）	条例によって改善したい現状（立法事実）	論点整理	関連する問題点
など）は男性、愛育会役員・日赤奉仕団は女性。	会役員は男性、愛育会役員・日赤奉仕団は女性。）、女性は最初から自治会長候補から外されている。チャンスさえない。	り出すのが大切である。	男性と異なり、女性は「長」と名のつくものはできるだけ受けたくないと思っている。
⑨ 地域社会での役職の仕事に関して、「実際は妻、名簿上は夫」というようになっていても不自然とは思わない。むしろ役職をこなすことのできない夫に代わって妻の名前で役職を受けることはほとんどない。	⑨ 役職を受ける人とそれを実行する人が異なる実態があることがわかる。次期役員を頼まれて、断り切れずに引き受けた夫と、その役職の仕事を結局は処理する羽目になる妻。名簿上の人物と実際に実行する人物が異なることを不自然と思わないというのは、妻としては夫の後ろにいて夫を助けるのが妻の務めと合点しているからだ。妻自身は自らの名で役職を受けない。 固定的な性別役割分担意識と実態とがある。	⑨ 地域社会での役職は男がするもので、妻はそういう男社会を支えて努力する。これでは男社会は変わらない。いつまでたっても女性はサポート役。女性がサポート役から脱して矢面に立つという覚悟を持つという意識を高める必要がある。（銃後に徹する女性の意識の改革） そのための訓練・研修の場を女性に提供する必要がある。（女性への研修機会の提供）	⑨ ・女性の名前を役員名簿に掲載した時、夫がいないと思われたり、女が出しゃばってと陰口を叩かれたりする。 ・男性が役員名簿に掲載されるのは、行政が世帯主（男性）を中心に各世帯を把握しようとするところにも原因がある。（行政の対応の改善）
⑩ 夫は外で働き妻は家庭で家事育児という考え方は、当市でこの考え方を持つ人の割合が全県平均より低い比率になっているとはいえ、まだ根強く残っている。	⑩ 家庭や職場において、固定的な性別役割分担意識を改善する必要がある。	⑩ 家庭や職場において、固定的な性別役割分担意識を改善する必要がある。 条例においては、固定的な性別役割分担意識および行動を男女共同参画は改善していくことを明記する。	⑩ ・改善のための特効薬がない。 ・地道な意識改革
⑪ 地域社会や職場での男女共同参画の推進を図るため、行政と役割分担を行う必要がある。	⑪ 住民による推進活動がともすれば、行政の下請けのような活動関係になってしまう。	⑪ 男女共同参画の推進を地域社会で行っていくためには、住民と行政が対等の関係で共同することが大切。権力・権威を持つ行政だからできることとできないことがあり、住民だからできることと	⑪ ・市民と行政の連携の形成 ・行政は家庭に入らず。

素データ （問題となる事例）	条例によって改善したい現状（立法事実）	論点整理	関連する問題点
		できないことがある。行政と住民が共同することで、互いの長所を活かすことができ、男女共同参画の推進が図られる。	
⑫ 育児や病気などの時、男性よりも、女性の方にそのための時間的制約の負担がかかる。	⑫ 中小企業等では、能力主義であり、男女に関係なく、子育てに時間を割きたいと言えば、責任ある仕事に就かせてもらえない。そのため、結局、賃金が低い妻の方が、育児のために労働時間を割くことになる。	⑫ 労働者が子育て・介護などの家族的責任を果たすことは、ILO条約・男女共同参画社会基本法で規定されている。育児休暇を取得するにあたっては、夫婦のどちらか賃金の低い方がこれを取るので、男女賃金格差によって、女性が低い賃金であるため、必然的に、女性は仕事より育児・介護を優先し、仕事における信頼度を低くしてしまう。それゆえ、男女賃金格差の是正が必要になる。 （男女賃金格差の解消）	⑫ ・事業主の理解が得られるか？ ・男女平等賃金はどこまで可能か？ （条例でどの程度まで強制できるか）
⑬ 女性の方が男性より男女の人権が互いに尊重されるような社会であることが望ましいと考えている。	⑬ このような男女差が確かにあるのか、真偽を確かめる必要がある。（直近の住民意識調査などで）	⑬ もし人権の尊重度に男女差があり、固定的性別役割分担意識にも男女差があるならば、「男性市民」・「女性市民」というように、「市民」を男女で区分して、それぞれに別々の課題を課す。（例えば、責務として）	⑬ ・（参照例）南アルプス市男女共同参画推進条例5条2項・3項（「男性である市民」・「女性である市民」）

＊「論点整理」欄の記述は筆者の作成したもの

4 条文化

　いよいよ最終工程です。論点整理とその関連する問題点の両方を見ながら、条文を考えていきます。他の自治体の条例の条文を引用してもかまいません。ただし、引用してきてから、その条文の中に、自分たちが議論して造った論点整理の内容が含まれているか、をよく検証することが大切です。

> 【注意点】
> 　これまで男女共同参画の推進に関わって他の自治体の条例を読んでいる人はいいのですが、そうでない人は、この段階になってはじめて他の自治体の条例条文を比較参照するのがよいでしょう。経験的に言って、条例づくりの初期の段階で他の自治体の条例条文を見てしまうと、どうしてもその条文に拘泥してしまい、抽象的な条文の中に込められている真意を正しく理解できなくなります。いわば、「文字面合わせ」に終始してしまうおそれがあります。

　上記のことを踏まえて、論点整理をさらに抽象化させて条文の文面を作っていきます。1つの論点整理で1つの条文条項ができるということは必ずしもなく、場合によっては、2つ以上の条文条項ができることもあります。それでは、次ページのワークシートを完成させてみましょう。

【シート・3】論点整理から条文の文面化を図るためのワークシート

条例によって改善したい現状	論点整理	関連する問題点	条文化 （条文参考例）
① 妻は夫から自立した人格を持つ存在として見られていないように思える。まるで、お手伝いさんのようだ。名前は特定の一人の存在を表すものだ。	① 夫婦は本来、自立した個人の集合であって、結婚しても「私は私」です。「私」を表す言葉つまり名前を呼ぶことは、夫婦であっても互いを特定の一人の人格を持つ存在として認めあうことになる。身近な間柄ればこそなおさら「特定の人」との意志を表すために、名前で呼ぶようにしなければならない。 　ちなみに、名前に関する最高裁判所の判例がある。「氏名は、人が個人として尊重される基礎であり、その個人の人格の象徴であって、人格権の一内容を構成するもの」（最判S.63.2.16)と判示している。		① ●第〇条（個人の尊厳の尊重、夫婦、情報） 1、何人も、個人としての尊厳を冒されてはならない。 2、氏名はその個人の人格の象徴であり、夫婦又は親密な関係にある男女が互いを名前で呼び合うことは個人として尊重し合う基礎である。 最高裁判所判決
②-1 夫婦共働き世帯でも、男性側に固定的な性別役割分担意識が強い。 ②-2 夫婦共働き世帯で、職場において男性に課される労働がハードすぎる現状があるため、子育てを女性が担うことになる。	②-1 夫婦共働き世帯でも、男性側に固定的な性別役割分担意識が強い。共働きの夫婦間では、互いに仕事を持っており、その仕事は互いに重要なものである。子育ては男女が二人で行うものとの認識に立って、男女の役割分担を固定的には捉えないようにする。（特に、男性の固定的性別役割分担意識の解消） ②-2 職場においても、共働き夫婦にとって男女が共に子育てを行えるように、事業主・同僚に理解してもらえるように働きかける。行政の働きかけが重要。（働きやすい職場づくり）	②-1 育児のストレスから児童虐待に繋がらないようにしなければならない。 ②-2 事業主の理解、同僚の理解。リストラの進んだ職場におけるワーク・ライフ・バランスの実現余力の有無が問題。	② ● 第〇条（市民の責務） 2、男性である市民は、社会のあらゆる場において男女の役割を固定化させている従来の慣行を改めるよう努めなければならない。 第〇条（家庭生活とそれ以外の活動との両立支援） 市は、男女が家庭生活における活動と職業生活又は地域生活における活動とを両立させるために必要な支援を行うよう努めなければならない。
③ 上記に同じ。	③ 上記に同じ。		

条例によって改善したい現状	論点整理	関連する問題点	条文化（条文参考例）
④-1 男性も女性も、子どもは母親が育てるのが当たり前という根強い固定的性別役割分担意識を持っている場合が考えられる。 ④-2 夫または妻のどちらか一方でも固定的な性別役割分担意識を持っていれば、結局のところ、この意識に反対していても、性別により役割分担をせざるを得ない。	④-1 「女が子育てをして当たり前」と考える女性は少なくない。この考え方自体を男女共同参画は否定する。男女が共に子育てに真正面から関わることの意義・重要性を、住民一人一人に理解してもらうようにする。 ④-2 また、事業者に対しては、均等待遇とワーク・ライフ・バランスとの両方を組織内へ取り込んだ企業は、企業業績を伸ばしていることを知らせる。（企業経営の側に立った詳細な男女共同参画的情報提供と啓発活動）	④ ・育児のストレスから児童虐待に繋がらないようにしなければならない。 ・プランによる推進。	④ ● 第○条（情報提供及び広報活動） 市は、男女共同参画の推進について、市民及び事業者等の理解を深めるため、あらゆる機会を通じて情報を提供し、及び広報活動を行うよう努めるものとする。 第○条（事業者への支援） 1、市は、事業者に対し雇用の分野における男女共同参画が推進されるよう必要な支援を行うものとする。
⑤-1 介護においては女性がすべきという固定的な性別役割分担意識がある。女性一人に介護を任せると、介護のストレスで参ってしまう。 ⑤-2 介護は自分も関わるという意識を持っている男性であっても、その関わり方が問題の場合がある。つまり、男は仕事をバリバリして介護のためのお金を稼ぐことで関わったつもりになる。結局、「妻は介護にあたる人」という観念があり、固定的な性別役割分担と同じ状況になる。	⑤ 介護には、子育てのような可愛らしさや喜び・夢を見出すのはなかなか困難である。介護を受ける人も人間であり、「個人としての尊厳」や人格を尊重されなければならない。他方、介護する側の「自分らしい」生活・生き方を維持することも重要である。介護を一人の者に任せるとその者が先につぶれてしまうので、実際の介護を夫婦が力を合わせて行うのが望ましい。デイケアやデイサービスなどの社会福祉の支援を受けて、介護するものと介護されるものが向き合っていくことが大切である。	⑤ ・固定的性別役割分担意識によって、介護の支援を男性がしないことが多い。 ・男性が一人で介護する場合。 ・施設は入所させることに対する周囲の批判的な目。	⑤ ●条例 第○条（子育てと介護の共助と支援） 1、家族を構成する者は、性別により役割を固定することなく、共に助け合い、協力して子どもの養育及び家族の介護をしなければならない。 2、市は、家族を構成する者が性別により役割を固定することなく子育て及び介護を積極的に行うことができるよう環境整備に努めなければならない。 ●第○条（流言による人権侵害の禁止） 1、何人も、その者が流す情報によって男女の個人としての尊厳を傷つけ、又はその他人

条例によって改善したい現状	論点整理	関連する問題点	条文化（条文参考例）
			権を侵害してはならない。
⑥ 夫婦が力を合わせて得た収入・財産は、本来、夫婦名義のもの。それなのに夫名義になっているのは合点がいかない。	⑥ 夫婦がお金を出し合って獲得したものとして、例えば、土地・家屋といった不動産が考えられる。民法の夫婦別産制によって結婚以前から所有している財産は結婚してもそれぞれ別個のものである。夫婦が協力し合って得た財産は夫婦の財産である。行政が色々な場面を世帯主を中心として把握しようとするので、おのずと世帯主である夫の名前が名簿上の名前として記載されてしまう。世帯主中心を改めて、可能な限り、個人別の名簿にすべきである。	⑥ ・これは条例に盛り込むべき事項だろうか。話し合い？ ・夫婦の共同出資による土地や家屋といった不動産（例えば、固定資産税の支払い請求書の宛名） ・行政側が効率や便宜のための道具としての「世帯主」を使わないようにする。	⑥ ●条例 第〇条（性別による権利侵害の禁止） 1、何人も、社会のあらゆる分野において性別による差別的取扱いをしてはならない。 第〇条（苦情及び相談への対応） 1、市長は、男女共同参画の推進に関する施策又は男女共同参画に影響を及ぼすと認められる施策について、市民又は事業者等から苦情の申出を受けたときは、適切な措置を迅速に講ずるよう努めなければならない。 2、市長は、性別による差別的取扱いその他の男女共同参画の推進を阻害する人権の侵害について、市民又は事業者等から相談の申出があったときは、関係機関又は関係団体と協力して、適切な措置を迅速に講ずるよう努めなければならない。
⑦ 地域の自治会活動には様々な活動があるが、基本的には、どの活動にも「男女がいる風景」を作るのが男女共同参画の考え方。実際に、お	⑦ 「食」も含めて自治会活動は様々な事業を展開しており、そのそれぞれの事業活動に「男女が共にいる風景」を作るようにする。そのためには、活動の段階においての男女共同参画を確保すること、および、お互	⑦ ・自治会の女性部をなくすのも、一つの方法。 ・「食」の事業に男性の積	

条例によって改善したい現状	論点整理	関連する問題点	条文化（条文参考例）
祭りの炊き出し等の「食」は女性が担当するケースが多い。女性部があるところはなおさらである。	いの人権を尊重し合い、人格を傷つけないように配慮する関係を作り上げることが大切。	極的参加を促し、「食」以外の事業に女性の積極的参加を促す。	⑦ ● 第○条（自治組織等の責務） 1、自治組織等は、基本理念にのっとり、性別による固定的な役割分担意識又は社会の慣行等男女共同参画を推進するのに弊害となる要因を取り除くよう努めなければならない。
⑧ 地域社会の役職が輪番制で回っていても、役職が暗黙の中で性別によって決められているので（例えば、自治会役員は男性、愛育会役員・日赤奉仕団は女性。）、女性は最初から自治会長候補から外されている。チャンスさえない。	⑧ 自治会などの地域組織の新規役員の決定にあたって、男女共同参画の視点を入れ込んで、「男女が共にいる風景」を作り出すことが大切である。	⑧ ・未婚既婚に関わらず、自治会長（区長など）が輪番制で回ってくる男性と異なり、女性は「長」と名のつくものはできるだけ受けたくないと思っている。	⑧ ● 第○条（自治組織等の責務） 3、自治組織等における役職の構成に当たっては、性別を理由に異なった取扱いをしないように努めなければならない。
⑨ 役職を受ける人とそれを実行する人が異なる実態があることがわかる。次期役員を頼まれて、断り切れずに引き受けた夫と、その役職の仕事を結局は処理する羽目になる妻。名簿上の人物と実際に実行する人物が異なることを不自然と思わないというのは、妻としては夫の後ろにいて夫を助けるのが妻の務めと合点し	⑨ 地域社会での役職は男がするもので、妻はそういう男社会を支えて努力する。これでは男社会は変わらない。いつまでたっても女性はサポート役。女性がサポート役から脱して矢面に立つという覚悟を持つという意識を高める必要がある。 （銃後に徹する女性の意識の改革） そのための訓練・研修の場を女性に提供する必要がある。（女性への研修機会の提供）	⑨ ・女性の名前を役員名簿に掲載した時、夫がいないと思われたり、女が出しゃばってと陰口を叩かれたりする。 ・男性が役員名簿に掲載されるのは、行政が世帯主（男性）を中心に各世帯を把握しようと	⑨ ●第○条（女性の研修機会の確保） 1、市は、男女共同参画を促進するための活動に対し、情報の提供及び学習等の支援をしなければならない。 2、市は、女性の自立向上を促すための研修を提供しなければならない。 3、前項の研修には、論理的に議論できる能力及び調整能力の強化に関する学習を含むものとする。

条例によって改善したい現状	論点整理	関連する問題点	条文化 (条文参考例)
ているからだ。妻自身は自らの名で役職を受けない。固定的な性別役割分担意識と実態とがある。		するところにも原因がある。（行政の対応の改善）	● 第○条（市民の責務） 3、女性である市民は、男女の役割を固定化させている従来の慣行を踏襲することなく、自立した個人として対等な関係で男性と社会を形成していけるよう努めなければならない。
⑩ 家庭や職場において、固定的な性別役割分担意識を改善する必要がある。	⑩ 家庭や職場において、固定的な性別役割分担意識を改善する必要がある。 条例においては、固定的な性別役割分担意識および行動を男女共同参画は改善していくことを明記する。	⑩ ・改善のための特効薬がない。 ・地道な意識改革	⑩ ● 前文 しかしながら、今なお、性別による固定的な役割分担意識に基づく社会制度及び慣行が、家庭、職場、地域、学校その他の社会のあらゆる分野に根強く存在し、真の男女共同参画の達成を妨げている。
⑪ 住民による推進活動がともすれば、行政の下請けのような活動関係になってしまう。	⑪ 男女共同参画の推進を地域社会で行っていくためには、住民と行政が対等な関係で共同することが大切。権力・権威を持つ行政だからできることとできないことがあり、住民だからできることとできないことがある。行政と住民が共同することで、互いの長所を活かすことができ、男女共同参画の推進が図られる。	⑪ ・市民と行政の連携の形成。 ・行政は家庭に入らず。	⑪ ● 第○条（市の責務） 2、市は、男女共同参画の推進に当たり、市民の意見を尊重するとともに、市民及び事業者等のほか、国、県及び他の地方公共団体と連携し、協力しなければならない。 第5条（市民の責務） 4、市民は、市が実施する施策に積極的に協力するよう努めなければならない。

第5章　ワークシートで推進条例づくり

条例によって改善したい現状	論点整理	関連する問題点	条文化（条文参考例）
⑫ 中小企業等では、能力主義であり、男女に関係なく、子育てに時間を割きたいと言えば、責任ある仕事に就かせてもらえない。そのため、結局、賃金が低い妻の方が、育児のために労働時間を割くことになる。	⑫ 労働者が子育て・介護などの家族的責任を果たすことは、ILO条約・男女共同参画社会基本法で規定されている。育児休暇を取得するにあたっては、夫婦のどちらか賃金の低い方がこれを取るので、男女賃金格差によって、女性が低い賃金であるため、必然的に、女性は仕事より育児・介護を優先し、仕事における信頼度を低くしてしまう。それゆえ、男女賃金格差の是正が必要になる。（男女賃金格差の解消）	⑫ ・事業主の理解が得られるか？ ・男女平等賃金はどこまで可能か？（条例でどの程度まで強制できるか）（参考条文）●男女雇用機会均等法の遵守 ・第5条〈性差別の禁止〉 ・第6条〈性差別の禁止〉 ・第7条〈間接差別の禁止〉●労働基準法の遵守 ・第4条〈男女同一賃金の原則〉	⑫ ●第○条（事業者の責務） 2、事業者は、事業活動において、男女の平等に関する法令を遵守し、男女が家庭と事業活動とを両立できる環境を整えることに努めなければならない。
⑬ 人権の尊重度あるいは固定的な性別役割分担意識において男女差が確かにあるのか、真偽を確かめる必要がある。（直近の住民意識調査などで）	⑬ もし人権の尊重度に男女差があり、固定的性別役割分担意識にも男女差があるならば、「男性市民」・「女性市民」というように、「市民」を男女で区分して、それぞれに別々の課題を課す。（例えば、責務として）	⑬ ・（参照例）南アルプス市男女共同参画推進条例5条2項・3項（「男性である市民」・「女性である市民」）	⑬ ●第○条（市民の責務） 2、男性である市民は、社会のあらゆる場において男女の役割を固定化させている従来の慣行を改めるよう努めなければならない。 3、女性である市民は、男女の役割を固定化させている従来の慣行を踏襲することなく、自立した個人として対等な関係で男性と社会を形成していけるよう努めなければならない。

＊「●条文」とあるのは筆者がこれまで各所の条例づくりにおいて考案したもの

＊参考文献＊

1　山梨県立女子短大ジェンダー研究プロジェクト　私らしく、あなたらしく＊やまなし『0歳からのジェンダー・フリー――男女共同参画　山梨からの発信』生活思想社、2003年11月
2　山内幸雄「男女共同参画社会基本法の解剖と推進課題」『法学論集』45号、山梨学院大学、2000年
3　池田政子「山梨の女たち・男たちのエンパワーメント――『男女共同参画アドバイザー養成講座』から地域実践へ――」（2001年6月）『女性教養』No. 584、3-6、公益財団法人日本女性学習財団
4　男女共同参画アドバイザー養成講座実行委員会『男女共同参画アドバイザー養成講座10周年記念誌　戦後60年　原点としての男女平等～これまでのあゆみ、新しい一歩～』山梨県立大学・山梨県男女共同参画推進センターぴゅあ総合・やまなし女と男ネットワーク・山梨県教育委員会社会教育課、2005年
5　やまなし地域女性史「聞き書き」プロジェクト編『「聞き書き」証言集　伝えたい　山梨の女性たち』山梨県立大学、2010年3月
6　民権史研究会・小林富貴夫編『女医　久保田佳寿伝』鴨居通信、1988年
7　山梨県立女子短期大学発行『山梨県立女子短期大学　創立30周年記念誌』1996年10月
8　澤井洋子「女子大学生の役割意向がライフコース選択に及ぼす影響について」（2000年）聖徳大学大学院博士前期課程論文
9　池田政子・高野牧子・阿部真美子・沢登芙美子・池田充裕「ジェンダーに向き合う保育専門職の養成」（2005年12月）『保育学研究』、43（2）、131-141
10　日本教師教育学会　第6期・第7期課題研究（2007～2011年度課題研究）「教師教育におけるジェンダー視点の必要性」（2012年9月）発行者　同課題研究代表　鶴田敦子（東京学芸大学）
11　池田政子・内海﨑貴子・岡明秀忠・蔵原三雪「Ⅳ　ジェンダー平等保育／教育の教育実践と大学で受けた授業科目との関連――大学でジェンダー関連科目を受けた教職員のインタビュー調査から――」（2012年9月）上掲報告書、95-154

◎伏見正江執筆関連

共著「女子看護学生の性役割意識の実態調査」『看護教育』第38巻10号、842-847頁、医学書院、1997年
共著『看護教育と女性のヘルスエンパワメント』、『ジェンダーフリーの社会をめざして』国立婦人会館ジェンダー研究フォーラム報告書、1997年

共著『リプロダクティブ・ヘルス/ライツの実践―女性のための心とからだ相談とセミナー開設の効果―』国立婦人会館ジェンダー研究フォーラム報告書、1998年
共著『女性の健康、ジェンダー・センシティブトレーニングを通して』国立婦人会館ジェンダー研究フォーラム報告書、2000年
共著「高校生の避妊行動をめぐり、思春期のヘルスエンパワーメントへの重要性」『山梨県母性衛生学会誌』第2巻1号、39-42頁、2001年
共著「思春期のヘルスプロモーションに関する実証研究―ピアカウンセリングの有効性について―」『山梨県立看護大学短期大学部紀要』第8巻1号、13-25頁、2002年
共著「リプロダクティブ・ヘルス/ライツ（性と生殖に関する健康と権利）の意識の浸透～母性看護学教育の果たす役割～」『山梨県母性衛生学会誌』第3巻1号、44-52頁、2003年
共著『母性看護学における当事者参加授業―双子を出産した母親の体験からの学び』「当事者参加授業」の実施と看護基礎教育における教育の成果の確認、2004年度山梨県立看護大学短期大学部共同研究報告書、2005年3月
共著「看護基礎教育における当事者参加の授業―全学的に取り組んで―」『看護教育』第7巻6号、医学書院、2006年
共著「日本における女性専門外来の実態―性差を考慮した医療（Gender-Specific Medicine GSM）と女性の健康支援」『山梨県立看護大学短期大学部紀要』第12巻1号、2007年
山梨県立看護大学短期大学部編『平成17年度文部科学省［特色GP］採択プログラム 新しい教育方法としての当事者参加授業の実施について～主体的・創造的な学習の促進をめざす地域と連携した教育方法の工夫』山梨県立看護大学短期大学部、2008年3月
『デートDV しない・されないためのガイドブック』山梨県立大学ヘルスプロモーションクラブ、2010年
共著『森を活かした女性の健康プロモーション研究報告書』山梨県立大学地域研究交流センター、2011年3月

◎山内幸雄執筆関連

共著『日本国憲法講義』啓正社、1997年
共同執筆『行政の透明性』第一法規出版、1997年

条例を効果的に使おう
あとがきにかえて

山内幸雄

　本書の編著者名が「池田政子&やまなしの仲間たち」となっています。ちょっと驚かれた方もいるかもしれませんが、「仲間たち」という個所、私はとても気に入っています。これは、生活思想社から池田政子さんに当初企画の話があり、内藤文子さんと私山内とが加わって、3人で編集を担当したからですが、「みんなで力を出し合って良い社会を作っていこう」という気持ちが込められた表現なのです。

　本書の作成にあたっては、さまざまな職業や活動に携わっている多数の方々に執筆をお願いしました。各執筆者から出された原稿を開くと、そこには活き活きとした現実が描かれ、ついつい読み進んでしまいます。編集担当としては納得のいく一冊になったと思います。

　さて、本書が立ち向かう昨今の日本の現状は、男女共同参画を願う人びとの活動努力にもかかわらず、さまざまな問題状況を含んで停滞感を漂わせています。中央政府による男女平等を前提としない女性の登用政策やワーク・ライフ・バランス政策、行政の組織再編成による男女共同参画事業の色あせ傾向（少子化担当または人権擁護担当など他の事業担当と合体した課を設定したため）、さらにはメディアによる少子化対策と男女共同参画政策を峻別しない報道傾向などです。熱心に男女共同参画を進めようとする人が職場からはじき出されたりもします。

　このような現状を打開する切り口の一つが「法」であり、条例であると思われます。「法」は敵にも味方にもなります。頑張って「法」を学習して、良い条例を作ってください。

条例を効果的に機能させるためには、①推進条例をよく知る行政担当者による問題発見、②議会での男女共同参画議員による質問、③審議会における問題検討と解決策提示、④推進委員会による実践とその検証フィードバック、⑤住民の啓発と投票行動への反映、⑥住民による首長への要望行動、などが「連携」していることが重要です。

　本書を読まれると、たくさんの個人名や団体名が掲げられていることに気づかれるでしょう。やまなしの男女共同参画の推進はものすごく大勢の方々が関わって成り立っているのです。本書の執筆者リストには名を連ねていないけれども、紙幅が許せば執筆していただきたかった行政職員や教員や市民の方々がおられます。

　昨年、2012年の末、男女共同参画を推進する私たちが愛してやまないベアテ・シロタ・ゴードン氏がご逝去されました。誠に残念で悲しみに耐えませんが、彼女が残してくれた憲法24条の男女平等の意義をあらためて再確認して、男女共同参画を前進させていきたいと強く思います。

　男女共同参画社会は誰もが人間らしく生きていける社会だ！と確信しています。地域や職種、年齢や性別の垣根を越えて声を掛け合い、みんな仲間になって、良い社会を作っていきましょう。

2013年4月

＊執筆者紹介＊
（五十音順・2013年4月現在）
①読者への一言メッセージ、②著書など

朝夷孝一郎（あさひな・こういちろう）　山梨県学校教頭
①学校現場におけるジェンダーの問題は、なかなか根深いものがあります。一緒に考えていきませんか。

天野明美（あまの・あけみ）　元笛吹市小学校教諭
①「好きさ！ 好きさ！ 好きさ！ おまえの（＝私の）すべてを～～～♪♪」なんて、ピュアな気持ちで言いきれる人になりたかった。そのための応援歌のつもり。

池田政子（いけだ・まさこ）　山梨県立大学 名誉教授・同大地域研究交流センター特任教授、心理学／ジェンダー研究。やまなし子育て支援プラン推進協議会委員、山梨県社会福祉審議会委員
①私たちの本を手にとっていただき、ありがとうございます。それぞれの思いが、皆さんに届きますように！
②共著『0歳からのジェンダー・フリー――男女共同参画　山梨からの発信』生活思想社、2003年
・福富護編集『ジェンダー心理学　朝倉心理学講座14』朝倉書店、2006年
・共著「夫婦関係満足度にみるジェンダー差の分析」『家族心理学研究』Vol.19、2005年
など。ほか、248ページ参考文献参照

今津佑介（いまづ・ゆうすけ）　山梨新報社、2005年度山梨学院大学山内幸雄ゼミ副ゼミ長
①執筆中、これまで実に大多数の人に支えられてきたと痛感しました。老若男女から多様な人生経験と斬新なアイデアを教えてもらい、成長の糧となっています。限られた紙幅で、私が出会ったすてきな人々の横顔が垣間見れれば幸いです。今まではもっぱら支えられてきたが、2014年、30歳を迎える身としてはそろそろ支える側に立たなければと思っています。人の右に立ち、助けられる存在という「佑介」の名に恥じぬように。

乙黒いく子（おとぐろ・いくこ）　社会福祉法人成島 まみい保育園園長
①本来、子どもの世界はジェンダーフリー。男の子も女の子も自分自身を懸命に表現しています。周りの大人たちは、その子らしさを大切にしてあげたいですね。
②共著『0歳からのジェンダー・フリー――男女共同参画　山梨からの発信』生活思想社、2003年

桜井(上名)をさみ（さくらい・かみな・をさみ）忍野村議会議員、民宿経営。忍野ハーモニープラン推進委員
　①男女共同参画…、この6文字が私の生き方を見直す大きなきっかけとなりました。6文字をたよりによちよち歩き始め、様々な人たちに出あい、気づかされ、手探りで立ち上り、支えられ階段を登り、導かれ男女共同参画社会の入り口にたどりつきました。道遠からず、行く先が明るく見えてきました。

清水絹代（しみず・きぬよ）やまなし女と男ネットワーク代表、都留市議会議員
　①今、私たちが勇気をもって行動することは、次世代のためです。だから私は「今しなければいつできる！　私がしなければ誰がする」の思いと「しなやかにしたたかに…」を心に秘めて行動しています。さあ、あなたもちょっと勇気を出して一歩踏み出しましょう！

志村直毅（しむら・なおき）笛吹市議会議員、農業。笛吹市男女共同参画推進委員
　①「隗より始めよ」という言葉を、HSJ策定にあたり私案を出したときに添えました。とてもむずかしいことでもありますが、自分が変わらなければ、社会を変えていくことも困難ではないかという若気の至りと、「迷走する男女共同参画」への批判的な思いもありました。自分を鏡に映して、自分の言葉を聴いて、自分の行動を省みて、自分とたたかうところから、他者への一歩も始まるのかもしれませんね。楽しくやりましょう。

内藤文子（ないとう・ふみこ）元笛吹市市民活動支援課課長、旧石和町男女共同参画推進担当
　①私たちは、あなたの応援団です。日々学び心身共に健やかに生きていきましょう。
　②共著『0歳からのジェンダー・フリー――男女共同参画　山梨からの発信』生活思想社、2003年

伏見正江（ふしみ・まさえ）山梨県立大学教授、母性看護学・助産学／ジェンダー研究。甲府市男女共同参画審議委員、山梨県立男女共同参画推進センター運営協議会委員、山梨県配偶者暴力相談支援センター苦情処理委員、やまなし女性の人権サポートくろーばー会員など
　①健康を取り戻す環境や経済システムにはまだまだたくさんのソフトパワーや政府の行動が求められています。私は、1995年北京世界女性会議に参加し、地球規模でいのちの尊厳を奪われた女性たちの叫びの声を聴きました。「女性の健康を人権として保障する」。その響くスローガンを視座とし、未来に希望がもてるよう日常を過ごしてきました。一緒に歩んでいきませんか。
　②『助産婦地球儀―八ヶ岳南麓からの出発―』山梨ふるさと文庫、1997年
　・「医療における女性の人権擁護～産婦人科受診に関する実態調査」『山梨県立看護大学短期大学部紀要』第5巻1号、11-21頁、2000年など。ほか、248ページ参考文献参照

山内幸雄（やまうち・ゆきお）山梨学院大学法学部政治行政学科教授、憲法学／ジェンダー研究。難しい事柄をレベルを落とさず解りやすく説明できるのが特技。行政職員研修講師。講演活動。県プラン懇話会座長・県女性リーダー養成研修指導。旧石和町・小淵沢・南アルプス市・笛吹市などの男女共同参画条例づくり指導。南アルプス市・甲府市・笛吹市の各男女共同参画審議会会長。その他、審査会会長。日本公法学会会員・比較憲法学会会員。

①男女平等（均等待遇）を伴わないワーク・ライフ・バランス、男女平等を伴わないイクメン、これらは男女共同参画政策ではなく、少子化対策としての次世代育成政策です。まがいものの男女共同参画です。本書の読者の皆様には、「男女平等」を伴った真の男女共同参画を推進していかれますよう、切に願っています。

②「男女共同参画基本法の解剖と推進課題」『法学論集』（山梨学院大学）45号、2000年・「強姦による憲法上の権利の侵害内容」『法学論集』（山梨学院大学）68号、2011年など。ほか、249ページ参考文献参照

吉原五鈴子（よしはら・いすずこ）笛吹市男女共同参画推進委員、元山梨県女性センター館長、元中学校校長

①日本全国津々浦々、今や男女共同参画の取組は当たり前、でもその推進に四苦八苦していませんか。そんなときの指針になれたらとの思いで編んだ本書です。男女平等は基本理念だから、その取組は、家庭、学校、職場、地域、社会のあらゆる分野にわたります。全記録が実践を踏まえています。必ずお役にたてると信じています。

JASRAC 出 1304445-301
（好きさ好きさ好きさ）
Words & Music by Chris White
© 1967 by VERLAM MUSIC CO., LTD.
Rights for Japan controlled by Shinko Music Publishing Co., Ltd.,Tokyo
Authorized for sale in Japan only

```
生活思想社ホームページ
http://homepage3.nifty.com/seikatusiso/
```

［推進条例づくりのワークシート付き］
未来につなげる 男女共同参画
　　　ジェンダー視点の実践活動

2013年6月10日　第1刷発行

編著者　池田政子＆やまなしの仲間たち
発行者　五十嵐美那子
発行所　生　活　思　想　社
　　　〒162-0825 東京都新宿区神楽坂2-19　銀鈴会館506号
　　　　　　　　　　　　　　電話・FAX　03-5261-5931
　　　　　　　　　　　　　　郵便振替　00180-3-23122

印刷・製本　平河工業社
落丁・乱丁本はお取り替えいたします。
©2013 池田政子＆やまなしの仲間たち Printed in Japan
ISBN 978-4-916112-24-8 C0036

- ●女たちが動く——東日本大震災と男女共同参画視点の支援
　みやぎの女性支援を記録する会　編著　津波ですべてを失った女性が手にした一本の口紅。それは生きる力を蘇らせるひとすじの光となった。被災女性が被災女性を支援する一年の記録。定価2100円　A5判・並製208ページ

- ●埼玉県・草加発　ネットワーカーたちのまちづくり
　　　　——男女共同参画・パートナーシップづくりの新たな実践
　特定非営利活動法人　みんなのまち草の根ネットの会　編著　様々な課題を抱えた市民一人ひとりがネットワークして課題分野ごとのパーシャルネットを組織。そこから草の根のように活動が繰り出され、問題解決へと突き進む新しいまちづくりの手法。定価2415円　A5判・並製224ページ

- ●藤沢発　オープンカレッジから生まれた女たち——女性学から実践へ
　湘南VIRAGO（ヴィラーゴ）編著　神奈川県藤沢市では、女性のための成人講座として学生とともに授業を受けられる「オープンカレッジ・女性学」を開催。自分の人生にかかわる事柄をジェンダーの視点から考えていった女性たちはダイナミックに動き出す！　定価2205円　A5判・並製168ページ

- ●0歳からのジェンダー・フリー——男女共同参画◎山梨からの発信
　山梨県立女子短大ジェンダー研究プロジェクト＆私らしく、あなたらしく＊やまなし　編著　ジェンダーの視点で保育現場を観察すると、保育士の言葉や行動だけでなく、3、4歳児の保育園児の言動にもジェンダーにとらわれた場面をたくさん発見！　私らしく、その子らしく生きるために！
　定価2415円　A5判・並製248ページ　品切れ

- ●埼玉県・よしかわ発　男女共同参画物語
　よしかわ女／男（ひとひと）たちのあゆみを記録する会　編著　「女性政策、何それ？」——担当職員でさえもこう思った。市民はどんな思いで、どうやって女性政策にかかわっていったのか、担当職員はいかに市民とパートナーシップを育み、行動計画や政策を推進していったのか。小規模自治体の男女共同参画への道程をつぶさに物語る好著。定価2415円　A5判・並製224ページ

すべて5%税込み